Markus Raupach

Bier

Geschichte und Genuss

PALM VERLAG

Werte Leserschaft!

Herzlich willkommen auf den ersten Seiten unserer Reise durch die Kulturgeschichte des Biers, die Ihnen vor allem Freude bereiten soll. Dieses Gefühl hatten die Menschen schon bei ihrem ersten Schluck Bier vor über 13 000 Jahren. Deswegen hat sie der Gerstensaft wohl auch bis zum heutigen Tage nicht mehr losgelassen, auch wenn unser Bier – glücklicherweise – nicht mehr viel mit dem Getränk der Steinzeitmenschen, Sumerer, Ägypter, Wikinger und Römer gemein hat. Aber wussten Sie, dass es sowohl einer kleinen Eiszeit als auch der Wirren des Dreißigjährigen Krieges bedurfte, um Deutschland zu einem Bierland zu machen, wie wir es heute kennen?

Um Ihnen ein möglichst »hautnahes«, realistisches Eintauchen in die jeweilige Epoche zu ermöglichen, beginnt jeder Abschnitt mit einer kleinen wahren – oder zumindest wirklichkeitsnahen – Begebenheit aus der jeweiligen Zeit.

Natürlich endet unsere Geschichte in der Gegenwart bei den modernen Großbrauereien und den kleinen Craft-Unternehmen, deren Popularität das Thema Bier überhaupt erst wieder in aller Munde gebracht hat. Die Welt ist zwischenzeitlich nicht nur politisch und wirtschaftlich kleiner geworden, auch in Sachen Bier findet eine Globalisierung statt, durch deren mitunter unübersichtlich scheinenden »Dschungel« Ihnen der Anhang des Buches sicher helfen wird. Dort finden Sie die wichtigsten Bierstile, Wettbewerbe und Veranstaltungen, um gut gerüstet zu sein für Ihre eigene Reise.

Ein solches Buch entsteht natürlich nicht von alleine, weswegen ich einigen Helfern persönlich danken möchte: Bei der deutschen Biergeschichte waren von unschätzbarem Wert: Holger Eichele und Marc Oliver Huhnholz vom Deutschen Brauerbund, Olaf Hendel von der VLB Berlin, Christoph Pinzl vom Deutschen Hopfenmuseum, Walter König von Bayerischen Brauerbund, Helga Metzel vom Bayerischen Brauereimuseum, Johannes Lang vom Stadtarchiv Bad Reichenhall sowie Braumeister Ulrich Wappler, der Erfinder des alkoholfreien AUBI. Meine Recherchen zur englischen und US-amerikanischen Biergeschichte hat allen voran Paul Travis von der Brewery History Society unterstützt, mit dem ich unter anderem über ein halbes Jahr auf der virtuellen Suche nach einer Abbildung war und der mir den Kontakt zu Ken Smith und seiner Geschichte von der ersten schwimmenden Brauerei der Welt vermittelte. Ebenso bedanken möchte ich mich bei Mitch Steele, dem langjährigen Braumeister von Stone Brewing, für seine Einblicke in die US-Bierwelt und bei Bjarne Mark Hoier sowie seinem Mitarbeiter Jörn Stoll, die den Kontakt zu vielen britischen Brauereien geebnet haben. Die belgische und niederländische Bierszene kennt kaum jemand so gut wie Jos Brouwer, einer der Gründerväter der European Beer Consumers Union, und Theo Flissebaalje, Co-Gründer der holländischen Bierakademie StiBon. Beide sind mittlerweile gute Freunde geworden genauso wie Nicolas Soenen von Duvel-Moortgat und Roy Pollux von La Trappe, die mir viel Material zu ihren Brauereien zur Verfügung gestellt haben. Last, but not least erläuterte mir Lorenzo »Kuaska« Dabove die Geschichte der italienischen

Craft-Brauereien und vor allem die seiner persönlichen Erfindung, des TeKu-Glases, das mittlerweile auf fast jedem Bierevent zu finden ist. Sie alle stehen stellvertretend für zahlreiche weitere Freunde und Bekannte aus der Bierwelt, die das Entstehen dieses Buches mitverfolgen durften bzw. mussten und mir immer wieder wertvolle Tipps und Hinweise gegeben haben. In diesem mehrjährigen Prozess hat sich vor allem ein weiteres Mal gezeigt, wie klein und familiär die internationale Bierszene trotz aller Gigantomanie so mancher Braukonzerne geblieben ist. Überall habe ich offene Türen und Herzen gefunden und genau das macht sie und ihr Produkt, das Bier, so liebenswert. Ein weiterer Dank gilt zudem noch dem Team hinter diesem Buch. Da ist einerseits Dirk Palm, der mich durch seine Anfrage erst auf die Idee brachte, das Thema für seinen Verlag einmal umfassend unter die Lupe zu nehmen, und andererseits Knud Neuhoff, dessen Lektorat sich als absolut perfekte Zusammenarbeit erwies. Viele Seiten und Kapitel geduldig probegelesen haben zudem die Mitglieder meines Teams von der Deutschen BierAkademie, Holger Hahn, Nicole Schramm, Korbinian Kundmüller, Friedrich Hager und Erik Berkenkamp sowie meine bessere Hälfte Claudia Carl, die mittlerweile eine echte Bierexpertin geworden ist.

Zum Abschluss möchte ich noch darauf hinweisen, dass aus Platzgründen nur eine Auswahl der zurate gezogenen Quellen und Literatur hier abgedruckt ist. Das komplette Verzeichnis finden Sie auf der Internetseite des Buches (www.bier.gg), die mein Freund Benjamin Strüh mit viel Liebe gestaltet hat, wofür ich mich ebenfalls bedanken möchte. Für Fragen stehe ich gerne unter info@bier.gg zur Verfügung und wünsche Ihnen nun viel Vergnügen und erhellende Momente auf Ihrer bzw. unserer Zeit- und Genussreise durch die Welt des Bieres. Und frei nach Alexander von Humboldt möchte ich Ihnen Folgendes mit auf diesen Weg geben: »Die gefährlichste Bieranschauung ist die Bieranschauung derer, die die Bierwelt nie angeschaut haben!«

Zufallsprodukt Bier –

die Anfänge im Altertum

Der Weltraum – unendliche Weiten. Galaxien, Sterne, Planeten und mittendrin gigantische Wolken von Hunderten Milliarden Kilometern Länge – aus Alkohol. Genauer gesagt, aus Methanol, Ethanol und Phenylethanol. Diese wabernden Wolken sind genau da, wo neue Sterne entstehen. Wahrscheinlich umgab auch unser Sonnensystem bei seiner Genesis ein kräftiger Alkoholdunst, denn dessen komplexe Moleküle bildeten die Grundlage für die Entstehung des Lebens auf unserer Erde. Auf jeden Fall, da sind sich die Wissenschaftler einig, erzeugten die ersten Lebensformen auf dem blauen Planeten ihre notwendige Energie durch die Aufspaltung von Zucker in Alkohol und Kohlendioxid, also mittels der alkoholischen Gärung. Somit steht Alkohol bereits am Beginn der Evolution und auch der Mensch erkannte schon sehr früh, dass vergorene Früchte gut bekömmlich und mit interessanten Nebenwirkungen behaftet sind.

Die Menschheit und das Bier, das ist eine echte Liebesbeziehung – seit mindestens 13 000 Jahren, und zwar auf der gesamten Welt. Und da alte Liebe bekanntlich nicht rostet, nimmt es nicht wunder, dass Bier auch heute noch mit über 150 Milliarden jährlich konsumierten Litern das mit Abstand erfolgreichste alkoholische Getränk des Globus ist, gefolgt von 27 Milliarden getrunkenen Litern Wein und zwei Milliarden Litern Spirituosen. Das Getränk, das wir heute als Bier bezeichnen, ist genau wie die Ursprünge unserer gesamten »westlichen« Zivilisation im Osten beheimatet, im »Fruchtbaren Halbmond«, einem Gebiet von der Halbinsel Sinai über den Libanon, Syrien und das Zweistromland bis in den heutigen Iran.

Nach den steinzeitlichen Anfängen übernahmen Sumerer, Ägypter, Römer, Kelten und Germanen jeweils voneinander die Kunst der Bierherstellung und entwickelten sie dabei entscheidend weiter. Auch wenn die Griechen, Phönizier, Karthager und Römer selbst keinen großen Gefallen am Gerstensaft fanden, so respektierten sie doch das Getränk ihrer Kolonialvölker und trugen über den Bierhandel zu seiner Verbreitung bei. Die Wikinger aus dem hohen Norden tranken zwar kein Bier, sondern Met, der neben Wasser und Honig allerlei Gewürze, Heil- und

Aromapflanzen enthielt. Doch diese Idee der Würzung eines alkoholischen Getränkes mit Kräutern übernahmen schließlich die frühmittelalterlichen Kulturen, welche die Vorläufer des modernen Bieres aus Wasser, Malz und Hopfen brauten.

Natürlich entwickelten auch die Völker außerhalb des eng vernetzten Mittelmeerraumes eigene Bierkulturen, die allerdings heute weitestgehend verschwunden sind. In Afrika bildete südlich der Sahara und in der äthiopischen Hochebene die Hirseart Sorghum die Basis für Bier, nach der Entdeckung Amerikas auch Maniok und Mais. Interessant ist, dass die afrikanischen Kulturen sehr früh um die positive Wirkung des Mälzens auf den Gärprozess wussten. Der flämische Gelehrte Olfert Dapper beobachtete auf seiner Afrikareise im 17. Jahrhundert, dass die Ureinwohner am Golf von Guinea die Hirse erst keimen ließen und sie dann an der Sonne trockneten. Anschließend mahlten sie das Hirsemalz mit einem Steinmörser, vermischten es mit kochendem Wasser und ließen es gären. Das Ergebnis schmeckte dem Holländer nicht so gut wie das englische Bier, aber es muss recht kräftig gewesen sein, denn er empfahl, es zu verdünnen.

Auch die Ureinwohner Amerikas kannten das Bier fast ebenso lange wie die Mittelmeervölker. Sie zerkleinerten jedoch das Getreide mit dem Mund, um die Getreidestärke mittels der Speichelflüssigkeit aufzuschließen. Der Erlanger Naturforscher Carl Friedrich Philipp von

Die Zubereitung von Maniokbier durch südamerikanische Ureinwohner, Kupferstich von 1593

Martius beschrieb im 19. Jahrhundert, dass die Brasilianer den Mais für ihr Chicha-Bier erst kochten, dann kauten und schließlich in die Gefäße spuckten. Nach zwei bis drei Gärtagen war es trinkfertig, musste dann aber schnell konsumiert werden, weil es sonst säuerte. Deswegen wurde fast täglich gebraut. Aus den Andenregionen ist ein Bericht vom Beginn des 17. Jahrhunderts überliefert, der Ähnliches beschreibt. Wenn besonders hohe Festtage anstanden, mussten hier sogar ausgewählte Jungfrauen den Mais für das Bier zerkauen, weil ihr Speichel besonders gute Eigenschaften haben sollte. Getrunken haben die Fürsten das edle Gebräu schließlich aus prächtigen Goldbechern. Neben Mais bildeten auch Quinoa, Maniok, Taro, Süßkartoffeln, Amaranth, Bananen und Palmfrüchte die Grundlage für das Chicha-Bier.

Und selbst im Fernen Osten entstanden schon sehr früh auf ähnliche Weise fermentierte Getränke, für deren Herstellung die Brauer den Reis kauten und in die Braugefäße spuckten. Den Brei mischten sie dann noch mit Honig, Weißdorn und den Vorläufern der heutigen Äpfel, um dank des zusätzlichen Zuckers ein komplexes, höherprozentiges und schmackhaftes Ergebnis zu erzielen. Noch heute trinken Ureinwohner in Südchina und Kambodscha ihr Gebräu mit riesigen Strohhalmen, um nicht die Überreste des Getreides in den Mund zu bekommen. 2003 fanden Archäologen in einer Grabstätte bei Xi'an einen Steinkrug aus der Zeit von 1100 v.Chr., der 26 Liter fermentierte Flüssigkeit enthielt, die immer noch ein »angenehmes Aroma« verbreitete. Aus diesem Getränk ist später auch der japanische Reiswein Sake entstanden, der aufgrund seiner Zutaten Getreide, Wasser und Hefe eigentlich kein Wein, sondern ein Reisbier ist. Noch 1959 wird die Herstellung wie folgt beschrieben: »Die Mädchen formen in ihrer Hand ein Reisbällchen und nehmen es in den Mund. Wenn es sorgfältig durchgekaut ist, spucken sie es vor sich aus, und nachdem alles durchgekaut ist, mischen sie es mit ein wenig Wasser und stampfen alles in einem Steinmörser. Wenn es dann breiig geworden ist, füllen sie die Masse in einen Krug, versiegeln ihn fest und lassen ihn stehen. Nach 4–5 Tagen ist die Gärung abgeschlossen.« Die ausgewählten Mädchen mussten jung sein und gute Zähne haben, die sie mit Salz polierten, bevor sie den rohen Reis zerkauten. Das Getränk nannten die Japaner auch Mishu oder Mishagu, den »Götterwein«.

Aber Bier war nicht nur Nahrung, sondern auch Medizin, rituelles Gebräu und Mittel zur Entrückung. Lassen Sie sich nun auf eine kleine (Zeit-)Reise entführen, um der Entstehung unseres modernen Bieres auf den Grund zu gehen. Wir befinden uns in der steinzeitlichen Welt vor 13 000 Jahren, an der Grenze zwischen den heutigen Ländern Türkei und Syrien ...

Bier wird erfunden

20 Sonnenaufgänge war er gereist. Jeden Morgen genau in die Richtung der großen flammenden Scheibe, die – seit er denken konnte – jedes Jahr immer wärmer wurde. Und heute konnte er den großen Hügel schon am Horizont erkennen. Im Schlepptau hatte er seine Sippe. Über 60 Köpfe, vom Neugeborenen bis zum Greis mit 30 Jahren. Sie alle hatten Hunger und freuten sich auf die große Zusammenkunft. Deswegen waren sie aufgebrochen. Wie jedes Jahr, wenn der Pfahl im fünften Loch steckte. So wie die anderen Familien aus der Gegend auch. Zu dem Rauch am Himmel, den er schon seit geraumer Zeit wahrgenommen hatte, gesellte sich nun der Duft frisch gegrillter Auerochsen und Gazellen, der ihm das Wasser im Mund zusammenlaufen ließ. »Grzmpflwmpf« – Laute der Freude erklangen, als sie näher kamen. Die anderen elf Sippen waren schon eingetroffen – darunter auch die Frau, mit der er schon beim letzten Zusammenkommen angebandelt hatte. Er hatte Lust – auf sie, auf das Fleisch und auf ein frisches Bier!

So ähnlich mag es einem Steinzeitmenschen ergangen sein, der sich vor etwa 13 000 Jahren zum Göbekli Tepe im Südosten der heutigen Türkei begeben hatte, um an einem Treffen von Jäger- und Sammlersippen teilzunehmen. Aus dieser Zeit stammen die Ruinen auf dem Berg, der weitum die höchste Erhebung bildet. Im Umland sind noch heute die ehemaligen Steinbrüche erhalten, in denen riesige Pfeiler gehauen und anschließend auf den Berg geschleppt wurden. Dort ordneten die Menschen sie zu über 20 großen Kreisanlagen und verzierten den Stein kunstvoll mit allerlei Reliefs. In den Bauwerken finden sich Steinwannen mit einem Fassungsvermögen von circa 160 Litern. Wissenschaftliche Untersuchungen der darin enthaltenen Reste haben eindeutige Hinweise auf fermentiertes Getreide, also eine frühe Form von Bier, ergeben.

Grund genug anzunehmen, dass die ältesten bekannten Monumentalbauten errichtet worden waren, um Versammlungen der frühen Menschengruppen zu ermöglichen. Die Jäger und Sammler tauschten Erfahrungen, Waren und Frauen aus – und veranstalteten zur Feier des Tages die wohl ältesten Grillpartys der Geschichte. Doch wie waren unsere Ururur.....ahnen auf die Idee gekommen, Bier zu brauen?

Gesamtansicht des Grabungsfelds von Göbekli Tepe

Vor 13 000 Jahren war die letzte Eiszeit gerade zu Ende gegangen, das Klima wurde allmählich wieder angenehmer, die Gletscher hatten sich zurückgezogen und ein grünes Band hinterlassen – den weiter oben schon beschriebenen »Fruchtbaren Halbmond«, dessen Gebiet die frühen Menschen auf der Suche nach Nahrung durchkreuzten. Begleiten wir also eine kleine Gruppe auf ihrem Streifzug durch die Steppe. Die Jäger und Sammler waren schon am frühen Morgen aufgebrochen und hatten wildes Getreide gefunden, dessen Körner sie in kleinen geflochtenen Weidenkörben sammelten, als plötzlich eine Gazellenherde am Horizont auftauchte. Augenblicklich verwandelten sich die Sammler in Jäger und ließen alles stehen und liegen, um dem Fleisch nachzujagen, das deutlich besser schmeckte als der öde Getreidebrei, den sie sonst täglich zu essen bekamen. Die Jagd führte sie weit weg und so konnten sie erst einige Tage später ihre Habseligkeiten wieder einsammeln.

In der Zwischenzeit hatte es geregnet, aufgrund dessen das gesammelte Getreide begonnen hatte auszutreiben. Nachfolgender Regen hatte im Korb Wasserpfützen gebildet, in denen das angekeimte Getreide nun lag. Die Wärme des Sonnenscheins und der durch das Keimen entstandene Zucker setzten eine spontane Gärung mit wilden Hefesporen aus der Luft in Gang. Als unsere Vorfahren zurückkamen, wollten sie den blubbernden Getreidebrei nicht wegschütten und beschlossen, ihn zu probieren. Er schmeckte süß und machte auch noch lustig. Somit war klar: Das wollen wir wiederhaben!

Da die Rezeptur einfach, bekömmlich und nahrhaft war, fand das Herstellungsverfahren schnell Verbreitung bei den anderen Stämmen. Ferner liegt es nahe, dass hierin einer der Gründe lag, vom Sammeln des Getreides auf dessen gezielten Anbau umzusteigen, was sich durch

Ausgrabungen in der Region beweisen lässt: Nur 60 Kilometer vom Göbekli Tepe entfernt finden sich an einem erloschenen Schildvulkan klare Hinweise auf die Kultivierung von Gerste und Einkorn – ebenfalls aus der Zeit vor etwa 13 000 Jahren.

Die wichtigste kulturelle Neuerung, die das Bier den Menschen brachte, dürfte die Freude an Zusammenkünften und das damit verbundene Gefühl der Geselligkeit und Gemeinsamkeit gewesen sein – ein wichtiger Schritt auf dem Weg zur Sesshaftwerdung und zur weiteren Entwicklung der menschlichen Kultur. Erst etwa 5000 Jahre später entwickelten die Nachfahren unserer Steinzeitmenschen den Backofen, um neben dem bisher bekannten Getreidebrei und Bier auch Brot herstellen zu können. Viehhaltung, Pflug und Bewässerung waren weitere Fortschritte auf dem Weg in die Zivilisation, und nicht zuletzt die Erfindung des Rades trug dazu bei, dass größere Mengen Getreide zur Herstellung von Bier und Brot transportiert werden konnten.

Einkorn, Emmer, Gerste und Roggen wuchsen auf den Feldern rund um die Siedlungen und so bildete das Brauen und Backen wohl auch die Basis für weitere wichtige kulturelle Meilensteine: Die Felder mussten vermessen und eingeteilt werden. Dafür braucht es grundlegende Rechenmethoden, was zur Entwicklung der Mathematik führte. Schließlich war es nötig zu notieren, welcher Bauer wie viel Getreide zur Ernte beigetragen hatte und welcher Anteil an den erzeugten Gütern wie etwa Bier ihm zustehen würde. Das Ergebnis hielten die Menschen im ausgehenden 5. Jahrtausend vor Christus auf Tontafeln fest – die Schrift war geboren. In diesen Aufzeichnungen der ersten Kulturen finden sich über 160 verschiedene Wörter rund um den Terminus Bier, das sind mehr Vokabeln, als die Inuit für Schnee haben.

Aus dem altbabylonischen Reich um 1500 v.Chr. ist das Gilgamesch-Epos überliefert, in dem eine Dirne dem wilden Urmenschen »Enkidu« die Zivilisation nahebringt: »Iss das Brot, Enkidu, das gehört zum Leben; trinke das Bier, wie es im Lande Brauch ist.« Zu diesem Zeitpunkt hatte sich die Bierherstellung schon deutlich weiterentwickelt: »Mälzer« brachten Getreide – zunehmend Gerste, aber auch Emmer – gezielt zum Keimen und legten es, sobald die Keime sichtbar wurden, in der Sonne zum Trocknen aus. Anschließend entfernten sie die getrockneten Keime von den Körnern und schroteten das so entstandene Malz, also das angekeimte Korn. Parallel dazu stellten die Sumerer aus unvermälztem Getreide ein kurz gebackenes »Bierbrot« her, das dann gemeinsam mit dem Malz die Grundlage für den eigentlichen Biersud bildete. Kräuter, Früchte und Honig verfeinerten das Aroma und wilde obergärige Hefen besorgten die Gärung. Am Ende stand ein kräftiges Getränk mit bis zu zweistelligem Alkoholgehalt. Die Sortenpalette war schon zu dieser Zeit erstaunlich groß. Neben »hellem« und »dunklem« gab es auch »rotes« und »reines«, das wohl gefiltert wurde, sowie »braunes«, »süßes« und »saures« Bier. An anderen Stellen lesen wir über »Feinbier«, »Normal-

bier«, »Königsbier«, »erstklassiges Bier«, »Dünnbier« und »ausgepresstes Bier«, das möglicherweise aus einem zweiten Aufguss gebraut wurde. Alles in allem werden in Keilschrifttexten über 70 verschiedene Arten Bier erwähnt, sogar solche, die als Extrakt erst am Tisch mit Wasser zu einem genießbaren Getränk aufgegossen wurden.

Bier war für die Menschen seit den frühen Hochkulturen die Basis der Ernährung, eben das »flüssige Brot«, von dem ein erwachsener Mann täglich etwa drei Liter konsumiert haben dürfte. Nahrhaft und bekömmlich, war es Begleiter aller Feierlichkeiten, von der Geburt über die Hochzeit bis zum Leichenschmaus. Im Codex Hammurapi aus dem 18. Jahrhundert vor Christus, einem der ältesten überlieferten Gesetzestexte, werden erstmals Vergehen rund um das Getränk geregelt, da man sich offenbar auch schon der negativen Folgen übermäßigen Bierkonsums bewusst war. Doch im Vordergrund stand der Genuss, wie es auch im Gilgamesch-Epos über Enkidus Gefühle nach dem Biergenuss heißt: »Er trank das Bier, sieben Krüge voll. Da entspannte sich sein Inneres und ward heiter; sein Herz frohlockte und sein Angesicht strahlte und er ward ein Mensch.«

Fragment des Codex Hammurapi, Tontafel um 1800 v.Chr.

Pyramiden aus Bier

Tanwetamani stand mitten in einem großen Bottich, der ihm bis zu den Hüften reichte, und trat Datteln. Datteln für das Bier, für den Tempel, für den Pharao. Schon seit seiner Kindheit hegte er einen Traum. Er wollte zu einem »Freund des Pharao« werden. Die Mitglieder dieses erlauchten Kreises – Reiche und Adelige – hatten ein herrliches Leben. Und sie durften mit dem Herrscher persönlich sprechen, was normalen Menschen nicht vergönnt war. »Reichtum kann man sich erarbeiten«, hatte Tanwetamanis Vater immer gesagt. Bis zu seinem Tod war sein alter Herr, der schmächtige

Mann aus Assuan, ein kleiner Angestellter in der Verwaltung des Amun-Tempels gewesen, wo über 80 000 Menschen arbeiteten. Tanwetamanis Mutter arbeitete heute noch als Schreiberin bei den Priestern des Fruchtbarkeitsgottes. Ihr Sohn hatte sich bemüht, ein guter Schüler zu sein, und einen Beruf mit Aufstiegschancen gesucht. Seit drei Jahren arbeitete er nun in Tahut auf der Baustelle zum Haus der Millionen Jahre, dem Totentempel für Ramses III., als Brauergehilfe. Und wenn der Tempel fertig war, dann würde er die Konzession für seine eigene Brauerei erhalten – und dann irgendwann ein »Freund des Pharao« werden …

Die Ägypter hatten viel von den Sumerern gelernt, unter anderem die Kunst des Bierbrauens. Und sie verfügten über ein sehr fruchtbares Gebiet, das es ermöglichte, einen erheblichen Getreideüberschuss zu erwirtschaften. Damit war Personal frei für andere, prinzipiell »ertraglose« Beschäftigungen jenseits der Nahrungsproduktion: Wissenschaft, Religion und Kunst. Zudem trieben die frühen Hochkulturen mit ihren Nahrungsüberschüssen Handel, was sie in einen regen Austausch miteinander brachte.

Bier war ab dem dritten Jahrtausend vor Christus auch am Nil Bestandteil des täglichen Lebens und eher Nahrung als Getränk. Mit lediglich etwa drei Prozent Alkoholgehalt wurde es durchaus bereits zum Frühstück genossen und die tägliche Ration bestand aus knapp einem Liter Bier à zwei Krügen. Ra, der mächtigste Gott der Ägypter, war als Sonnengott zuständig für das Leben, die Liebe und das Bier – sowohl im Diesseits als auch im Jenseits. Rund 1000 Krüge galten als nötige Mitgift für die Unsterblichkeit. In der späteren Zeit etablierten sich mit Menquet und ihrem Pendant Tenemit eigene Göttinnen für das Bier.

Bier und Brot waren Grundnahrungsmittel und entwickelten sich auch zur Währung. Ein einfacher Arbeiter im alten Ägypten hatte Anrecht auf einen täglichen Mindestlohn von fünf Broten und zwei Krügen Bier. Der Lohn wurde nicht immer ausgezahlt, sondern auf einer Art Konto gutgeschrieben und konnte für spätere Anschaffungen angespart werden. Die hart arbeitenden Pyramidenbauer verdienten umgerechnet vier Liter Bier pro Tag, woraus man errechnen kann, dass der Bau der Cheops-Pyramide alleine an Lohnkosten knapp zehn Millionen Hektoliter Bier verschlungen hat.

Doch Bier war nicht nur Nahrungs- und Zahlungsmittel, sondern auch Medizin. Bei fast jeder Erkrankung, vom Wurmbefall über einen Skorpionstich bis zum Husten, verschrieben die Ärzte unter anderem die Einnahme von Bier, vermischt mit bestimmten Heilkräutern. Heute wissen wir, dass das altertümliche Bier nicht nur Mineralien und Vitami-

Ägyptische Darstellung eines Biertrinkers, bemalter Kalkstein um 1350 v.Chr.

ne, sondern auch Antibiotika enthalten hat, welche die moderne Medizin erst 1948 entdeckte, nämlich Tetrazykline. Spuren dieser Substanz fanden sich in mumifizierten Knochen aus altägyptischen Gräbern. Anscheinend produzierten Bakterien in den Böden entlang des Nils diesen wertvollen Stoff, der das Wachstum anderer Bakterien nachhaltig hemmte und über die Rohstoffe sowie die Herstellungsmethode ins Bier gelangte.

Der Brauprozess der Ägypter unterschied sich deutlich von den Verfahren der Sumerer, wie überlieferte Grabmalereien zeigen: Zuerst stellten die Brauer Gerstenmalz und Brotfladen aus Weizenmehl her. Für das Malz feuchteten sie Getreide an, ließen es keimen und in der Sonne trocknen. Die Brotfladen wurden kurz gebacken, sodass sie außen fest, innen aber noch roh waren, wodurch die Hefen lebendig blieben. Anschließend traten die Brauergehilfen Datteln, um mithilfe eines Siebs eine Art von »Dattelsaft« zu erzeugen. Diesen vermischten sie, nachdem er zu gären begonnen hatte, mit gemahlenem Malz, Brotfladen und Wasser und kneteten diese Mixtur ordentlich durch. Danach wurde das Gemisch eine Weile stehen gelassen, damit die im Dattelsaft befindlichen Hefen die weitere Gärung starten konnten. Die alten Ägypter hatten natürlich noch keine Kenntnis von Funktions- und Wirkungsweise der Hefe, die Basis ihrer Brautätigkeit war schlichte Empirie. Abschließend wurde die Maische dann abgeseiht und in Bierkrüge gefüllt, die mit Ton verschlossen wurden. Nach einiger Zeit füllten die Brauer das fertige Bier in die endgültigen Aufbewahrungsbehälter mit etwa drei Litern Fassungsvermögen um und verschlossen sie mit hohen Lehmkappen. Lange haltbar war das Getränk allerdings nicht, weswegen es überall im Land Brauereien gab. Diese waren entweder im Staatseigentum oder hatten eine Konzession und mussten Biersteuer entrichten. Aus der Zeit um 1650 v.Chr. ist folgendes Bierrezept überliefert: 40 Heqat (ca. 4,785 l) Gerstenmalz, 40 Heqat Datteln, 10 Heqat Weizen und 10 Heqat Emmer. Der Weizenanteil wurde oft teilweise oder komplett durch den günstigeren Emmer ersetzt. Der hohe Standard der ägyptischen Braukunst blieb auch den anderen Völkern der Antike nicht verborgen und verbreitete sich über die Handelswege bald auch nach Norden.

Die erste Hochkultur Europas, Griechenland, hatte das Bierbrauen allerdings bereits über die in ihren Augen barbarischen und im Gebiet der heutigen Ukraine beheimateten Reitervölker der Skythen, die auf dem östlichen Balkan siedelnden Thraker sowie die Schwarzmeer-Anrainer Phryger und Armenier kennengelernt. Bei den Thrakern war übrigens der Gott Dionysos für das Bier namens »Bryton« zuständig, das aus der reichlich vorhandenen Gerste gewonnen wurde – die Griechen adaptierten diese Gottheit, verlagerten jedoch ihren Verantwortungsbereich hin zu dem ihnen vertrauteren und wohlschmeckenderen Wein.

Umso erstaunter waren die Hellenen, als sie auch bei den kulturell ebenbürtigen Ägyptern eine Bierkultur vorfanden. Allerdings hielten sie deren Bier eher für einen exotischen Gerstenwein und nannten ihn »kyllestis« (Herodot). In intensiveren Kontakt hiermit kamen vor allem die griechischen Soldaten. Beispielsweise berichtete der Historiker Xenophon, ein Zeitgenosse Alexanders des Großen, in seiner »Anabasis« um 370 v.Chr. vom Rückzug einer 10 000 Mann starken griechischen Söldnertruppe im Dienste Kyros des Jüngeren durch Armenien nach Trapezunt: »Hier gab es Gerstenwein in großen Kübeln. Wenn einer durstig war, musste er einen Strohhalm in die Hand nehmen und daran saugen. Es war ein äußerst starkes Getränk und durchaus angenehm, wenn man daran gewöhnt war.«

Bierbrauer beim Passieren eingeweichter Gerste durch ein Sieb, Grabbeigabe aus gebranntem Ton aus dem 27.–22. Jahrhundert v.Chr.

Durch Alexander den Großen geriet Ägypten ab der Mitte des vierten vorchristlichen Jahrhunderts schließlich unter griechische, später unter Kaiser Augustus um 30 v.Chr. unter römische Kontrolle. Dennoch blieb es ein Land der Biertrinker. Gleichwohl waren die Griechen den finanziellen Segnungen der Bierwirtschaft trotz ihrer Vorliebe für Wein nicht abgeneigt, wie aus der Ptolemäerzeit überliefert ist. Alleine die Stadt Tebtynis in der Fayum-Oase, besser bekannt unter dem griechischen Namen Theodosiopolis, lieferte im ersten Jahrhundert vor Christus 8200 Drachmen Biersteuer. Das entspricht 51 600 Obolen. Der Wert einer Tagesration für einen Arbeiter, ein Liter Bier und ein Kilogramm Brot, lag bei zwei Obolen. Soldaten erhielten zusätzlich zwei Pfund Fleisch, einen Liter Wein und etwas Olivenöl.

Insgesamt ist jedoch sowohl in der griechischen wie auch später in der römischen Kultur ein deutliches Gefälle spürbar: Die noble Oberschicht trank Wein, die Plebs und die kolonisierten Völker hingegen, vor allem an den Rändern der jeweiligen Reiche, konnten sich nur Bier leisten. Der Dichter Athenaios berichtet aus der griechischen Kolonie Massilia, dem heutigen Marseille: »Der Alkohol, der in den Häusern der Reichen getrunken wird, ist Wein aus Italien und der Gegend um Massilia. Aber unter den ärmlicheren Einwohnern wird ein Bier aus Weizen getrunken, dem Honig zugesetzt wird. Es wird Corma genannt.« Das keltische Corma sollte nicht der einzige Gerstensaft in Europa bleiben …

Die Gelage der Germanen und das Staunen der Römer

Der Duft von Weihrauch umwehte ihre Nase. Schon vierhundert Schritte war Hosidia Materna gegangen, die Hälfte des Weges von der Porta Nigra zum Forum. Bisher war dies immer eine Strecke der Freude – das letzte Stück der Heimkehr von ihren Handelsreisen –, doch heute wandelte sie auf dem Pfad der Trauer. Ganz vorne stimmten die Musiker gerade das Lieblingsstück ihres verstorbenen Gatten Maximus an. Dann kamen die Tänzer und die Schauspieler, danach die Freigelassenen und schließlich die sterbliche Hülle ihres Mannes, sitzend auf einem Paradebett. Dahinter ging sie mit ihren Söhnen. Traianus, mit 17 Jahren der älteste, würde nach ihrer Ankunft auf dem Forum die Grabrede halten. Mit zitternden Händen hielt Hosidia ihre letzte Gabe in den Händen, einen Becher aus Ratisbona, den ein anderer Bierhändler dem Paar zum Dank für ein gutes Geschäft geschenkt hatte. So gerne hatte Maximus daraus sein Bier getrunken. Egal, ob keltische Cervisia oder spanische Cerea, die sie von Augusta Treverorum nach Ratisbona im Gepäck hatten, oder das gotische Baris, das sie immer auf dem Rückweg transportierten. Doch nun, nach dem Überfall der Truppen des Clodius Albinus bei Lugdunum und dem tödlichen Pfeil auf ihren Gatten, konnte sie ihm sein Lieblingsgefäß nur noch mit ins Grab geben. Mit Tränen in den Augen las sie ein letztes Mal die Inschrift: Ospita reple lagona cervesiae – Wirtin, bitte fülle die Flasche mit Bier!

Die ersten schriftlichen Überlieferungen zum germanischen Bier stammen aus römischen Quellen. Tacitus schrieb beispielsweise im Jahr 98 n.Chr., dass die Stämme »einen gealterten [vergorenen] Auszug aus Gerste und Roggen statt Wein« tranken. Für die Getreideversorgung unterhielten sie Felder »mit größerer Geduld und Ausdauer, als man es bei ihrer sonstigen Trägheit hätte erwarten können«. Die Männer kümmerten sich um das Getreide, während die Frauen kochten und brauten. Eine Frau, die als Mitgift Braukessel und Kochtopf vorweisen konnte, galt unter den Germanen als großer Fang. Doch die Römer fanden wenig Gefallen am Bier und ließen in ihren Besitzungen zur Versorgung der Garnisonen, beispielsweise auch entlang von Rhein, Main und Donau, großflächig Wein anbauen. Allerdings entwickelte sich ein reger Handel mit Bier für die durstigen Kolonialvölker entlang der Außengrenzen des Imperiums.

Belege für das erste Bier auf europäischem Boden finden sich im Nordosten Spaniens, wo in Gefäßen einer 3000 Jahre alten bronzezeitlichen Siedlung diesbezügliche Spuren entdeckt wurden. Die Wissenschaft nimmt an, dass Angehörige germanischer Stämme etwa 1000 v.Chr. begonnen hatten, aus den wilden Getreiden ihrer Gegend die ersten Gebräue zu sieden. Zudem verewigten sie das Bier in ihren Gesängen und Sagen. So besaß der Gott Thor einen riesigen Braukessel, den Himmel – wenn er seinen Kessel reinigte, donnerte es, wenn er ein Bier siedete, entstanden die Wolken. In der nordischen »Kalevala«-Sage, dem finnischen Nationalepos, finden sich 400 Verse über das Bier, aber nur 200 zur Erschaffung der Welt. In der Realität dampften die Braukessel ebenfalls kräftig. Als Grundstoff für ihr Bier nutzten die germanischen Brauer zerkrümelte halbgebackene Brotlaibe. Zur Aromatisierung gaben sie Kräuter und Honig bei und hofften anschließend auf eine bald einsetzende Spontangärung. Das Ergebnis war eine nur kurz haltbare, leicht alkoholische, süß-saure, trübe Brühe, die Spelzen und Brotreste enthielt – kein wirklicher Genuss.

Genauso wie die Germanen durch die Römer den Wein kennengelernt hatten, gab es in der Folgezeit auch den ein oder anderen Römer, der sich mit dem germanischen Gerstensaft anfreundete. So fand sich in einer Ausgrabung bei Regensburg eine komplette römische (!) Brauerei. Auch am nördlichen Ende des Reiches, im Kastell Vindolanda in der Mitte des Hadrianswalls, im heutigen Bardon Mill in der Grafschaft Northumberland, entdeckten Archäologen eine Brauerei mit Darre, eine Einrichtung zum Trocknen von Lebensmitteln. Diese Funde zeigen, dass die Römer in kurzer Zeit die Brautechnik fundamental weiterentwickelten und bereits eine separate Darre für Malz sowie einen Maischebottich verwendeten. Das Brauen mit Brot, so wie es noch die Ägypter, Kelten und Germanen betrieben hatten, gehörte bei den alten Römern, die auf die reine Verarbeitung von vermälztem Getreide umgestiegen waren, schon der Vergangenheit an.

Amphore aus der keltischen Hallstattkultur 800–600 v.Chr. Der Fund enthielt Rest von »Bierbrot« und Eichenblättern – beides Indizien für die Bierherstellung.

Dabei war Bier auch in Rom kein günstiges Vergnügen. Im 4. Jahrhundert legte Kaiser Diokletian in seinem Preisedikt die Höchstpreise für den halben Liter Bier in der Gastronomie fest. Keltische Biere kosteten demnach vier Denare, während ägyptisches Bier nur mit zwei Denaren zu Buche schlug. Der Jahresverdienst eines einfachen Soldaten lag in dieser Zeit bei etwa 600 Denaren. Also musste er gut zwei Tage Dienst für ein europäisches Bier tun. Wein allerdings war mit acht Denaren für dieselbe Menge noch wesentlich teurer ...

Im keltischen Europa der Römerzeit können fünf grundsätzliche Biersorten unterschieden werden: Alica, ein leichtes Dinkelbier, Celialceria, ein helles Weizenbier, Bryton, ein kräftigeres Weizengebräu, Cervisia, ein rotbraunes Gerstenbier, und Corma, ein prickelndes, mit Honig zubereitetes, leichteres Bier. In dieser Epoche liegen zudem die etymologischen Wurzeln des Bieres. Denn einerseits findet sich im römisch-keltischen Kulturkreis das erwähnte »Cervisia«, andererseits im Gotischen die Bezeichnung »Baris« für Gerstenbier, aus der sich im Althochdeutschen »Bior« und dann unser »Bier« entwickelten. Zudem konnte auf Runensteinen in Skandinavien und England die Runensequenz ALU (ᚨᛚᚢ) identifiziert werden, die für das Bier der frühen Angelsachsen stand. Dort hatte das Bier wie bei den Germanen und Ägyptern nicht nur eine große Bedeutung als Nahrungsmittel, sondern war auch ein kultisches Getränk, das bei religiösen Feiern und Zusammenkünften gereicht wurde. Aus ALU entstand wohl das spätere Wort »Ale«, wobei eine andere Deutung den Begriff »Ale« auch vom oben genannten Alica ableitet.
Die Wikinger waren Teil der Nordmänner, wie die Skandinavier im Mittelalter genannt wurden, und ihre Geschichte datiert weit in die vorchristliche Zeit. Unsere heutige Perspektive nimmt jedoch in erster Linie den

Met – das Bier der Wikinger

Sie waren ihm auf die Schliche gekommen. Dabei hatte Arnhöfdi es doch so klug angestellt. Und Kunolf, der reiche, aber geizige Vater seiner heimlichen Geliebten Yrsa, hatte es ihm noch dazu sehr leicht gemacht. Abends war der Alte – wie immer trunken von schwerem Met – an den Steg vor seinem kleinen Rundhaus getreten, um sich zu erleichtern. Das Plätschern und die launige Weise, die Kunolf vor sich hinsummte, ermöglichten Arnhöfdi ein unbemerktes Anschleichen von hinten. Ein schneller Schnitt, ein Röcheln, ein Plumpsen, schon trieb die Leiche des knausrigen Huskarls (Angehöriger der Leibgarde) langsam auf den See hinaus.

Arnhöfdi war nach der Tat am frühen Morgen alleine in das runde Brauhaus des Dorfes gegangen und hatte mit seiner heiligen Arbeit als Braumeister begonnen. Über 60 verschiedene Kräuter, Gewürze und Früchte hatten er und seine Gehilfen in den vergangenen Tagen und Wochen gesammelt sowie allerlei verschiedenste Honigsorten zusammengetragen, um wie immer den besten Met für ihren Jarl (Graf) brauen zu können. Anscheinend war Arnhöfdi in der Nacht doch gesehen worden. Für den Moment war er sicher, denn ein Braumeister durfte bei seiner heiligen Arbeit nicht gestört werden. Aber der Tumult vor der Pforte verriet, was passieren würde, wenn er sein Werk vollendet hatte. Warum hatte sich Kunolf auch seiner Verbindung mit Yrsa widersetzt? »Du bekommst sie nicht – so lange ich lebe«, hatte der alte Krieger gebrüllt. Er liebte sie, mit Haut und Haaren. Und nun würde seine Geliebte mit ansehen müssen, wie er zur Strafe für den Mord beim Blutaar-Ritual sein Leben lassen musste. Die Vorstellung, wie ihm sein Rücken bei lebendigem Leib aufgeschnitten würde, um die Rippen beidseitig von der Wirbelsäule zu trennen und – wie Adlerschwingen – zur Seite zu klappen, raubte ihm fast die Sinne. Arnhöfdi nahm einen großen Schluck Met, rammte sich eine Klinge in die Seite und ließ sich in den riesigen 500-Liter-Kessel fallen. Seine letzten Gedanken galten Yrsa, der Liebe seines Lebens.

Zeitraum der beginnenden Überfälle auf die Britischen Inseln ab dem 6. Jahrhundert bis zur Zerstörung Haithabus im Jahre 1066 in den Blick. Ihre Kultur war geprägt von Grausamkeit und Exzess in jeder Hinsicht, zumindest wenn man der Literatur ihrer Feinde Glauben schenken mag. Unstrittig ist ihre kriegerische Natur und ihre Gier nach Gold, aber auch ihr großer Forscherdrang – die Wikinger segelten bis Nordamerika – sowie eine eigene Götter- und Sagenwelt, in der ein Getränk namens Met die zentrale Rolle spielt.

Ein Teil der altisländischen Edda-Sagen, das Hávamál, beschreibt, wie zwei heimtückische Zwerge den Weisesten aller Weisen, Kvâsir, ermordeten und sein Blut mit Honig zu einem neuen, mythischen Getränk namens Met mischten. Göttervater Odin selbst sühnte das Unrecht, nahm den Zwergen den Met weg und gab seinen Mitgöttern, den Asen, und den Menschen davon zu trinken. Das Getränk verlieh ihnen die göttliche Gabe der Dichtkunst. Im Glauben der Nordmänner verhalf der Rausch den Menschen also zur Nähe Gottes.

Drachenboote der Wikinger auf hoher See, Aquarell von 1850

Was der »Met« enthielt, den die Wikinger täglich tranken und nach dem mythischen Weisen »Kvâsir« nannten, ist schwer zu sagen. Grundsätzlich handelte es sich um ein Gemisch aus Wasser und Honig im Verhältnis von ca. 4:1, das unter Zugabe diverser Kräuter und Früchte vergoren wurde. Im Götterlied Alvíssmál antwortet der Zwerg Alwis, der »Allwissende«, auf die Frage Thors zum Namen des Getränkes, das in aller Munde ist: »Bei Menschen heißt es Ael, bei Asen Bier, Wanen sagen Saft, bei Hel heißt es Met, bei Riesen helle Flut, Geschlürf bei Suttungs Söhnen.« Auf jeden Fall lernten die Krieger bei ihren diversen Raubzügen die alkoholischen Getränke ihrer Opfer kennen, was ihre eigene Braukunst sicher beeinflusste. In dänischen Gräbern aus der Zeit um 1500 v.Chr. fanden sich in einem Behältnis aus Birkenrinde vergorene Überreste von Preisel- und Moosbeeren, Getreidekörnern, Gagel, ein Strauch, der auch in den Bieren des Mittelalters Verwendung fand, Lindenblüten, Mädesüß und Weiß-Klee. In einem keltischen Fürstengrab in Süddeutschland fand sich gar ein 500-Liter-Kessel, der zum Zeitpunkt der Bestattung zu etwa drei Vierteln mit Met gefüllt gewesen war. Die Analyse der getrockneten Reste ergab, dass Honig von mehr als 60 verschiedenen Pflanzen die Grundlage für das Getränk gebildet haben musste.

In überlieferten Rezepturen finden sich unter anderem auch Johanniskraut, Schafgarbe, Wermut, Beifuß, Gundelrebe, eine amerikanische (!) Pflanze mit Konservierungs- und Bitterstoffen, Baumharze, Moos- und Preiselbeeren, Birkenrinde, Löwenzahn, Tabak,

Heidekraut und Löwenzahn als beliebte Zutaten. Das Wichtigste jedoch war von Beginn an der Honig. Heutzutage reicht der Gang in den Supermarkt, doch die Wikinger mussten sich das süße Gold hart erarbeiten. Anfangs merkten sie sich die Standorte wilder Bienenstöcke, später höhlten sie Baumstümpfe in der Nähe ihrer Siedlungen aus, um das Ansiedeln von Bienenvölkern zu begünstigen. Nicht selten verzierten die Menschen die Bienenhäuser und gaben ihnen eine menschliche oder göttliche Form. Die Waben wurden bei der »Ernte« meistens komplett entfernt, was in der Regel das Ende für das Bienenvolk bedeutete.

Das Honigbier war ein willkommenes »Mitbringsel« der einfallenden Wikingerhorden, das die einheimische Bevölkerung gerne in ihr Getränkeprogramm aufnahm. Besonders die Waliser und Iren entwickelten eine regelrechte Met-Begeisterung und entwickelten diesen mit ihren heimischen Kräutern zu einer halluzinatorischen Allzweckwaffe. Neben dem Alkohol taten möglicherweise Substanzen wie Opium, Marihuana, Bilsenkraut oder Tollkirsche ihr Werk und sorgten für neue Sinneserfahrungen – und einen ordentlichen Kater.

Grundnahrungsmittel Bier –

die Braukunst rund ums Mittelalter

»Dass du auch alles mitmachen musst«, Cynthia blickte ihren Mann Gordon grimmig an. »Wart's ab, das wird sich für uns sicher lohnen!«, erwiderte dieser. Mit vereinten Kräften bugsierten sie Mary, ihre neueste Errungenschaft, auf die grüne Wiese hinter ihrem Pub. Die Kuh muhte widerwillig, aber schließlich machte sie die letzten Schritte und begann, genüsslich das grüne Gras zu fressen. Das Paar ging versöhnt ins Haus, um ihre Gastwirtschaft für den abendlichen Ansturm der durstigen Londoner vorzubereiten. Zwei Stunden später hatte Cynthia die neue Rezeptur angerührt: ein Quart Starkbier, etwas Muskat und Zucker. Jetzt musste sie nur noch die letzte Zutat ergänzen, um ein perfektes Ale-Syllabub hinzubekommen. Also ging sie mit der Schüssel hinaus, wo Gordon schon neben Mary wartete und deren Gesicht streichelte. Als seine Frau sich mit der Schüssel direkt unter die Kuh setzte und die Milch aus dem Euter in den Topf spritzen ließ, musste er lachen – was für ein Anblick. Nach einer Stunde Wartezeit blickte sie gespannt in die Gesichter des Quartiermeisters und des Pfarrers, die gerade die ersten Portionen der feinen Süßspeise verspeist hatten. »Sensationell!«, sagte der Geistliche und kratzte die letzten Reste aus seiner Schüssel. Auch sein Gegenüber lächelte hoch zufrieden und Cynthia musste ihrem Mann insgeheim recht geben – die Anschaffung der Kuh hatte sich gelohnt.

Wir sind an der nächsten Station unserer Zeitreise angelangt und überqueren nunmehr die Epochengrenze zwischen der Antike und dem Mittelalter. Bier ist nun nicht mehr nur Bier, sondern es entwickelt sich ein komplexer, professioneller Herstellungsprozess, der auch das Mälzen umfasst: Im ersten Schritt weichten die Mälzer das Getreide mit Wasser ein und brachten es in einem kühlen, dunklen Raum zum Keimen. Um zu vermeiden, dass das Getreide faulte, wendeten sie es einige Male am Tag. Etwa eine Woche später stoppten sie mittels Hitze den Keimungsprozess, sei es durch Sonnenlicht oder Feuer. Anschließend entfernten sie noch die Wurzelkeime, die immerhin noch ein gutes Schweinefutter abgaben, und konnten das fertige Malz dann einige Monate lagern. Damit wurde das Getreide haltbar gemacht und – nachdem die Körner auch als Steuer und Geldersatz dienten – als Besitztum konserviert.

Nun kamen die Brauer ans Werk. Vor dem Brauen mahlten sie das Malz grob, maischten es mit warmem Wasser ein, bis es sich völlig gelöst hatte, und filterten das Gemisch anschließend durch die natürliche Filterschicht der Malzreste. Den abgeseihten Malzaufguss, Würze genannt, kochten sie schließlich mit Hopfen, kühlten ihn im Kühlschiff ab und stellten ihn im offenen Gärbottich mit Hefe an. Dass die Hefe ein Mikroorganismus ist, war den Menschen des Mittelalters zwar noch unbekannt, aber man wusste um die Substanz und ihre Eigenschaften. Als »Heffen« oder »Germ« wird sie bereits in Brauordnungen des 15. Jahrhunderts quasi als vierter Rohstoff beschrieben, auch wenn sie im bayerischen Reinheitsgebot von 1516 nicht erwähnt wird.

Das Brauen war wie das gesamte Leben der mittelalterlichen Gesellschaft des christlichen Europas in die kirchlichen Abläufe eingebunden. Kirchgänge, Fastentage und religiöse Hochfeste wechselten einander ab. Letztere waren nicht selten auch mit Jahrmärkten verbunden, sodass zu diesen Anlässen auch Waren ausgetauscht und soziale Kontakte geknüpft wurden. Damit konnten die meisten Menschen jener Zeit die Illusion eines religiös bewahrten und glücklichen Lebens aufrecht halten und der Realität ihres kurzen und mühsamen Lebens weitestgehend entfliehen. Über allem schwebte dazu noch die ständige Gefahr verheerender Epidemien und andauernder kleinerer und größerer Konflikte, die schließlich im Dreißigjährigen Krieg gipfelten.

Längerfristiges, zukunftsorientiertes Denken war unter diesen Umständen schlicht unmöglich, zumal die kirchliche Lehre einerseits das diesseitige Leben lediglich als Vorbereitung auf das jenseitige ansah und andererseits Fleiß und Gewinnstreben zur Verbesserung der individuellen Lebenssituation zumeist als sündhaft geißelte. Kein Wunder also, dass in allen Schichten der Gesellschaft der Alkoholkonsum und die daraus folgende Trunkenheit keineswegs verpönt, sondern eher an der Tagesordnung waren.

Reformation und Calvinismus waren logische Gegenbewegungen, die in den protestantischen Gebieten das Pendel ins andere Extrem ausschlagen ließen. Arbeit wurde zum strengen alltäglichen Dienst an Gott, Genuss und Sinnesfreuden hingegen schlossen die neuen Lehren aus. So ist aus dem calvinistischen Genf während des 16. Jahrhunderts Folgendes überliefert: »9 Uhr abends musste jeder Bürger zu Hause sein bei strenger Ahndung. Auf Ehebruch wurde der Tod gesetzt. Todeswürdig war jede Gotteslästerung, Wettern und Fluchen, selbst gegenüber dem Vieh, verboten. Ein Kind, das seine Mutter gescholten, wurde bei Wasser und Brot ausgesetzt, ein anderes, das die Mutter mit Steinen geworfen, öffentlich gepeitscht und an den Armen unter den Galgen gehängt, eines, das die Eltern geschlagen, hingerichtet. Eine Frau, die weltliche Lieder nach einer

Psalmenmelodie gesungen, wurde öffentlich ausgepeitscht, ein gebildeter Mann, der beim Lesen der schlüpfrigen Erzählungen von Poggio ertappt worden war, eingesperrt, wer beim Kartenspiel getroffen wurde, wurde mit den Karten am Halse unter den Pranger gestellt. Die Hochzeitsfeier musste die alte Lustigkeit ganz abtun, keine Trommel noch Musik beim Aufzug, kein Tanz beim Gelage. Das Theater war verboten, außer wenn biblische Stücke aufgeführt wurden, das Romanlesen aber gänzlich untersagt, und wer etwas Anstößiges schrieb, wanderte ins Gefängnis.«

Angesichts dieser Umstände ist es erstaunlich, wie schnell die deutsche Bevölkerung die Folgen des Dreißigjährigen Krieges – Bevölkerungsverlust von bis zu 50%, 1600 zerstörte Städte, 18 000 zerstörte Dörfer – überwinden und sich dem Wiederaufbau einer funktionierenden Gesellschaft zuwenden konnte. Und die Lebensfreude kam dabei, wie ein zeitgenössischer Bericht aus Berlin zeigt, offensichtlich auch nicht zu kurz: »Da hat es müssen gefressen, gesoffen, gespielt, bankettiert und buhliert sein, da hat man alle Gasthöfe, Schenken, Wein- und Bierkeller voller Gesellschaft gesehen, die sich toll und voll gesoffen und bis in die Nacht hinein geschwärmt, sich auch mit Trommeln, Pfeiffen, Geigen etc. aufwarten lassen.« Eine Zeit also voller Exzesse und Gegensätze, in der gerade auch das Bier eine große Rolle spielte, wie wir auf unserer kleinen Zeitreise durch Europa auf den folgenden Seiten feststellen werden.

Bauernhochzeit, Gemälde von Pieter Bruegel d.Ä., 1568

Die Rolle des Malzes

Die Huflaute seiner beiden Pferde vermischten sich mit dem Schaben der Holzräder auf den Naben, als sich die Pforten des Klosters hinter Rueprecht schlossen. Die tief stehende Abendsonne malte lange Schatten auf das Pflaster und die Tiere ächzten angesichts der ungewohnt schweren Last. Als Rueprecht am Morgen seine Lieferung mit Getreide für die St. Gallener Klosterbrauerei hatte abliefern wollen, war die Abtei in hellem Aufruhr gewesen. Wiborada, die vor Jahren auf eigenen Wunsch in einem kleinen Raum im Kloster eingemauerte Einsiedlerin, hatte einen Angriff der Ungarn prophezeit, und zwar schon für die nächsten Tage. Also hatte Abt Engilbert befohlen, alle Schätze des Klosters, vor allem die vielen Handschriften aus der Bibliothek, auf die Insel Reichenau in Sicherheit zu bringen. Umgehend luden die Mönche eilig Weizen, Gerste und Hafer ab, stapelten die Manuskripte in dicken Bündeln auf der Ladefläche und sprangen am Ende selbst auf, jeder mit so viel Proviant und Bier, wie er hatte tragen können. Drei Tage später – sie waren wohlbehalten im Kloster Reichenau angekommen – sah Rueprecht, wie die Brüder das flehentliche Gebet rund um ihre heilige Reliquie, ein im letzten Jahr eingetroffenes byzantinisches Kreuz mit dem Blute Christi, unterbrachen, um die Nachricht des Boten zu hören. Brandgeruch und rötlicher Schein am nächtlichen Himmel hatten bereits verraten, dass die Ungarn tatsächlich gekommen waren. Doch die weitere Botschaft ließ ihn schaudern: Die Magyaren hatten Wiborada, die ihre Klausur trotz inständiger Bitten des Abtes nicht hatte verlassen wollen, gefunden. Dort hatte sie, angekettet am Altar, gebetet und sich gegeißelt. Die Barbaren wollten sie losreißen, wohl um sie zu schänden, und als ihnen dies nicht gelang, schlugen sie ihr mit der Axt den Schädel ein.

Die Tage im Mittelalter waren ähnlich rau wie hier im Kloster St. Gallen, aus dem der älteste (Ideal-)Klosterplan jener Epoche überliefert ist. Die Zeichnung enthält auch drei (!) eingerichtete Brauereien. Doch dazu später mehr. Nachdem die Römer den Prozess des Mälzens professionalisiert hatten, behielten die Einheimischen in Mittel- und Nordeuropa auch während der folgenden Herrschaftswechsel das Bier als ihr wichtigstes

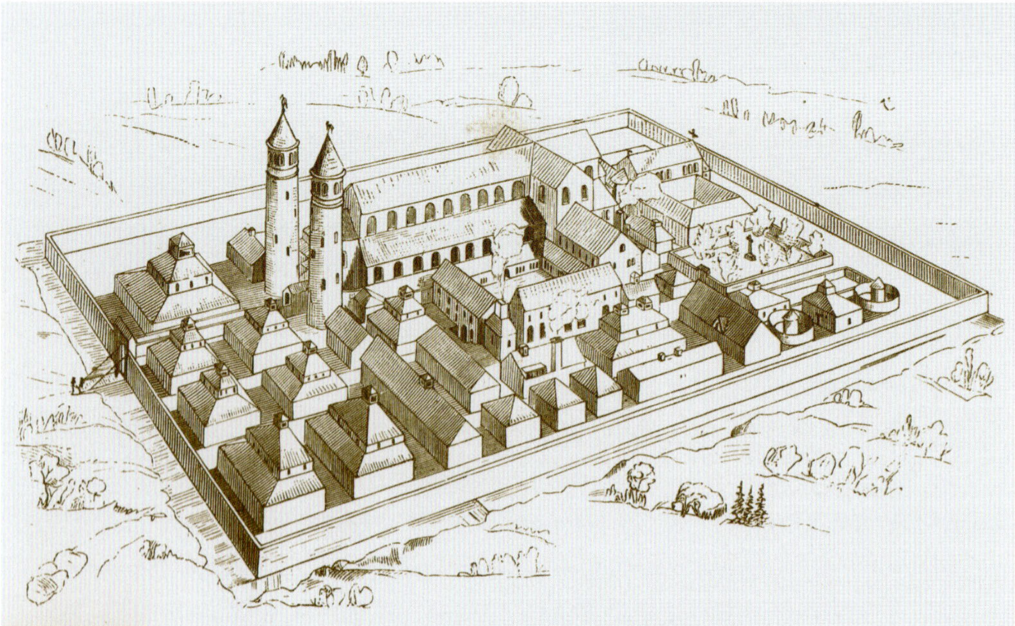

Rekonstruktionszeichnung des Klosters St. Gallen nach dem Grundriss aus dem frühen 9. Jahrhundert, 1876

Getränk bei. Aus der Zeit Karls des Großen finden sich umfangreiche Überlieferungen rund um den Gerstensaft. Seine Brauer hießen »Siceratores«, wobei »Sicera« jedes alkoholische Getränk jenseits des Weines meinte. Um 800 n.Chr. war das neben Bier vor allem Met, aus vergorenen Äpfeln hergestellter Cider und Perry, für den Birnen zur Gärung gebracht wurden.

Während das Bierbrauen für den Hausgebrauch in der Regel von den Frauen erledigt wurde, weswegen sie auch bei einer Scheidung immer ihren Braukessel behalten durften, sammelten sich in den Klöstern Getreideüberschüsse an, die es ermöglichten, Bier in größerem Stil sowohl für den eigenen Gebrauch als auch den Handel zu brauen. Zudem besaßen die Abteien das Kapital zur Anschaffung der Brau-Utensilien sowie zum Bau und Unterhalt der nötigen Gebäude. Die Klöster in England, Irland und Frankreich begannen schon im 5. Jahrhundert mit der Bierherstellung, im 6. Jahrhundert folgten italienische Abteien wie beispielsweise das erste Benediktinerkloster Monte Cassino und im 7./8. Jahrhundert die Stifte im heutigen Deutschland. Spielte Wein in den italienischen Abteien noch eine Rolle, verboten ihn viele Benediktiner-Äbte nördlich der Alpen in ihren Häusern komplett. Als in den Synoden von Aachen 816 bis 819 die Regeln für das monastische Leben im fränkischen Reich festgelegt wurden, gestand man jedem Bruder täglich 0,3 Liter Wein oder 0,6 Liter hochwertiges Bier zu. Mit »hochwertig« war jenes Bier gemeint, das die Brauer aus der ersten Würze des jeweiligen Sudes herstellten. Es hatte den höchsten Zucker- und damit Alkoholgehalt. Alleine schon die Mengenumrechnung lässt vermuten, dass dieser bei der

Hälfte des Weins lag, also etwa bei vier bis fünf Prozent. Auch wenn Karl der Große dem Alkoholgenuss bei Weitem nicht abgeneigt war, führte er dennoch als Erster auch Abstinenztage ein, an denen das Volk nicht trinken durfte. Mit der Aufnahme ins »offizielle« Getränkeprogramm am Kaiserhof war der Grundstein für das »moderne« Bierbrauen gelegt:

Die Mälzer breiteten das Getreide bis zu einer Höhe von 10–15 Zentimetern auf dem Boden aus und bedeckten es mit Wasser, das in den folgenden 12–24 Stunden langsam abfloss. Hierbei entwickelte das Getreide bei 15–25 °C die entsprechenden Keime. Mithilfe hölzerner Schaufeln wendeten die Gehilfen die Körner und warfen sie dabei in die Luft, damit sie sich wieder locker und gut belüftet auf dem Boden stapelten. Mit etwas zusätzlichem Wasser hielten sie weiterhin den Keimprozess in Gang. Beim Keimen aktiviert das Getreidekorn wichtige Enzyme, die aus der enthaltenen Stärke Energie in Form von Zucker gewinnen können. Schließlich landete das angekeimte Getreide in der Darre, um zu trocknen. Der Feuchtigkeitsgrad sank dabei von gut 45 auf unter fünf Prozent. Niedrige Temperaturen von unter 40 °C halfen, die später für die Verzuckerung nötigen Enzyme zu erhalten. Da den Mälzern und Brauern des Mittelalters Messinstrumente für Temperatur und Feuchtigkeit unbekannt waren, basierte jede Tätigkeit auf überliefertem Handwerkswissen. Die »Temperaturmessung« erfolgte beispielsweise mit Hand und Ellenbogen. Am Ende des Darrens ließen die Mälzer die Temperaturen deutlich ansteigen, um den Trocknungsgrad zu optimieren. Nachdem das Malz bei der anschließenden Lagerung in Räumen ohne Fenster und Heizung rasch wieder Feuchtigkeit aufnahm, war man gezwungen, so schnell wie möglich damit zu brauen.

Die Brauer mahlten das Malz sehr grob, damit das in der Folge dazugegebene Wasser die Inhaltsstoffe des Getreides optimal herauslösen konnte. Zu feines Malz hätte zum Klumpen geneigt und die Spelzen der Gerste, jene dünne Blatt-Umhüllung der Körner, wären zu klein für die spätere Läuterung. Dem schloss sich das Maischen an, wobei das geschrotete Malz mit heißem Wasser im Läuterbottich übergossen wurde. Dessen Siebboden nutzte die natürliche Filterwirkung der Spelzen für den Läuterungsprozess. Während des Maischens wandelten die beim Mälzen in den Körnern aktivierten Enzyme die Stärke aus dem Getreide in Zucker um. Die festen Bestandteile des Malzes blieben zurück, während die Würze – das Wasser mit den aus dem Malz gelösten Inhaltsstoffen – abfloss. Mit den abgetrennten Malzresten wiederholten die Brauer den Prozess in der Regel mindestens noch zweimal, wobei sie eine immer dünnere Würze erhielten.

Die so gewonnene Würze kochten sie schließlich separat und fügten noch »Biergewürze« hinzu. Heute ist das in der Regel der Hopfen, damals verwendeten die Brauer eine Kräutermischung, die Gruit. Nach dem Kochen ließen die Brauer die Würze schließlich durch eine dünne Leitung seitlich in das Kühlschiff, ein rundes Holz-, zu späteren Zeiten Metallgefäß, laufen, das gedreht wurde. Dadurch setzten sich die noch verbliebenen

Der Bierbreuwer.

Auß Gersten sied ich gutes Bier/
Feißt vnd Süß/auch bitter monier/
In ein Breuwkessel weit vnd groß/
Darein ich denn den Hopffen stoß/
Laß den in Brennten külen baß/
Damit füll ich darnach die Faß
Wol gebunden vnd wol gebicht/
Denn giert er vnd ist zugericht.

»Der Bierbreuwer«, Holzschnitt aus dem Ständebuch von Jost Amman (Bild) und Hans Sachs (Text), 1568

und durch Hopfen oder Gruit hinzugekommenen Feststoffe in der Mitte des entstehenden Strudels ab, während die Würze insgesamt nach und nach abkühlte. Sobald sie eine Temperatur unter 25° Celsius erreicht hatte, konnte die anfangs spontane Gärung beginnen. Während dieser baut die Hefe den Zucker ab und lässt als »Abfallprodukte« Alkohol und Kohlendioxid entstehen. Durch die Zugabe von Resten bereits vergorener Sude lernten die Brauer schon nach kurzer Zeit, den Prozess bewusst in Gang zu setzen. Nun gor das zukünftige Bier für wenige Tage, bevor es schließlich in Fässer abgefüllt und gelagert, meist jedoch rasch konsumiert wurde.

Eine weitere Erfahrung aus dieser Zeit war, dass das Brauen in der Nähe von Bäckereien besonders gut gelang – wohl wegen der vielen Hefen in der Luft, die eine schnelle Gärung unterstützten. In diesem Zusammenhang ist auch das Lied aus dem grimmschen Märchen »Rumpelstilzchen« zu verstehen, in dem der Namensgeber singt: »Heute back ich, morgen brau ich, übermorgen hol ich der Königin ihr Kind; ach, wie gut, dass niemand weiß, dass ich Rumpelstilzchen heiß!«

Aus den separat verarbeiteten Würzen wurden dann auch verschiedene Biere. Die erste Würze enthielt am meisten Zucker und ergab deswegen das stärkste Bier, das dem Abt und seinem inneren Zirkel vorbehalten blieb. Die zweite Würze ergab das Alltagsbier für die Mönche und den Verkauf, während aus der letzten Würze schließlich ein Dünnbier hergestellt wurde, das den Angestellten und sonstigen Untergebenen der Chorherren verabreicht wurde.

Das Malz bildete die Grundlage für gutes Bier. In größeren Mengen verfügbar war Getreide allerdings nur in den Machtzentren der Herrschaftsgebiete. In manchen Regionen wie beispielsweise im heutigen Franken waren die Territorien oft sehr kleinteilige Besitzungen mit zahlreichen En- und Exklaven. Während die weltlichen Herrscher ihren Haushalt in der Regel aus den Einnahmen eigener Betriebe und vergebener Rechte und Konzessionen finanzierten, wurde in den geistlichen

Gebieten eine Steuer, der sogenannte Zehnte, erhoben. Anfangs noch der tatsächlich zehnte Teil der Ernte und deshalb deutlichen Schwankungen unterworfen, entwickelte er sich später zu einer je nach Grundstück festgesetzten Abgabe, die bis zu 30% der Erträge ausmachen konnte. Das Risiko von schlechten Ernten war damit auf die Bauern abgewälzt und das Einkommen der Klöster somit stabil. In Deutschland blieb dieses System bis ins frühe 19. Jahrhundert erhalten und führte unter anderem zur Gründung der Sparkassen, um durch Rücklagen Sicherheiten zu bilden.

Braugerste auf dem Feld

Vom Wasser zum Bier

In den Augen von Al-Hakam II. war Dschafar wunderschön. Allerdings nicht perfekt, war sie doch eine Frau. Doch darüber konnte der Kalif von Córdoba hinwegsehen. Genauer gesagt, musste er es. Denn er brauchte einen Erben, also einen Sohn. Doch aus Frauen machte er sich nichts. In seinem Harem standen über 100 junge Männer zu seinem Vergnügen bereit. Schließlich hatte sein Sekretär Sadik die rettende Idee gehabt. Er ließ Subh, einer groß gewachsenen baskischen Sklavin, Männerkleider anziehen und schickte sie eines Nachts als »Dschafar« in die Gemächer des Kalifen. Al-Hakam entdeckte die Täuschung spät – zu spät, aber nach einem klärenden Gespräch mit Sadik verbrachte er etwa alle vier Wochen eine Nacht mit seiner Konkubine. Soeben hatte Subh als Dschafar verkleidet den Vorhang beiseitegeschoben und näherte sich mit großen Schritten, als sie merkte, dass der Kalif noch nicht alleine war. Der Gesandte Rachid stand noch im Raum, während der Herrscher gebannt seinen Worten lauschte: »Aber du siehst nichts Schmutzigeres als sie! Sie reinigen und waschen sich nur ein- oder zweimal im Jahr mit kaltem Wasser. Ihre Kleider aber waschen sie nicht, nachdem sie sie angezogen haben, bis dass sie in Lumpen zerfallen.« Dann holte der Bote einen großen hölzernen Krug aus dem Vorraum. »Aber ihr Bier ist besser als das ägyptische, das wir hier haben. Vielleicht sollten wir einige Brauer in Córdoba ansiedeln, probiert selbst!« Der Herrscher nahm einen tiefen Schluck, hob die Augenbrauen und erwiderte: »So sei es, heuert die Brauer an und wenn sie nicht wollen, dann fangt sie ein!« Rachid verließ die Gemächer, Al-Hakam wandte sich um und ging mit Dschafar in den nahe gelegenen Baderaum des Kalifen. Die Bademeister begannen mit der Hammām-Prozedur und wenige Stunden später begann ein neues Leben in Subh heranzuwachsen, der künftige Kalif Hischam II. von Córdoba.

Die Worte des Boten aus dem Jahr 973 mögen vielleicht übertrieben gewesen sein, doch sicher ist, dass es um das Thema Hygiene und vor allem sauberes Wasser im Mittelalter nicht sehr gut bestellt war. Mit dem Zerfall des Römischen Reiches hatten auch seine sanitären Segnungen wie die Therme und die Kanalisation ihr Ende erreicht. Selbst die Bürger Roms mussten nach der Belagerung durch die Goten im Jahr 537 auf die jahrhundertelang gewohnte Frischwasserversorgung und die geliebten Bäder in den Thermen verzichten. Lediglich im Byzantinischen Reich blieb diese Kultur erhalten. Als die Araber 642 Alexandria eroberten, fanden sie 4000 Villen mit ebenso vielen Bädern vor. Statt diese Errungenschaften zu zerstören, lernten die neuen Herrscher die Bäder lieben und entwickelten ihre eigene islamische Bade- und Hygienekultur.

Die christlichen Staaten Europas hingegen gingen einen anderen Weg. Während in den obersten Schichten des Adels noch relativ häufig gebadet wurde und das Schwimmen als eine der sieben »ritterlichen Fähigkeiten« galt, hatten die wenigsten Klöster und das restliche Volk kaum Zugang zu frischem Wasser und Badeanstalten. Im Gegenteil verankerte schon Benedikt von Nursia in seinen Ordensregeln eine asketische Lebensführung: Nicht zu baden wurde in den Rang einer Tugend erhoben. In seinen Schriften aus dem 5. Jahrhundert erklärt der Kirchenlehrer Augustinus von Hippo, dass für einen Christen maximal ein Bad pro Monat, für einen Mönch lediglich ein Bad vor Weihnachten und eines vor Ostern mit der Lehre vereinbar seien.

Ähnliches lässt sich auch beim Thema Bier feststellen. Während in Europa der ausgedehnte Handel des Römischen Reiches zusammenbrach und die Brauer wieder auf ihren kleinen, regionalen Markt beschränkt wurden, übernahmen die arabischen Eroberer mit Freuden die Bierkultur Ägyptens und des Vorderen Orients. Bier galt vor allem als Nahrungs- und Heilmittel und so war es auch ein arabisch-persischer Arzt und Naturwissenschaftler, Abū Bakr Muhammad ibn Zakarīyā ar-Rāzī, im Abendland besser bekannt unter seinem latinisierten Namen Rasis, der als Erster höherprozentigen Alkohol destillierte. Die Substanz nannte er in Ableitung aus der Kosmetik »al-kuhl« (die Essenz). Christliche Mönche übernahmen deren Herstellung, nannten sie »Aqua Vitae«, Wasser des Lebens, und brachten sie nach Irland und Schottland, wo aus dem gälischen Lebenswasser »Uisge beatha« schließlich der Whisky wurde. Doch das nur am Rande ...

Wasser an sich galt seinerzeit als zum Trinken ungenießbar. Schließlich entsorgten alle Städte und Gemeinden ihre Abfälle, etwa aus den Gerbereien oder Schlachthäusern, in die Flüsse. Zwar gab es vereinzelte Versuche und Vorschriften, die Flusswasserqualität zu regulieren: »Der Herr Bürgermeister gibt bekannt, dass am Mittwoch Bier gebraut wird und deshalb ab Dienstag nicht mehr in den Bach geschissen werden darf!« Doch angesichts der bereits im Wasser enthaltenen Substanzen, vor allem Kolibakterien, die in flussaufwärts gelegenen Siedlungen ins Wasser gelangt sind, hat das sicher nicht viel geholfen. Auch Brunnen waren ein unsicherer Trinkwasserlieferant, denn schon ein einziges Tier, das zufällig hineinfiel und unter Luftabschluss verweste, bildete schadhafte Substanzen und konnte die Wasserquelle für Jahre ungenießbar machen. Blieben die seltenen Regenwasserzisternen, die kurz nach dem Niederschlag gutes Wasser boten, in denen sich allerdings innerhalb kürzester Zeit Mücken und anderes Getier pudelwohl fühlten. So lernte jedes Kind im Mittelalter schnell: Wasser kann man nicht trinken!

Brauer bei der Arbeit, Buchmalerei aus dem Hausbuch der Mendelschen Zwölfbrüderstiftung, 1425

Neben Wein, dem teuren Getränk für die Oberschicht, etablierte sich deswegen das Bier als Grundnahrungsmittel für die gesamte Bevölkerung, vom Kind bis zum Greis. Die Brauer standen in hohem Ansehen, denn sie waren in der Lage, das ungenießbare Wasser mit ihrer Handwerkskunst in ein wohlschmeckendes Getränk ohne Krankheitserreger zu verwandeln. Seit alters her ließen die Brauer die Würze kochen, ursprünglich für den Geschmack, und töteten dabei unbewusst alle Bakterien und sonstigen Mikroorganismen ab. Ein wahres Wunder für viele Menschen im Mittelalter, das ihnen das Überleben sicherte. Denn Bier war die Morgenspeise genauso wie die Grundlage für die mittägliche Suppe oder das Getränk zum Abendmahl. Dementsprechend lag der Pro-Kopf-Konsum an Bier bei bis zu 2,5 Litern pro Tag, bei etwa zwei bis drei Prozent Alkoholgehalt.
Durch ihre besondere Stellung in der Gesellschaft unterlagen die Brauer aber auch ständiger Beobachtung. Gerade zur Zeit der Hexenverfolgung war das nicht immer leicht. Denn gelangen die Sude zu oft, stand der Braumeister unter dem Verdacht, mit dem Teufel im Bunde zu sein. Hatte er hingegen überdurchschnittlich viel Pech, war er verflucht. Das Ergebnis war nicht selten dasselbe. Clevere Braumeister fanden dann meist andere Schuldige, die dann schärfster Verfolgung ausgesetzt waren und als »Brau- oder Bierhexen« qualvoll auf dem Scheiterhaufen starben. Die letzte Hinrichtung aus diesem Grund datiert auf das Jahr 1591. Dabei waren die Brauer in der Regel sehr gläubige Handwerker. Noch heute sprechen viele Braumeister die Worte »Gott gebe Glück und Segen drein«, wenn sie einen neuen Sud einbrauen. Im Mittelalter drapierten sie ihre Kessel zudem mit allerlei Kräutern und Glücksbringern, um die bösen Geister fernzuhalten.

In dieser Zeit entstand auch der »Brauerstern«, der erstmals im Hausbuch der Mendelschen Zwölfbrüderstiftung aus dem Jahr 1425 erwähnt wird. Der Stern besteht aus vier übereinanderliegenden, um 180° versetzten, gleichschenkligen Dreiecken. Das erste steht dabei für das Element Feuer, das zweite für Wasser. Das dritte ist durchgestrichen und versinnbildlicht die Luft als Ursprungsort der noch unbekannten Hefe, während das vierte, ebenfalls mit einem Strich, schließlich für die Erde als Grundlage des Getreides steht. Insgesamt ergibt sich das Bild eines

Hexagramms, das zudem als Schutzzeichen gegen Feuer und Dämonen galt. In der Alchemie kommen den sechs Ecken des Hexagramms folgende Bedeutungen zu: Wasser, Verzuckerung (Schnittpunkt von Wasser und Feuer), Feuer, Gärung (Schnittpunkt von Feuer und Luft), Luft und Keimung (Schnittpunkt von Luft und Wasser). Mit dem bekannten Davidstern hat der Brauerstern – in der Oberpfalz auch Zoiglstern genannt – nichts zu tun. Dieses Symbol hat seinen Ursprung in der Legende, dass David einen sternförmigen Schild im Kampf gegen Goliath getragen haben soll.

Bier zu Hause und im Kloster

Sie waren überall. So schnell er konnte, rannte Cornelius in den Wald. Die Schreie der anderen Dorfbewohner, das Klirren der Schwerter, das Flehen der Mütter um das Leben ihrer Kinder und das Glockengeläut der Dorfkirche, mit dem der Pfarrer die Nachbargemeinden alarmierte, verfolgten ihn noch bis tief ins Unterholz. Bald 20 Jahre tobte der Krieg bereits, aber bisher waren die Horden immer an Parette vorbeigezogen. Im festen Glauben, ihr Patron, der Heilige Fiacrius, würde weiterhin seine Hände schützend über sie halten, hatten sie auch diesmal nicht mit einem Angriff gerechnet. Doch der wilde Haufen hatte vor einigen Wochen unweit des Ortes haltgemacht und begonnen, die umliegenden Dörfer zu erpressen und zu plündern. In Parette gab es für sie nicht viel zu holen, außer dem Bier, das Cornelius als Braumeister seit bald 35 Jahren in der örtlichen Schänke herstellte. Als die Söldner jedoch die Bierfässer geleert hatten, verfielen sie in einen Blutrausch. Zwei Tage später waren die Schreie verstummt und Cornelius kroch aus seinem Versteck, einem kleinen Erdloch im Forêt d'Anlier. Mit Schaudern erblickte der Braumeister die Bäume, an deren Ästen seine Freunde und Angehörigen baumelten. Aufgeknüpft von den Schergen an jenem unheilvollen Freitag, dem 13. Februar 1636. An einer großen Eiche sank Cornelius auf die Knie. Er konnte es nicht glauben. Parette existierte nicht mehr. Was sollte er tun? Da vernahm er ein Rascheln hinter sich. Die Häscher waren noch da. Cornelius nahm seinen größten Schatz, das geheime Rezept seines Bieres, das er bei sich trug, und vergrub ihn flugs unter den Wurzeln des mächtigen Baumes. Keine Sekunde zu spät, denn auf einmal spürte er, wie eine Schlinge über seinen Kopf gezogen wurde …

Dieses grausame Ereignis trug sich tatsächlich an der heutigen Grenze zwischen Luxemburg und Belgien zu. Der Sage nach spukt Braumeister Cornelius noch heute durch den Wald. Vor einigen Jahren belebten junge Brauer die Geschichte neu und gründeten die Brasserie d'Ebly. Merken Sie sich den Trinkspruch, der im Gedenken an den Braumeister vor dem ersten Schluck gesprochen werden muss: »Gloire à la corne, à Cornélius et à tous les pendus du bois, santé sans pitié.«

Doch zurück in die Vergangenheit. Die Zeit bis zum Ende des Dreißigjährigen Krieges war geprägt von ungeheuren Gegensätzen. Grausamkeit und Verrohung auf der einen, Gottesfurcht und verzückte Jenseitsfantasien auf der anderen Seite. Pestepidemien, Hexenverfolgung, Ablasshandel und ständige regionale Konflikte taten ihr Übriges. Verbunden mit einer durchschnittlichen Lebenserwartung von nicht einmal 30 Jahren blieb wenig Zeit für Rationalität. So waren vor allem die Klöster Horte von Beständigkeit. Dort entwickelte sich dann auch das erste »professionelle« Brauen, das sich in Menge und Qualität des hergestellten Bieres deutlich vom Bier der Frauen unterschied, das diese für den Hausgebrauch siedeten.

Die hohe und allgegenwärtige Nachfrage machte das Getränk zu einem lukrativen Wirtschaftsgut. Die Mönche fühlten sich von Gott zum Brauen berufen und nutzten ihr Produkt gerne auch zu Werbezwecken. Kirchgänger erhielten nicht selten nach dem Gottesdienst zur Belohnung einen Gratiskrug Bier. Um dem gestiegenen Bedarf Rechnung zu tragen, brauten die Brüder bald nicht nur unterschiedliche Biere aus einem Sud, wie oben schon beschrieben, sondern sie verwendeten auch unterschiedliche Malzmischungen, um verschiedene Biere herzustellen. Bei den drei Brauereien des eingangs erwähnten, idealisierten St. Gallener Klosterplans wurde in einer das Bier für die Mönche, in der anderen das Bier für die Gäste und in der dritten das Bier für die Pilger und Armen gebraut. Bei den »billigeren« Bieren kamen neben Gersten- und Weizenmalz auch andere Getreidesorten ins Spiel, zum Beispiel Hafer, Hirse und Reis.

Die drei Brauereien sollten jeweils über einen Raum mit vier Feuerstellen zum Erhitzen der Maische und eine etwas kleinere Kammer zum Kühlen der daraus entstandenen Würze verfügen. Eine Darre, eine von Wasserkraft betriebene Schrotmühle und ein Kornhaus komplettierten die Anlagen. Brauereien und Bäckereien lagen eng beieinander, einerseits, weil man um die positiven Wechselwirkungen wusste, andererseits, weil

Kloster Andechs auf dem »Heiligen Berg Bayerns«

gerade an kalten Wintertagen die Wärme gemeinsam genutzt werden konnte. Hochgerechnet auf die zu versorgenden Brüder, Gäste und Armen mussten die St. Gallener Brauer etwa 400 Liter pro Tag sieden – eine Menge, die vor allem angesichts der Schwankungen von Temperatur und Rohstoffen über das Jahr hinweg nur selten erreicht werden konnte. Bier blieb also stets auch eine Mangelware. Neben den Klosterbrüdern entwickelten sich übrigens auch deren Glaubensschwestern zu hervorragenden Brauerinnen. In deren Tradition arbeitet heute noch Schwester Doris Engelhard, die als Braumeisterin an den Sudkesseln von Kloster Mallersdorf steht.

Die wohl bekannteste Klosterbrauerei in Deutschland ist die heutige Bayerische Staatsbrauerei Weihenstephan in Freising, die ihre Gründung auf das Jahr 1040 datiert. Die Quelle hierfür ist eine Urkunde, mittels derer der Freisinger Bischof Egilbert von Moosburg dem Benediktinerkloster das Braurecht verlieh. Der war allerdings schon im Vorjahr verstorben. Dies und weitere Ungereimtheiten lassen die Echtheit des Dokuments zumindest fraglich erscheinen. Doch bisher stört sich niemand groß daran, dass die Brauerei sich stolz als »älteste noch bestehende Braustätte der Welt« bezeichnet. Die größte diesbezügliche Konkurrenz liegt auch nicht weit entfernt. Im Benediktinerkloster Weltenburg bei Kelheim soll 1050 das erste Bier gesiedet worden sein, weswegen sich die heutige Zweigstelle der Regensburger Bischofshof-Brauerei als »älteste Klosterbrauerei der Welt« bezeichnet. Doch auch hier ist die Quellenlage alles andere als sicher. Weitere bekannte Klosterbrauereien finden sich – neben den belgischen Trappistenklöstern, über die wir später noch sprechen werden – ebenfalls vor allem im bayerischen Raum. Im Kloster Aldersbach, Schauplatz der Landesausstellung 2016 zu 500 Jahren Bayerisches Reinheitsgebots, wird nachweislich seit 1268 Bier hergestellt und Kloster Andechs auf dem »Heiligen Berg Bayerns« beheimatet seit 1455 ebenfalls eine Brauerei.

Während lange Zeit Bier und Wein eine Parallelexistenz führten, veränderte sich die Wetterlage ab dem 15. Jahrhundert gravierend. Denn damals endete die mittelalterliche Warmzeit (ca. 900–1400), als unter anderem Grönland noch »grün« war, und die »Kleine Eiszeit« begann. Damit verschob sich die Grenze für wirtschaftlich sinnvollen Weinbau weiter in den Süden und Nordmitteleuropa entwickelte sich mit der Hanse als logistischem Verteiler im Rücken, wie wir später noch sehen werden, zum Bierland. Im Dreißigjährigen Krieg zerstörten die marodierenden Heere auch die letzten Weinberge in Bayern. So lag es nahe, statt erneut Wein anzubauen und lange auf Erträge warten zu müssen, dem Getreide den Vorzug zu geben, um die Getränkeversorgung der Bevölkerung wieder sicherstellen zu können. Gerade die klösterlichen Brauhäuser nutzten die Gelegenheit und verpflichteten die Gasthäuser in ihren Territorien, ausschließlich ihr Bier auszuschenken. So machten die Einnahmen aus dem Bierverkauf schnell einen großen Anteil am Gesamteinkommen der geistlichen Brüder aus. In Weltenburg waren es im 18. Jahrhundert knapp 25%, in Benediktbeuern knapp 35% und in Andechs sogar deutlich über

40%. Zum Zeitpunkt der im Zuge des Reichsdeputationshauptschlusses 1802/03 erfolgten Säkularisation gab es auf dem Territorium des heutigen Bayerns etwa 300 Klosterbrauereien, die aber nicht nur wegen ihrer Bierproduktion wichtig gewesen waren, sondern auch das gesamte Wissen rund um das Bierbrauen bewahrt hatten. Insofern bildete die klösterliche Brautradition eine wichtige Grundlage für die heutige Bierkultur.

Hopfen – das grüne Gold

Zuzil, Karinz, Mizamabuz – was sollte das bloß bedeuten? Bruder Martinus, der Vorsteher der Bamberger Schreibstube, beugte sich über das ungewöhnlich große Pergament. Bischof Ekbert hatte ihn damit beauftragt, herauszufinden, was es mit dem seltsamen Schriftstück auf sich hatte. War es vielleicht ein geheimes Bierrezept? Auf der Rückseite hatte ein Schreiber mehrere Pflanzen, darunter auch Hopfenranken, stilisiert. Überall waren seltsame Zeichen. Manche kamen ihm von seinen Studien der arabischen Schrift bekannt vor, andere sahen wie Abwandlungen der indischen Ziffern aus. Sein Dienstherr war dieses Jahr auch noch zum kaiserlichen Statthalter über Österreich und die Steiermark ernannt worden und hatte bei seinen Reisen dieses außergewöhnliche Pergament als angebliches Bierrezept erstanden. »Scalnibilbuz« stand auf der Rückseite neben dem Bild einer Pflanze, die wie Wacholder aussah. Es blieb ein Rätsel. Doch dann entdeckte Martinus ganz unten rechts einen Hinweis: »Hildegardis Herbarium Linguae ignotae«, stand da. Martinus hörte, wie die große Tür der bischöflichen Bibliothek aufschwang und der Bischof in Begleitung seiner Schwester Hedwig, der Gemahlin von Heinrich I. von Polen, den Raum betrat, um das Manuskript selbst in Augenschein zu nehmen. Vielleicht gab es doch noch ein gutes Bierrezept her? Doch sie benötigte nur wenige Minuten, bis sie mit feuchten Augen aufblickte. »Das ist aus den Schriften Hildegards«, sagte sie, »wir haben darüber im Kloster in Kitzingen gesprochen. Sie hat eine eigene Sprache entwickelt, die Lingua ignota.« Hedwig war gerührt, ein Pergament in Händen zu halten, an dem Hildegard persönlich gearbeitet haben könnte. Dennoch musste sie ihrem Bruder und Martinus eine Enttäuschung bereiten. Die Schrift behandelte zwar den Hopfen, aber nicht als Biergewürz, sondern als Schlafmittel.

Hildegard von Bingen, Bildnis aus einer Handschrift um 1230

Hildegard von Bingen (1098–1179) war eine Universalgelehrte, die mittlerweile auch als Heilige verehrt wird. Neben ihren Schriften über Religion, Medizin, Musik, Ethik und Kosmologie war sie auch Beraterin, Komponistin und Schöpferin einer kompletten Geheimschrift mit einem Fundus von mehr als 1000 Wörtern. Wen wundert es da, dass sie sich im Laufe ihres Lebens auch dem Bier gewidmet hat? Obgleich sie es für ein gutes und förderliches Getränk hielt, stellte sie dennoch eine Verbindung von zu großem Bierkonsum und körperlicher Verfettung sowie einer Rötung der Gesichtshaut fest. Zudem beschäftigte sie sich in ihren pflanzenkundlichen Studien mit dem Hopfen, ein bis dato relativ unbeachtetes Gewächs.

Dessen erste Erwähnung als »lupus salictarius« (Weidenhopfen) findet sich in den Schriften Plinius des Älteren aus dem ersten nachchristlichen Jahrhundert. Das nächste Mal findet er sich erst im 10. Jahrhundert in einem Werk des arabischen Mediziners Masawaih al-Mardini wieder, der Hopfen zur Fiebersenkung und zum Abführen der gelben Galle empfahl. Abu Muhammad ibn al-Baitar, der die medizinisch-pharmakologischen Kenntnisse der arabischen Medizin in Kairo katalogisierte, erkannte auch die verdauungsfördernde und beruhigende Wirkung der kleinen grünen Dolden. Man kann also davon ausgehen, dass der Hopfen grundsätzlich als Heilpflanze bekannt war und, der Familie der Hanfgewächse entstammend, auch als Rau(s)chdroge Verwendung fand.

Wilder Hopfen wuchs und wächst im Halbschatten vieler Wälder und Flussauen in ganz Europa und so gehörte er wohl auch zu den Heilkräutern, die im Mittelalter von kundigen Frauen gesammelt und zu Medizin verarbeitet wurden. Hildegard von Bingen war die Erste, welche die besondere Eigenschaft der Pflanze erkannte und niederschrieb: »Mit seiner Bitterkeit hält er gewisse Fäulnisse von den Getränken fern, denen er beigegeben wird, sodass sie umso haltbarer sind.« Damit rückte der Hopfen als guter Konservierungsstoff auf eine Bedeutungsstufe mit anderen wichtigen Substanzen wie Salz, Zucker oder Pfeffer, die ursprünglich ebenfalls zur Haltbarmachung von Nahrungsmitteln genutzt worden waren. Für eine besonders wirksame Heilpflanze hielt Hildegard den Hopfen allerdings nicht.

Die Dolden der Hopfenpflanze

Ähnlich sah es auch der Gelehrte Albertus Magnus in seinem um 1260 erschienenen Werk »De vegetabilibus«. Seine Bücher und die Schriften von Hildegard bildeten die Grundlage für die in den Klöstern gelehrte Pflanzenkunde. Dies führte zwangsläufig dazu, dass das Wissen um die konservierenden Eigenschaften des Hopfens zum Grundwissen der hochmittelalterlichen Brauer gehörte. Seine früher vermutete Verwendung zur Unterdrückung des Sexualtriebs in den Klöstern können wir hingegen getrost ins Reich der Legenden rücken. Der lateinische Begriff für Hopfen, »humulus«, dürfte übrigens ein Lehnwort aus dem Slawischen sein. Dort hieß die Pflanze »chumeli«. Dies lässt vermuten, dass sich die Hopfennutzung von Ost- nach Westeuropa ausgebreitet hat.

Es sollte aber lange dauern, bis sich der Hopfen als alleiniges Biergewürz etabliert hatte. Denn die Brauer nutzten seit alters her eine Kräutermischung, um ihr Bier zu aromatisieren. Zu den für die Mixtur verwendeten Pflanzen gehörten in der Regel Gagel, Rosmarin, Lorbeer, Ingwer, Anis, Kirschen, Laserkraut, Hopfen, Harz und Alant. Das Gemisch wurde zu einem Brei verkocht, getrocknet, fein zermahlen und als Pulver dem Bier zugegeben. Die Zusammensetzung war jedoch genau wie beim Met nicht einheitlich festgelegt und gehörte zu den Geheimnissen des jeweiligen Braumeisters. Unter den vielen benutzten Substanzen befanden sich nicht selten auch Stoffe, die halluzinatorische oder gar toxische Wirkung hatten, beispielsweise Bilsenkraut, Sumpfporst, Tollkirsche, Schlafmohn, Muskatnuss oder Wermut. Im Volksmund hieß dieses Gemisch Gruit oder Grut. Neben der Aromatisierung diente diese Kräutermischung auch der leichten Konservierung des kostbaren Getränkes. Manchmal gaben die Brauer noch zusätzliche Heilkräuter hinzu, um das Bier als Medizin zu verwenden. Grutbier war trüb, zähflüssig und nicht jedermanns Geschmack. 1648 schrieb der päpstliche Gesandte Fabio Chigi, der spätere Papst Alexander VII., während der Verhandlungen zum Westfälischen Frieden: »Noch etwas Schwefel dazu und der Höllentrank ist fertig!«

Dadurch, dass Gruit in nahezu jedem Bier enthalten war, erkannten die karolingischen Herrscher im 8. Jahrhundert auch dessen wirtschaftliche Bedeutung. Denn die Kräuter, vor allem Gagel, wuchsen auf unkultiviertem Land, das weder besiedelt war noch als Ackerland diente. Solcher Boden unterstand der Herrschaft des Kaisers, der darin die Grundlage für das Gruitrecht, die Kontrolle des Handels mit Gruit, sah. In Dortmund beispielsweise, das in seinen Stadtgrenzen ebenfalls ausschließlich Gruitbier zuließ, wurden im 14. Jahrhundert jährlich zwischen 2000 und 2400 Tonnen davon verkauft. Das Gruitrecht setzte sich von der Somme in Nordfrankreich über Belgien, die Niederlande und das Rheinland bis nach Hamburg und Bremen durch. Südlich und westlich dominierte noch der Weinbau, nördlich und östlich davon nutzten die Slawen bereits den Hopfen als hauptsächliches Biergewürz. Der Kaiser konnte dieses Recht gegen entsprechende Verdienste oder Gebühren an seine Untergebenen oder auch Städte und Gebietskörperschaften übertragen. Diese wiederum erhoben Steuern auf die Gruit und damit auf das Bier.

Weiblicher Gagelstrauch (*Myrica gale*) während der Blüte

Mit dieser Ausgangssituation war der Hopfen als neues Biergewürz konfrontiert. Denn im Gegensatz zu Gagel ließ sich die Hanfpflanze auf Feldern kultivieren. Die ersten Hopfengärten sind schon aus der Zeit Pippins des Jüngeren (714–768), des Vaters Karls des Großen, überliefert. So war das Gewächs zwar einerseits schon seit Längerem bekannt, unterlag aber andererseits nicht dem Gruitrecht und brachte damit keine Einnahmen für die Obrigkeit. Eine Tatsache, die dazu führte, dass sich die Autoritäten lange gegen das Hopfenbier stellten. So ist aus Dortmund überliefert, dass dort erstmals 1447 Hopfenbier gebraut wurde, das sich bis zum Ende des Jahrhunderts durchgesetzt hatte, und der Rat schließlich 1543 die Gruitproduktion offiziell einstellte. Der letzte Gruitbrauer – und mit ihm das Dortmunder Gruitbier – starb 1551. Im Bereich des Erzbistums Köln hingegen hielten sich die Gruitbrauer noch bis ins 19. Jahrhundert. Im restlichen Europa waren die Hopfenbiere spätestens seit 1300 durch die steigenden Exporte der Hansestädte auf dem Vormarsch. Denn die sparten sich nicht nur die Gruitabgaben, sondern konnte das für den Export gedachte Bier zudem weniger stark einbrauen. Statt des höheren Alkoholgehaltes konservierte nun der Hopfen das Getränk. Am längsten mussten die Engländer auf eigenes Hopfenbier warten. Hier brachten niederländische Einwanderer im 15. Jahrhundert die ersten Hopfenpflanzen auf die Insel, wo sie schließlich vor allem in Kent heimisch wurden.

Nach und nach entdeckten die Herrschenden den Hopfen auch als interessantes Wirtschaftsgut und förderten seinen Anbau. Im anfangs erwähnten Fürstbistum Bamberg erließ der oberste geistliche Hirte Adam Friedrich von Seinsheim 1767 ein Gesetz, nach dem jeder »Unterthan, welcher 12 Zentner Hopfen bauet« eine Prämie von 30 Reichstalern erhielt. Zudem befreite der Bischof jedes neue Hopfenfeld für 15 Jahre von Steuern und Zehntabgaben. Der Bamberger Hopfen wurde so bald zu einem Exportschlager und die Domstadt im 19. Jahrhundert sogar zu einem Zentrum des Hopfenhandels, doch davon später mehr.

Hanseatischer Bierexport

Was für ein herrlicher Markttag. Ganz Viborg war auf den Beinen. Anlässlich des Jahrmarktes hatte sich der gesamte Platz vor dem eindrucksvollen Dombau in ein buntes Durcheinander von Ständen mit Waren aller Art verwandelt. Morana war schon früh aufgestanden, hatte sich besonders hübsch gemacht und war mit ihrem Verlobten Esben auf der Suche nach schönen Stoffen für ihr Hochzeitsfest. Nach drei Stunden hatten sie schon einige ansehnliche Ballen erstanden und wollten sich eine Pause mit einem Bier gönnen. Um einen Bierstand aus der Stadt Bremen stand eine große Gruppe Wallfahrer mit Krügen in der Hand. Der Jahrmarkt fand zu Ehren des früheren Domherren Kjeld statt, der im erst vor Kurzem fertiggestellten Dom bestattet lag. An dessen Grab hatte es schon so manch wundersame Heilung gegeben, weswegen die Pilger wohl hier waren. Zwischen die Männer drängte sich eine kleine gedrungene Gestalt, wohl ein Bauer aus dem Umland. Schwankend streckte er seinen Becher dem Schankknecht entgegen und verlangte ein weiteres Bier. Doch ohne Geld kein Bier, was der Angetrunkene partout nicht verstehen wollte. Immer zorniger begann er, um sich zu schlagen und erst die Pilger, dann die Bremer Kaufleute zu beschimpfen. Morana konnte seinen Fäusten nur knapp ausweichen, Esben allerdings erwischte ein kräftiger Hieb und der Markttag war für ihn beendet. Am nächsten Tag in der Kirche traute Morana ihren Ohren nicht. Die Pilger hatten dem Bischof wohl von dem Vorfall berichtet und so hob dieser in seiner Predigt zu einer Hasstirade gegen das Bremer Bier an, obwohl hinlänglich bekannt war, dass er sich auf seinen Festen nur solches ausschenken ließ. Aber auch ein Bischof konnte offensichtlich seine Meinung ändern und sei es nur für den Jahrmarktsonntag …

Vorreiter des hanseatischen Handels mit Bier war die Stadt Bremen, aus der schon zu Beginn des 13. Jahrhunderts Tauschgeschäfte mit friesischen Bauern von Bier gegen Vieh überliefert sind. Die Ursache lag darin, dass die Pestepidemien zwar die Bevölkerung dezimiert hatten, aber die Vermögen durch Erbschaft und die Löhne durch Verknappung der Arbeitskräfte stark gestiegen waren. Zudem sanken die Getreidepreise dank der ebenfalls geringeren Nachfrage, was gleichbedeutend mit einer zusätzlichen Erhöhung der Reallöhne war. Dies steigerte die Nachfrage nach dem Luxusgut Hansebier. Zur Mitte des Jahrhunderts begann ein nennenswerter Bierexport nach Flandern und ins norwegische Bergen. Vor allem in den Städten der Niederlande hatte sich durch den Erfolg der Tuchindustrie eine breite Mittelschicht herausgebildet, deren Kaufkraft den Konsum von Importbier zuließ. Nun stiegen auch die Lübecker in das Geschäft ein und verkauften ihr Bier vor allem nach Dänemark, während die Hamburger Friesland, Holland und England als Bierabsatzgebiete für sich entdeckten. Danzig, Stralsund, Wismar und Rostock folgten, während die Binnenstädte Einbeck und Braunschweig erst im 16. Jahrhundert als Bierexportstädte größere Bedeutung erlangten.

In den skandinavischen Ländern galt das »Bjorr« der Hansestädte als hochwertiger Trank – in der »Edda« noch ausschließlich den Göttern vorbehalten! –, ganz im Gegensatz zum heimischen »Alu«. In England wiederum gab der Erfolg des hanseatischen Hopfenbieres den Anstoß, vom Gruitbier »Ale« auf das Hopfenbier »Beer« umzusteigen. Diese Blütezeit des hanseatischen Bierhandels dauerte von der zweiten Hälfte des 14. bis zum Ende des 15. Jahrhunderts. Ein weiterer entscheidender Erfolgsfaktor war der Zugang der Hansestädte zu Seehäfen. Denn damals war der Transport über Land durch Dauer, geringe Ladekapazitäten und hohe Zollgebühren unverhältnismäßig teuer. 100 Kilometer Transportweg steigerten den Warenwert im Schnitt um 50%. Eine Hansekogge jedoch konnte ca. 700 Tonnen Bier einladen, während auf einem Ochsenwagen nur ein bis zwei Tonnen Platz fanden. Dies ist auch der Grund, warum die Binnenstädte wie Einbeck erst so spät in den Bierhandel einstiegen und dann auch nur hochwertige Starkbiere herstellten. Mit Massenware hätte der Transport keinerlei ökonomischen Sinn ergeben.

Die Hansestädte verschifften zusammen jährlich mehr als eine Million Hektoliter (hl) Bier nach Holland und Skandinavien, was einem Gegenwert von ca. 20 Tonnen Silber entsprach. Das geschmacklich wegen des Hopfens »neue« Bier erfreute sich umfassender Beliebtheit und verdrängte auch hier die heimischen Gruitbiere mitunter komplett vom Markt. Dadurch sanken natürlich auch die Einnahmen durch das Gruitrecht, weswegen 1321 das Hopfenbrauverbot abgeschafft und eine Ersatzabgabe erhoben wurde, der später eine einheitliche Bier- oder Malzsteuer folgte. Nach und nach lernten vor allem die Holländer selbst gleichwertiges Hopfenbier zu brauen und sogar in den Export einzusteigen. Als dann auch noch der flandrische Markt begann einzubrechen, orientierten sich die Hansekaufleute nach Brabant, allerdings mit mäßigem Erfolg. Der Export sank zu Beginn des 16. Jahrhunderts auf ca. 175 000 hl. Während des Dreißigjährigen Krieges profitierten die Brauer

Im Hafen einer Hansestadt, Farblithografie um 1909

von den Bedürfnissen der Truppen, aber nur solange ihre Produktionsanlagen unversehrt blieben. Nach Kriegsende war Norddeutschland halb entvölkert und die meisten Brauhäuser zerstört – ein Schlag, von dem sich die Brauwirtschaft des Nordens bis zur Industrialisierung nicht mehr erholen sollte.

Was machte das Hansebier aus? Die Biere im mittelalterlichen Norddeutschland unterschieden zwei wesentliche Eigenschaften. Gruit- oder Hopfenbier? Rot- oder Weißbier? Die erste Frage lässt sich leicht beantworten: Die Hansestädte an der Ostsee brauten schon immer Hopfenbier, während in den westlich gelegenen Hansestädten Gruitbiere und Hopfenbiere nebeneinander existierten. Dort setzte sich aber ab der Mitte des 13. Jahrhunderts ebenfalls der Hopfen durch. Zu dieser Zeit wurde Bier ein immer wichtigeres Exportgut und die konservierende Wirkung des Hopfens dürfte diesen Wandel erforderlich gemacht haben. Ein weiterer Beleg ist der Aufschwung des überregionalen Hopfenhandels zur selben Zeit, der ohne den erhöhten Bedarf der Brauereien nicht zu erklären ist. Die Antwort auf die Frage nach dem Rot- oder Weißbier war bis zum 14. Jahrhundert klar: Es gab nur Rotbier. Als erste Hansestadt stellte Hamburg 1374 vom sonst üblichen Rotbier, gebraut aus lange und mit hoher Temperatur gedarrtem Malz, auf ein Weißbier aus Gersten- und Weizenmalz um. Das neue Bier hatte einen milderen Geschmack und war dank des nur bei Heißluft getrockneten Malzes wesentlich heller.

Gruit- oder Rotbier

Damit hatten die Hamburger das große Los gezogen, die Stadt wurde zum »Brauhaus der Hanse« und hatte zu ihrer Blütezeit über 500 Brauereien. Schnell verbreitete sich das Weißbier und verdrängte das rötliche Konkurrenzprodukt der anderen Städte wie Bremen, Lübeck und Braunschweig vom Markt. Hannover war die einzige Stadt, deren Brauern es mit der Schützenhilfe eines aus Hamburg entwichenen Brauerknechtes gelang, erfolgreich das hamburgische Weißbier zu reproduzieren. Der »Broyhan«, hell und mit weniger Hopfen als das Hamburger Vorbild, fand eine große Anhängerschaft. Dennoch dominierte in allen Hansestädten außer Hamburg bei Weitem das Rotbier. Erst ab 1530 setzte sich auch dort ein Weißbier nach dem Vorbild des hannoverschen Broyhans durch. Einen weiteren Unterschied zwischen den Hansebieren machte der Alkoholgehalt. Denn gerade die im Binnenland gelegenen Städte wie Einbeck oder Braunschweig mussten ihr Bier wegen der längeren Transportwege und der höheren Wertigkeit bzw. Verkaufspreise kräftiger einbrauen, was ihnen aber auch einen besonders guten Ruf bescherte, der bis nach Bayern reichte.

Das Reinheitsgebot und seine Anfänge

»Eine andere wichtige Frage ist noch die norddeutsche Forderung, die das Reinheitsgebot betrifft. Untergärige Biere sollen nur aus Wasser, Gerste, Hopfen und Hefe hergestellt werden dürfen. Diese Forderung ist uns bisher in Bayern heilig gewesen, das bayerische Bier verdankt ihr seine Berühmtheit. An diesem Ruhme wollen auch die Norddeutschen Anteil haben. Im gleichen Atemzug stellen sie die Forderung, für besondere Biere und für die Bierausfuhr Ausnahmen zuzulassen. Wir halten fest am Reinheitsgebote, weil wir der Tradition treu bleiben!« Tosender Applaus brandete auf, als Johann Baptist Rauch sich nach seiner Rede wieder zu seinem Platz in der Abgeordnetenkammer begab. Zufrieden lächelte er seine Kollegen an. Anscheinend hatten seine Worte wie geplant den Nerv getroffen. Sie waren sich einig gewesen, dass für den Schutz des Bieres klassische Gesetze und Verbote nicht zielführend seien, weswegen höhere Werte angerufen werden sollten. Da war Rauch unter dem Eindruck seiner zwei Jahre im Felde die Idee der Rückbesinnung auf Traditionen und Ideale gekommen. Der Wunsch und das aktive Beschwören von Reinheit, Sicherheit und Schutz für die bayerischen Bürger, gerade in den vorherrschenden Kriegszeiten, wo das Bier immer dünner und überall in der Wirtschaft nach billigen Ersatzstoffen gesucht wurde, war sein Anliegen und anscheinend hatte er Erfolg …

Am 4. März 1918 sprach mit dem bayerischen Landtagsabgeordneten Hans Rauch zum ersten Mal jemand vom »Reinheitsgebot« und meinte damit ein Festhalten am Verbot für Ersatzstoffe im Bier. War das ursprüngliche Gesetz der Bayernherzöge 1516 noch eine Verordnung »von oben nach unten« – nicht zuletzt, um Interessen und Privilegien der Herrscher zu sichern –, so hatte die »Erfindung« des Begriffes »Reinheitsgebot« von 1918 die genau entgegengesetzte Richtung. Die rasante und für die Menschen damals überwältigende, teils überfordernde Entwicklung der Industrialisierung in allen Bereichen zusammen mit dem Trauma des Ersten Weltkrieges bewirkten eine Rückbesinnung auf klassische Werte der »guten alten Zeit«. Hierbei wurde auch die Vorstellung des »reinen«, nach vorindustriellen Werten und Maßstäben hergestellten Bieres neu belebt – die Idee des »Reinheits*gebotes*« als Selbstverpflichtung der Brauerei-Industrie war geboren!

Dem Charme und der Romantik dieses neuen Begriffes konnten sich in der Folgezeit auch die Konsumenten nicht entziehen und entwickelten eine bis dahin unbekannte Anspruchshaltung hinsichtlich der Bierproduktion. Mit dem Reinheitsgebot war eine heute immer noch weltweit einzigartige Marke geboren, von deren Image die deutschen Brauereien nach wie vor profitieren. In dem Fachbuch »Der Brauerlehrling« von Gottfried Jakob aus den 1930er-Jahren heißt es: »Im Beruf des Brauers kommt es nicht so sehr darauf an, was einer im Betrieb ist, sondern einzig und allein darauf, wie er es ist. Dem denkenden Brauer bietet daher sein Beruf eine Fülle geistiger Anregung und hochinteressanter Beobachtungsmöglichkeiten, wie das kaum in einem anderen Berufszweig möglich ist. Ein Brauer muss mit seinem Werk seelisch verbunden sein.« Diese seelische Verbindung, eben jenes Bier-Bewusstsein, kann man auch heute noch bei jedem Brauer auf der Welt erleben, der sein Handwerk liebt und lebt, und es ist zudem die Verbindung zwischen den »traditionellen« und den »Craft«-Brauern. Auf die Unterscheidung kommen wir später noch zu sprechen.

Die Urkunde des Bayerischen Reinheitsgebotes aus dem Jahre 1516

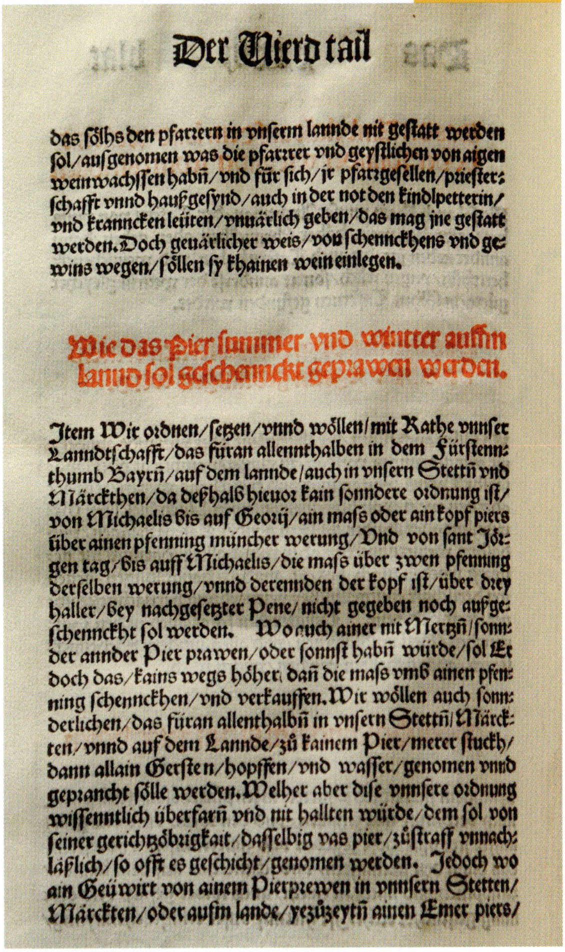
Der Vierd tail

das sölhs den pfarrern in vnserm lannde nit gestatt werden
sol/ausgenomen was die pfarrer vnd geystlichen von aigen
weinwachssen habñ/vnd für sich/jr pfarrgesellen/priester=
schafft vnnd hausgesynd/auch in der not den kindlpetterin/
vnd kranncken leüten/vnuärlich geben/das mag jne gestatt
werden. Doch geuärlicher weis/von schennckhens vnd ge=
wins wegen/söllen sy khainen wein einlegen.

Wie das Pier summer vnd winter auffm
lannd sol geschennckt vnd geprawen werden.

Item Wir ordnen/setzen/vnnd wöllen/mit Rathe vnnser
Lanndtschafft/das füran allennthalben in dem Fürstenn=
thumb Bayrñ/auf dem lannde/auch in vnsern Stettñ vnd
Märckthen/da deßhalb hieuor kain sonndere ordnung ist/
von Michaelis bis auf Georij/ain maß oder ain kopf piers
über ainen pfenning müncher werung/Vnd von sant Jör=
gen tag/bis auff Michaelis/die maß über zwen pfenning
derselben werung/vnnd derennden der kopf ist/über drey
haller/bey nachgesetzter Pene/nicht gegeben noch ausge=
schennckht sol werden. Wo auch ainer nit Mertzñ/sonn=
der annder Pier prawen/oder sonnst habñ würde/sol Er
doch das/kains wegs höher/dañ die maß vmb ainen pfen=
ning schennckhen/vnd verkauffen. Wir wöllen auch sonn=
derlichen/das füran allenthalbñ in vnsern Stettñ/Märck=
ten/vnnd auf dem Lannde/zů kainem Pier/merer stuckh/
dann allain Gersten/hopffen/vnd wasser/genomen vnnd
gepraucht sölle werden. Welher aber dise vnnsere ordnung
wissenntlich überfarñ vnd nit hallten würde/dem sol von
seiner gerichtzöbrigkait/dasselbig vas pier/zůstraff vnnach=
läßlich/so offt es geschicht/genomen werden. Jedoch wo
ain Geüwirt von ainem Pierprewen in vnnsern Stetten/
Märckten/oder aufm lande/yezůzeytñ ainen Emer piers/

Doch wie kam es überhaupt zu den Regelungen des Reinheitsgebotes von 1516 – und war es tatsächlich eine bayerische Erfindung? Dazu müssen wir die Uhr wieder ein gutes Stück zurückdrehen, und zwar in die Zeit Friedrich Barbarossas. Als der frischgebackene Kaiser am 21. Juni 1156 Augsburg das Stadtrecht verlieh, stand in der ältesten deutschen Stadtrechtsverordnung auch ein Absatz zur Bierqualität: »Wenn ein Bierschenker schlechtes Bier macht oder ungerechtes Maß gibt, soll er gestraft werden.« Weitere Regelungen in anderen Städten folgten: Nürnberg (1303), Eichstätt (1319), Weimar (1348), Weißensee (1434), München (1447), Regensburg (1469), Bamberg (1489), Bad Reichenhall (1493) und Ingolstadt (1513). Somit hatte das Bayerische Reinheitsgebot von 1516 einige Vorläufer, die zwar nicht immer inhaltlich deckungsgleich, aber von derselben Intention getrieben waren. Die Formulierung im Bad Reichenhaller Text geht hierbei am weitesten: »Ain yeder Prew soll bey dem aid, dene er darumben geschworn hat, nit annders prauchen zu pier dann guet beschauts unnd gerechtfertigs Malltz, Wasser unnd Hopffn. Doch furgesetzt, ob er ainicherlay guts gewurtz weßßte, das dem menschn khainen schaden oder gebrechn brächte, sonnder nutz unnd gesundt wäre, das mag er unnß, dem Rate, ingehaym zaign unnd zuerkhennen geben. Soverr wir Ime dann etwas darinnen erlauben, das mag er brauchen. Aber außßer unsers erlaubens soll er nit anders dan di drew Stuckh zum Pier nutzn: Maltz, Wasser und Hopfn.«

Bemerkenswert ist, dass in Bad Reichenhall, genauso wie im Bamberger Text vier Jahre zuvor, nicht nur Gerste, sondern bereits Malz vorgeschrieben wird. Hier ging es in der Regel einerseits um steuerliche Aspekte, andererseits aber auch um den Brandschutz. Denn wenn das Getreide zum Brauen bereits vermälzt sein musste, konnten die gefährlichen Mälzereien innerhalb der Stadtgrenzen verboten werden. Im zweiten Teil erlaubt das Reichenhaller Gebot zudem, auch andere Zutaten zu verwenden, wenn sie erwiesenermaßen nicht gesundheitsschädlich und dem Rat angezeigt worden waren. Zudem war das Brauen mit Weizen erlaubt und auch die Hefe wurde ausführlich behandelt, war also schon gut bekannt. Das alles geht ebenfalls weit über die Regelungen des späteren bayerischen Gesetzes hinaus und könnte heutzutage eine gute Grundlage für eine Reform der aktuellen Regelungen im Freistaat sein.

Es fällt auf, dass die bisher genannten Verordnungen nur aus städtischen Rechtstexten überliefert sind. Die Kontrolle von Bier und dessen Qualität, Braurechten und Zutaten war in den Städten wesentlich besser gewährleistet als auf dem dünn besiedelten und

Reiterstandbild des »Weißbiermonopolisten« und Kurfürsten Maximilian I. von Bayern, Bronzeplastik von Bertel Thorvaldsen, 1839

auch fiskalisch schwer zu überwachenden Land. Somit waren der Erlass des Bayerischen Reinheitsgebotes von 1516 und sein Vorgänger für das damalige Teil-Herzogtum Bayern-Landshut von 1493 der erste Schritt, eine landesweit einheitliche Regelung zu treffen, die auch außerhalb der Städte streng kontrolliert und durchgesetzt werden sollte. Die Regenten des 1505/06 wiedervereinigten Bayern, die Herzöge Wilhelm IV. und Ludwig X., legten am 23. April 1516 in Ingolstadt schließlich fest: »Wir wollen auch sonderlichen, das füran allenthalben in unnsern Steten, Märckten und auf dem Lannde, zu kainem Pier merer Stückh, dann allain Gersten, Hopffen unnd Wasser, genommen und gepraucht sollen werden.«

Der Regelung schlossen sich schon bald weitere Gebiete an, sodass das Gebiet des heutigen Ober- und Niederbayerns, der Oberpfalz sowie Tirols und einer Exklave östlich von Nürnberg zu einer einheitlichen Bierwirtschaftszone wurde. Neben der Festlegung von Hopfen als alleinigem Biergewürz, um den schädlichen Wirkungen der anderen bisher üblichen Zutaten – Belladonna, Bilsenkraut, Hiobs Träne oder Mutterkorn – entgegenzuwirken, war vor allem das Verbot des Brauens mit Weizen eine wichtige Neuerung. Hier ging es einerseits um die Sicherung der Versorgung der Bürger mit ausreichend Brot, andererseits profitierten die Herrscher selbst erheblich vom Weißbiermonopol, das sie sich in der Folge genehmigen sollten. Als der Sohn Wilhelms, Herzog Albrecht V., 1567 das Brauen von »Weißem Bier« im gesamten Herzogtum Bayern verbot, blieben lediglich zwei Adelsgeschlechter ausgenommen. Maximilan I., der Urenkel Wilhelms, erkannte das lukrative Geschäft und nahm ab 1. August 1602 das Weißbierbrauen komplett in die eigenen Hände. Seine Maxime war klar: »Ein fürst, so nit bei diser itzigen bösen welt reich ist, der het kein authoritet noch reputation.«

Neben dem bestehenden »Braunen Hofbräuhaus« ließ der Herzog 1607 in München ein »Weißes Hofbräuhaus« erbauen, um die stetig steigende Nachfrage nach Weißbier befriedigen zu können. Denn das Weißbier war spritziger und erfrischender als die üblichen Braunbiere. Außerdem war es das Bier des Adels und der gehobenen Bürgerschicht – und damit auch für die Menschen auf den unteren Stufen der sozialen Leiter besonders attraktiv. Als die Kapazitäten in München nicht mehr ausreichten, folgten Gründungen 21 weiterer, mittlerweile kurfürstlicher Weißer Brauhäuser im ganzen Land, beispielsweise in Kelheim, Cham, Traustein, Vilsholfen, Mattighofen (heute Österreich), Mindelheim, Hals, Weichs, Mehring,

»Weitzenbier Würth Conrad Haußnerr«, Buchmalerei aus dem Hausbuch der Mendelschen Zwölfbrüderstiftung, 1685

Weilheim und Miesbach. Die bayerischen Herrscher sicherten sich noch auf eine andere Weise den Umsatz mit ihrem kostbaren Bier: In der Landesordnung von 1539, bestätigt 1553 und 1616, verbot der Herzog das Brauen vom sonst üblichen »Braunbier« zwischen Georgi (23. April) und Michaeli (29. September) – zumindest für alle gewerblichen Brauer, fürstliche und kirchliche Produzenten waren selbstverständlich ausgenommen. Sein Weißbier durfte aber weiterhin ganzjährig hergestellt werden. Das Sommerbrauverbot blieb trotz des erheblichen Wettbewerbsnachteils, vor allem gegenüber den österreichischen Brauern, bis zum 19. Mai 1865 in Kraft. Zudem war jedes Gasthaus verpflichtet, neben Braunbier auch Weißbier auszuschenken, und die Weinsteuern wurden um 50% erhöht. Die Einnahmen aus dem Weißbierverkauf trugen wesentlich zum bayerischen Staatshaushalt und auch zur Finanzierung der hohen Kosten des Dreißigjährigen Krieges bei. Der wiederum verhalf der bayerischen Bierkultur endgültig zum Durchbruch. Denn die Verwüstungen der Heerscharen zerstörten die norddeutsche Brauwirtschaft, die noch dazu gut die Hälfte ihrer Kunden verlor, und die süddeutsche Weinwirtschaft, die zur schnelleren Versorgung der Bevölkerung weitestgehend durch Brauereien ersetzt wurde.

Mit ihren Regelungen förderten die Bayernherzöge zudem indirekt die Entwicklung und Verbreitung der untergärigen Brauweise, aber davon später mehr. Des Weiteren ermöglichte die klare Festlegung auf die drei Zutaten eine Standardisierung sowohl hinsichtlich der Rohstoffe als auch in den Feldern Ausbildung und Technologie. Das legte den Grundstein für die noch heute außergewöhnliche Rolle Bayerns und seiner Firmen und Institutionen für die Bierwirtschaft. Das Reinheitsgebot und die Brauwirtschaft waren auch im modernen Bayern so wichtig – die Biersteuer machte über ein Drittel der bayerischen Steuereinnahmen aus –, dass König Ludwig II. den Erhalt der bayerischen Biergesetzgebung 1871 zu einer der Bedingungen für seinen Vorschlag machte, ein deutsches Kaiserreich mit dem Preußenkönig Wilhelm an der Spitze zu gründen. Und auch bei der Gründung der Weimarer Republik war die Eigenständigkeit Bayerns in Sachen Bier Bedingung für den Verbleib im deutschen Staatenbund. Von einem Vorläufer im Sinne des Reinheitsgebotes kann ab 1906 gesprochen werden. Heute sind die Regelungen zum Bier über verschiedene Gesetzestexte und Verordnungen verteilt – und harren noch der endgültigen und einheitlichen Formulierung für die gesamte Bundesrepublik.

Bock auf Bock – die Evolution eines Bierstils

»In Deckung«, das war der einzige Gedanken, den Johannes Michel im Kopf hatte. Schon wieder flog ein Maßkrug dicht über seinen Kopf hinweg und zerbrach schellend an der Wand der Kellerhalle. Dabei hatte alles so friedlich begonnen wie immer. Gemeinsam mit Hunderten anderer Münchner war Johannes am Abend des 23. März 1888 in den Zacherl-Keller gekommen, um das neue Salvatorbier zu verkosten. Doch dann war ein eitler Geck mit Zylinderhut aufgetaucht, den ein anwesender Soldat im Scherz zusammengedrückt hatte. Prompt schlug der Geschädigte ihm seinen Maßkrug an den Kopf und es entwickelte sich eine saubere Schlägerei zwischen den Anhängern des Soldaten – wohl aus demselben Regiment – und denen des ehemaligen Zylinderträgers. Johannes hatte sich mit einigen anderen Gästen unter einem Tisch verkrochen, während der Lärm um ihn herum immer lauter wurde. Der Vorrat an Maßkrügen schien unendlich und so mancher Gast hatte bereits ernsthafte Blessuren abbekommen. Selbst die herbeigeeilten Gendarmen und Zuchthauswachen konnten die Menge nicht zur Ruhe bringen. Da ertönte ein Hornsignal und die Geräusche von Pferdehufen kamen näher. Offensichtlich hatte der Wirt die Schwere Reiterei aus der Münchener Kaserne zu Hilfe gerufen. Zwei Stunden später war der Spuk vorüber, allerdings auch der Bieranstich. Neben Besuchern, Mitarbeitern und Soldaten waren auch einige Pferde verletzt worden und auch Johannes entdeckte zu Hause im Spiegel eine Wunde auf seiner Stirn, deren Narbe ihn noch sein ganzes Leben lang an die »Salvatorschlacht« auf dem Nockherberg erinnern sollte.

Um kaum ein Bier ranken sich so viele Mythen und »alternative Wahrheiten« wie um das Bockbier. Egal ob heller oder dunkler Bock, Doppelbock oder Weizenbock, grundsätzlich handelt es sich immer um ein Starkbier mit klar definierter Mindeststammwürze von 16%, beim Doppelbock gar von 18%. Um der Entstehung des Bockbieres auf den Grund gehen zu können, müssen wir uns ins Mittelalter begeben, genauer gesagt ins 13. Jahrhundert, und eine kleine Stadt im heutigen Niedersachsen namens Einbeck besuchen. Dort hatte sich seit der Gründung der Siedlung 200 Jahre zuvor eine ordentliche Bürgerschaft entwickelt, die 1252 das Stadtrecht verliehen bekam. Das schloss auch eine eigene Braugerechtigkeit ein, die den Bürgern einen exklusiven Absatzmarkt sicherte. Innerhalb eines Jahrhunderts exportierten sie ihr obergäriges dunkles Weizenbier sogar in andere Städte. 1368 trat Einbeck schließlich der Hanse bei und hatte somit Zugriff auf das größte Handelsnetzwerk der damaligen Zeit. Einige Hansebiere galten als besonders nahrhaft, andere wiederum wurden ihrer medizinischen Wirkung wegen gerühmt und wieder andere erlangten wegen ihres hohen Alkoholgehaltes Bekanntheit.

Einbeck hatte das Glück, inmitten einer ausgedehnten Hopfenkulturlandschaft zu liegen – und dabei nicht an die Autorität eines kirchlichen Territoriums gebunden zu sein. Dadurch mussten die Einbecker keine Steuer auf die Gruit entrichten, jenes Kräutergemisch, das im 13. Jahrhundert hauptsächlich für das Bieraroma verantwortlich war. In Kombination mit dem frischen Hopfen machte sie das Bier sowohl besonders schmackhaft als auch besonders haltbar. Letzteres war besonders wichtig, um auch so weit von einem Seehafen entfernt erfolgreich mit dem Getränk Handel treiben zu können. Zudem brauten die Einbecker ihr Bier wesentlich stärker ein – einerseits, um durch den Alkohol die Haltbarkeit zusätzlich zu verlängern, andererseits aber auch, um die wesentlich höheren Preise zu rechtfertigen, die ihr Bier nach dem Überschreiten der zahlreichen Zollgrenzen und dem Aufschlag der jeweiligen Gebühren hatte. Das Brauwe-

sen in der Stadt blühte und 1385 hatten über 600 Häuser ein Brauprivileg. Der Bürgermeister war zugleich der Oberbraumeister. Erfahrene Brauer stellten für alle brauberechtigten Bürger die Würze her, die diese dann in der Regel selbst vergoren. Der städtische Magistrat wiederum kaufte die Biere auf, mischte sie und vermarktete sie anschließend. Nur die Stadt selbst durfte das Einbecker Markenzeichen, ein großes E mit einer Krone, nutzen. So spannte sich schnell ein weites Handelsnetz um das beliebte Einbecker Bier, das auf dem Seeweg bis ins Baltikum, nach Russland, Schweden, Dänemark, Frankreich und England sowie die Niederlande gelangte. Über venezianische Händler gelangte es weiter in die gesamte Mittelmeer-Region bis zu den Kreuzfahrerstaaten und nach Jerusalem. Über Land versorgten die Einbecker auch das restliche Heilige Römische Reich Deutscher Nation mit ihrem Gerstensaft.

Der Arzt und Botaniker Jacob Theodor Tabernaemontanus beschrieb das Einbecker Bier im 16. Jahrhundert als dünn, raffiniert, klar, mit bitterem Geschmack, einer leichten Säure auf der Zunge und vielen weiteren Vorzügen. Andere Quellen berichteten, dass zu einem Drittel Weizen- und zu zwei Dritteln Gerstenmalz verwendet worden waren. Die Gärung erfolgte sicherlich obergärig, allerdings brauten die Einbecker nur zwischen St. Martin (11. November) und dem 1. Mai, weswegen die relativ kühle Gärtemperatur das Bier zusätzlich stabilisiert haben dürfte.

Ansicht der Stadt Einbeck, Kupferstich von Matthäus Merian, d.J., 17. Jahrhundert

Martin Luther disputiert unerkannt und bei einem Glas Bier mit zwei Studenten, Stich aus dem 19. Jahrhundert.

Einer der größten Bewunderer des edlen Gebräus war Martin Luther, der es nicht nur zu seiner Hochzeit ausschenkte, sondern von dem auch nachfolgender Ausspruch überliefert ist: »Der beste Trunk, den einer kennt, wird Ainpöckisch Pier genennt.« Die Popularität des Reformators war für die Einbecker Brauer somit durchaus profitabel.

Der Dreißigjährige Krieg und der folgende Aufstieg Preußens beendeten die Blütezeit der Hanse und damit auch Einbecks. Die Stadt war am Ende des Krieges größtenteils zerstört. Die Brauhäuser wurden zwar wiederaufgebaut, gingen aber als Konkurrenten künftig separate Wege. 1669 löste sich die Hanse schließlich auf, was den Bierexport der kleinen Stadt am Krummen Wasser auf die direkte Umgebung beschränkte. Erst Jahrhunderte später formierten die verbliebenen Brauereien der Stadt wieder ein gemeinsames Unternehmen, das »Einbecker Brauhaus«, das zwischenzeitlich der Dortmunder Brau & Brunnen AG gehörte, mittlerweile aber wieder eigenständig ist.

Warum diese Geschichte? Der Niedergang Einbecks legte den Grundstein für den Erfolg des heutigen Bockbieres. Denn in München schaute man im 16. Jahrhundert neidisch auf die Einbecker und ihren weltberühmten Gerstensaft. Ab etwa 1550 erfolgten regelmäßige Lieferungen an den bayerischen Hof und 1612 wurde schließlich der Einbecker Braumeister Elias Pichler vom 1589 in München gegründeten Braunen Hofbräuhaus abgeworben, um den bisher mäßigen Ergebnissen der bayerischen Braukunst jenseits des Weißbieres auf die Sprünge zu helfen. 1614 war ihm der erste befriedigende Sud geglückt. Das neue – bayerische – Rezept wich allerdings deutlich von dem ursprünglich dunklen obergärigen Weißbier ab, in München entstand ein untergäriges Braunbier. Das im Volksmund »Ainpöckisches Pier« genannte Getränk kam nicht nur bei den Münchenern gut an, sondern bewahrte die Stadt auch während des Dreißigjährigen Krieges vor Schlimmerem: Für eine Lieferung von 344 Eimern des Gebräus sahen die Schweden 1632 von einer Plünderung der bayerischen Hauptstadt ab. Nachdem der Nachschub aus Einbeck durch den Krieg und seine Folgen versiegt war, waren die Münchener Brauer auf sich gestellt und eine neue Erfolgsgeschichte des Bieres nach Einbecker Art sollte beginnen.

Aus »Ainpöksch« wurde »Pöcksch« und daraus am Ende »Bock«. Gebraut wurde das kräftige Bier vor allem zu den klassischen Fastenzeiten, 40 Tage vor Weihnachten und Ostern, denn die kirchliche Regel »Liquida non frangunt ieiunium« (Flüssiges bricht das Fasten nicht) erlaubte durchaus nahrhaftes Bier als Ersatz für die verbotenen Speisen. Noch heute sind mit den Anstichen des neuen Bockbieres zu Beginn der Fastenzeiten große Feste in Bayern und Franken verbunden, die nicht selten von traditionellen Ritualen zur Bockbierprobe begleitet werden. Bei der bekanntesten wird eine Holzbank mit dem Bockbier übergossen. Anschließend setzen sich vier Burschen in Lederhosen für eine Stunde darauf. Auf ein Kommando stehen sie gleichzeitig auf. Bleibt die Bank an den Gesäßen kleben, ist das Bier stark genug, ansonsten ist es durchgefallen. Ähnliches ist auch von den »Ale Connors« aus England überliefert, die auf gleiche Weise die Bierqualität prüften.

Spannend ist noch die »Erfindung« des Doppelbocks durch die Paulaner-Mönche. Die aus Italien stammenden Geistlichen waren im Zuge der Gegenreformation 1627 nach Bayern gekommen und hatten im ehemaligen Basilianerkloster in der Au Quartier bezogen. Die Mönche begannen kurz nach dem Einzug mit dem Brauen für ihren Hausgebrauch und versorgten bald auch schon Teile der Stadtbevölkerung – sehr zum Unmut der anderen Brauereien Münchens. Nach einigem Hin und Her erhielten die Paulaner 1780 die Genehmigung, ihr Bier offiziell zu verkaufen. Zum Dank schenkten sie am Fest des Ordensgründers Franz von Paula, dem 2. April, später am darauffolgenden Samstag, im Beisein des Kurfürsten und seines Hofstaates ein besonders starkes Bier aus, das »Sankt-Vater-Bier«, das der Volksmund bald als »Salvator« bezeichnete. Es hatte deutlich mehr Gehalt als das bekannte Ainpöckische Pier. Nach der Säkularisation des Klosters übernahm der Unternehmer Franz Xaver Zacherl die Brauerei und führte die Tradition dieses Starkbieranstiches fort. Aber auch er musste um die Ausschankerlaubnis kämpfen, weil er das Starkbier teurer als in der staatlichen Verordnung vorgesehen verkaufte. Eine Direkteingabe an den baye-

Braumeister Bruder Barnabas reicht dem bayerischen Kurfürst Karl Theodor am Nockherberg einen Krug mit Salvator-Starkbier, Zeichnung von Eduard Ille, wahrscheinlich nach 1890.

rischen König hatte Erfolg. Der Gutachter, Karl Graf von Seinsheim, Staatsrat und Präsident des Isarkreises, schrieb hierzu: »Das Publikum ist nicht nur an das Bier gewöhnt, sondern es hängt demselben wie dem Einbocke mit einer Art von Leidenschaftlichkeit an, ja manche Menschen erblicken in dem Genusse dieses Getränks, wie in jenem des Einbocks, den Beginn einer Art Frühlingskur. Sollte auf das Verbot des Ausschenkens bestanden werden, so bin ich überzeugt, daß sogar militärische Assistenz erforderlich wäre.« Also verfügte König Ludwig I. am 25. März 1837 das Schankrecht für das Salvator – als »Luxusartikel«! Der Erfolg machte neidisch und so begannen andere Münchner Brauereien, darunter auch Hacker, Spaten und Löwenbräu, eigene Salvatorbiere zu sieden. Jedoch das kaiserliche Patentamt in Berlin beendete den Spuk: Seit März 1896 ist der Name »Salvator« patentrechtlich geschützt und darf nur noch von der Paulaner-Brauerei verwendet werden. Der Anstich auf dem Nockherberg mit den »Politiker-Derblecken« wurde ab 1891 zum Kult und der Vertreter des bayerischen Königs, heute der Finanzminister, darf das jeweils erste Fass der Saison anstechen. In der Tradition des Salvators gibt es zahlreiche weitere Doppelbockbiere, deren Namen entweder gleichklingend enden, wie beispielsweise die Biere Celebrator, Alligator, Bambergator, oder die nach einem Heiligen benannt worden sind, wie beispielsweise Vitus, Korbinian oder Aloisius.

Die ultimative Steigerung ist übrigens der Eisbock, ein gefrorenes Bock- oder Doppelbockbier, das durch Ausfrieren des Wassers Alkoholgehalte bis an die 60% erreichen kann. Das aktuell stärkste Bier der Welt, der »Schorschbock« mit 57,5% Alkohol, ist ein Eisbock, der über mehrere »Runden« in der Tiefkühlung im Gunzenhausener Ortsteil Oberasbach am fränkischen Brombachsee eine derart hohe Konzentration erreicht.

Kulturgut Bier –

der Gerstensaft geht um die Welt

Andreas konnte nicht mehr. Schon sechs Stunden dauerte das »Turnier«. Martin, Michael, Sebastian und den anderen Offizieren ihres Regiments ging es nicht besser. Und auch die »Gegner« der polnischen Kavallerie zeigten offensichtlich Ermüdungserscheinungen. Aber sie gaben nicht auf. An die 30 Krüge Bier hatte jeder von ihnen schon gesoffen, ihre Uniformen waren verklebt von dem Gerstensaft, der Boden stank, weil einige das Wasser nicht mehr halten konnten, Erbrochenes lief an den Wänden herunter, doch die Anweisung des Königs war klar: Das Zechgelage wird gewonnen! Der Wettstreit war denkbar einfach: Die Schankgehilfen brachten den anwesenden 24 Offizieren, die Hälfte Sachsen, die andere Hälfte Polen, je einen großen Krug mit Bier. Anschließend drehte der Zeremonienmeister eine kleine Sanduhr um. Wenn die Zeit abgelaufen war, mussten die Krüge geleert sein. Schaffte es einer der Kombattanten nicht, hatte diese Seite verloren. Bisher konnten die Sachsen meistens die Oberhand behalten, aber Andreas war sich nicht sicher, ob das heute auch so sein würde. Da drückte ihm der Knecht den nächsten vollen Krug in die Hand.

Ähnlich wie in Sachsen eroberte Bier ab dem 15. Jahrhundert alle Lebensbereiche der menschlichen Gesellschaft. Jede Region konnte ihre eigenen Bierstile vorweisen und über die Handelswege kam es zu einem regen Austausch über die Ländergrenzen hinweg. Das galt auch für die Brauer, die gerade für ihre Lehr- und Wanderjahre wesentlich größere Distanzen zurücklegten, als das bisher der Fall gewesen war. So tauschten die Brauer Rezepturen, Techniken und Rohstoffe aus, was zu einem großen Entwicklungsschub in der Bierwelt führte. Spätestens mit der »Erfindung« des Porters um 1720 und dem Siegeszug des untergärigen Bieres war das Zeitalter der professionellen Bierherstellung eingeläutet. Wissenschaft und Technik ergänzten das Handwerk und sind seitdem aus der Bierherstellung nicht mehr wegzudenken.

Die Professionalisierung ging allerdings auch mit neuen Gefahren einher, wie die Londoner am 17. Oktober 1814 erfahren mussten. Damals zerbrach in der Brauerei Meux and Company ein großer Holzlagertank mit einem Fassungsvermögen von 614 000 Litern Porterbier und löste eine Kettenreaktion aus. Weitere Behälter wurden zerstört und insgesamt ergossen sich in kürzester Zeit gut 1,5 Millionen Liter Bier, denen das Gebäude nicht standhalten konnte, in die Armenviertel hinter der Brauerei. Eine viereinhalb Meter hohe Flutwelle brach über Häuser, Keller und Straßen herein und ging als »Große Londoner Bierflut« in die Geschichte ein. Mehrere zerstörte Häuser, acht Tote und zahlreiche Verletzte waren die traurige Bilanz – die Presse sprach von einem Anblick wie nach einem Erdbeben. Die Brauerei wurde im anschließenden Prozess trotz der Feststellung, dass das geborstene Fass in zweifelhaftem Zustand gewesen war, freigesprochen und erhielt sogar die bereits auf das verlorene Bier gezahlte Steuer zurück.

Die Engländer nahmen das Wissen um die Bierherstellung auch mit auf ihren Exodus in die Neue Welt – schließlich war es für sie neben dem Wein das einzig »sichere« Getränk. Es dauerte allerdings recht lange, bis in Amerika eine eigene Bierinfrastruktur entstand, und wirklich durchsetzen konnten sich die kolonialen Brauereien erst, als mit der Unabhängigkeit der USA ein neu entstandenes Land auf der Suche nach einer eigenen Identität war – und was eignete sich hierfür besser als ein gutes Bier …

Schematische Darstellung einer englischen Brauerei im 18. Jahrhundert, Kupferstich von 1748

Von Reihebrauen und Kommunbrauhäusern

Susanna hörte, wie die Glocke läutete. Wie jeden Tag bedeutete das, dass die frische Bierlieferung der Brauerei eingetroffen war. Erst gestern hatte sie ihren Sohn entbunden und während der stundenlangen Wehen beschlossen, endgültig mit der Prostitution aufzuhören. Es gab ab jetzt schließlich Wichtigeres zu tun. Ihre Brüste waren prall gefüllt und der kleine Knabe wechselte Stunde um Stunde, erst rechts, dann links und so weiter. Die Vorfreude zauberte ein sehnsüchtiges Lächeln auf ihre Lippen. Nun hörte sie auch das Klappern der Blechmarken und das Trippeln der Schritte der Krankenschwestern. Wunderbar! Jetzt würde es nicht mehr lange dauern, bis sie ihren Krug Bier in Händen halten konnte. Die Schankknechte tauschten die Blechmarken beim Kellermeister gegen kleine Fässer, die dann im Speiseraum aufgestellt wurden. Alle Angestellten des Regensburger Spitals erhielten dann ihr Köpfl Bier, was einem ziemlich großen Krug entsprach. Weil heute ein Feiertag war, gab es die doppelte Ration und ihre Freundin Josephina, die schon vor vielen Jahren vom Bordell ins Krankenhaus gewechselt war, hatte Susanna versprochen, dass sie das zweite Köpfl erhalten würde. Das würde ihr guttun und sie wieder zu Kräften kommen lassen. Da kam Josephina mit dem Krug Bier an das Bett, streichelte ihr frisch geborenes Patenkind und Susanna nahm einen ersten tiefen Schluck.

Bis ins 15. Jahrhundert hinein war in Europa das Brauen am heimischen Herd genauso selbstverständlich – und für den privaten Verbrauch auch rechtens – wie das Backen. Und es war Sache der Frauen, deren wichtigste Mitgift ein schöner, kupferner Braukessel war. Das Recht zur Bierherstellung in größeren Mengen stand vor allem den Städten zu. Sie regelten bereits ab dem 14. Jahrhundert in ihren Verordnungen Ausschank, Verkauf, Preise und sogar die Sperrstunde, »Bierglockenzeit« genannt. Professionelle Sachverständige, »Bierkieser«, »Bierkoster« oder »Bierherren«, auf der anderen Seite des Ärmelkanals waren dies die »Ale Connors«, überprüften im Auftrag des Magistrates die Bierqualität. In Köln überwachten sie beispielsweise auch den Hopfen- und Malzhandel sowie die städtischen Malzmühlen und waren befugt, bei Verstößen Strafen zu verhängen. Ihre Amtszeit betrug zwei Jahre und wurde mit jährlich 40 Goldgulden entlohnt. Auf dem Land durfte nur in weit von Städten entfernten Rittergütern oder

Deutsches Brauhaus, Kupferstich aus dem »Haus- Feld- Arzney- Koch- Kunst- und Wunderbuch« von Johann Christoph Thieme, 1694

Landschänken Bier gesiedet werden. Um die Städte und Rittergüter herum galt der Braubann, also das Brauverbot, im Umkreis der Brau- oder Biermeile, deren Ausdehnung sich auf ungefähr 15 Kilometer belief und die den lokalen Brauereien ein exklusives Absatzgebiet garantierte. Es versteht sich von selbst, dass die so privilegierten Bürger argwöhnisch das Umland beäugten und jeden Verstoß umgehend zur Anzeige brachten. Das Braurecht wurde pro Haushalt vergeben, aber nur die wohlhabenderen Bürger konnten die Kosten des Biersuds vorfinanzieren. Somit garantierten die Stadtmagistrate ihren besten Steuerzahlern mit dem Braurecht auch eine sichere Einnahmequelle. In Dresden beispielsweise kamen 1416 auf 228 Häuser 165 Braurechte, 1626 waren es 1950 Häuser mit 1264 Braurechten, wobei es sich vielfach um durch Erbschaften oder Verkäufe entstandene Bruchteile von Konzessionen handelte, von denen sich teilweise auch mehrere auf ein Haus verteilten. Einen wichtigen Beitrag zum Siegeszug des Bieres lieferten auch die starken Preisschwankungen des schon zu guten Zeiten mindestens dreimal so teuren Weines. Starke Qualitäts- und Quantitätsunterschiede in den Ernten machten das höfische Getränk wesentlich unberechenbarer für den Handel als den Gerstensaft.

Gebraut und ausgeschenkt wurde nach einem Losverfahren oder »in Reihe« meist in zentralen Kommunbrauhäusern oder mehreren jeweils angemieteten Brauereien. Um sicherzustellen, dass es immer ein konstantes Bierangebot gab, losten die Magistrate die Brautage zwischen den Braurechtsbesitzern aus, oder sie kamen nach einer festgelegten Ordnung an die Reihe. Die Kommunbrauhäuser hatten mehrere Vorteile: Zu Beginn ihrer Einrichtung ab dem 14. Jahrhundert halfen sie vor allem, das Brandrisiko zu verringern, weil sich eine Feuerstelle besser kontrollieren ließ als mehrere. Natürlich unterlag auch die zentralisierte Nutzung durch die Bürger einer besseren und einfacheren Kontrolle. Mit der Zeit stellten die Städte eigene Braumeister ein, die für die Braubürger die Bierherstellung übernahmen. Das war ein wesentlicher Beitrag zur Qualitätssicherung, auch wenn die Konzessionsinhaber in der Regel auch weiterhin das Bier bei sich zu Hause vergären ließen. Unmittelbar nach dem Brauen wurde das in der Regel meist obergärige Braunbier, das keine lange Haltbarkeit besaß, auch ausgeschenkt. Dieses System wurde teils noch bis in die Mitte des 19. Jahrhunderts praktiziert, wobei die Braukessel sowie die Anzahl der wöchentlichen Sude immer größer wurden. In Bremen erstellten die Brauer aus einem Sud um 1450 etwa 1125 Liter, 50 Jahre später waren es bereits 2600 Liter und um 1650 schließlich 3200 Liter. Auch anderorts steigerte sich die Bierproduktion stetig, wie beispielsweise im belgischen Lier, wo um 1400 monatlich noch 4300 Liter, 74 Jahre später schon 9800 Liter und um 1600 schließlich 17 000 Liter gebraut wurden.

Nach und nach entwickelte sich eine professionelle Brauerschaft, die Braurechte von anderen Bürgern sowie die Kommunbrauhäuser pachtete. Ab und an wurden auch Genossenschaften gebildet, die das

jeweilige städtische Brauhaus übernahmen, oder es erfolgten Geschäftsgründungen von Brauereien mit eigenen Anlagen. Interessant sind aus heutiger Sicht vor allem die Bestimmungen für die Lehrlinge. So mussten sie etwa in Dresden mindestens 15 Jahre alt sein und mit dem Vater oder einem Verwandten einen Bürgen haben, der für den Ausfall des Meisterlohns geradestand. Der Meister erhielt zehn Taler Lehrgeld, die gleiche Summe wurde nach Beendigung der Lehre nochmals fällig. Anschließend hatte der frischgebackene Geselle eine zweijährige Wanderschaft durch mindestens drei Länder zu absolvieren, um dortige Gepflogenheiten seines Handwerks zu erlernen. Der Wochenlohn eines Gesellen betrug einen Taler und zwölf Groschen. Wollte der Geselle anschließend Meister werden, brauchte er einen Erbschein, Kauf- oder Pachtvertrag für eine Braustätte, musste einen Meistersud einbrauen und 36 Taler Gebühren entrichten.

Deutsches Sauerbier: Weiße und Gose

»Porter ist ein schwer Getränke, bairisch Bier geht ins Geblüt. Lob ich mir die Weißbierschenke, Weißbier, dir sing ich mein Lied. Looft der Schaum ooch manchmal über, kommt in Gärung mit Gewalt. Doch das alles geht vorüber und der Aufstand setzt sich bald!« Das stand auf einem kleinen Täfelchen auf dem Tisch im Schalander, wo die Mitarbeiter der Weißbierbrauerei sich zu den Pausen versammelten. Franz Konopke schaute mühsam hoch und blickte auf die große Uhr an der Wand. Gleich fünf Uhr nachmittags, immerhin. Nur noch zwei Stunden, dann konnte der Brauer nach Hause gehen. Seine Frau Maria und ihre fünf Kinder würden dann schon auf ihn mit warmer Brotsuppe warten, zu der sein Haustrunk, ein frisches Weißbier, sicherlich hervorragend schmecken würde. Franz hatte Glück gehabt. Seit sein Chef zum Jahresbeginn 1874 die neuen Regeln festgesetzt hatte, war das Arbeiten viel leichter geworden. Unter der Woche dauerte die Schicht nur noch von fünf Uhr morgens bis sieben Uhr abends, mit zusammen drei Stunden Pause. An Sonn- und Feiertagen musste er lediglich von fünf bis zehn Uhr am Morgen arbeiten. Dank der kleinen Lohnerhöhung hatten Maria und er sogar eine größere Wohnung anmieten können, die neben dem Schlafzimmer und der Küche sogar eine kleine Stube beinhaltete. Früher war Franz nach der Arbeit gegen zehn Uhr abends immer erst einmal in die Kneipe gegangen, weil er die Enge in der alten Wohnung nicht ertragen konnte. Doch damit war jetzt Schluss. Er freute sich auf die dunkelbraunen Augen seiner Maria und ihr Lächeln, das er immer noch genauso liebte wie an ihrem ersten gemeinsamen Tag.

Das »weiße Bier«, in der Regel durch Infektionen mit einer säuerlichen Note versehen, erfreute sich in Deutschland ab dem 16. Jahrhundert zunehmender Beliebtheit – wenn es denn verfügbar war. Die Bezeichnung gründet dabei einerseits auf der Farbe, denn ähnlich wie beim englischen Pale Ale ist es auf jeden Fall »weißer«, also heller als die sonst üblichen dunklen Biere, andererseits entstehen beim obergärigen Herstellungsprozess große weiße Hefeschaumberge auf dem Sud. Bekannte Weißbiere kamen beispielsweise aus Hamburg, Magdeburg, Goslar, Hannover und Lübeck. Zum Weißbier gehört in der Regel auch immer ein Weizenmalzanteil von mindestens 50%, weswegen es auch gerne als »Weizen« bezeichnet wird. Berlin und Cölln hatten sich schon bald nach ihrer Gründung zu einer ansehnlichen mittelalterlichen Doppelstadt mit einem gemeinsamen Rathaus und eigener Weißbierkultur entwickelt, die sich großer Beliebtheit erfreute. Aus dem Jahr 1648 ist die stolze Zahl von 250 Braustätten an der Spree überliefert. Ab 1685 kamen die aus Frankreich vertriebenen Hugenotten nach Berlin und gründeten zusätzliche Brauereien, sodass es 1770 schon 289 Betriebe vor Ort gab, von denen 30 Weißbier brauten. Als Napoleons Truppen wenige Jahrzehnte später in Berlin einmarschierten, tauften sie das säuerliche Bier »Champagner des Nordens«. Bis zum Ende des 19. Jahrhunderts entwickelte sich Berlin, das nun auch die Hauptstadt des 1871 aus der Taufe gehobenen Deutschen Reiches war, im Zuge der Industrialisierung zu einer der größten Städte der Welt. Und obwohl sich der Bierkonsum der Berliner stetig verringerte – 1730 tranken sie pro Kopf 370 Liter Bier, 1898 schon 206 Liter und 1976 nur noch 125 Liter –, nahm die Anzahl der Brauereien dank des enormen Bevölkerungszuwachses innerhalb kürzester Zeit beachtliche Ausmaße an: 1892 gab es 77 Braustätten, wovon 24 Weißbier produzierten. Elf Jahre später war deren Zahl auf 124 Betriebe angewachsen, von denen jedoch nur 20 Weißbier herstellten.

Der Stern des Berliner Weißbieres sank aus zwei Gründen: Erstens war seit der Mitte des 19. Jahrhunderts die »bayerische« – untergärige – Brauweise auf dem Vormarsch. Zweitens war die Berliner Weiße ein typisches Vergnügen des Bürgertums der Biedermeierzeit. Der Anteil der Fabrikarbeiter an der Berliner Bevölkerung hatte aber immer mehr zugenommen

Berliner Weißbierstube um 1865, zeitgenössische Zeichnung. Zu dieser Zeit waren die Biergläser noch zylindrisch und fassten mehr als zwei Liter, weswegen sie mit beiden Händen gehalten wurden.

und diese griffen – nicht zuletzt auch während der Arbeit – gerne zu leicht verfügbarem, untergärigem Flaschenbier. Dennoch konnte sich das typische Berliner Getränk bis zur Jahrhundertwende halten, danach kam aber trotz der »Erfindung« des geschmeidigeren Weiße-Genusses mit Waldmeister- oder Himbeersirup das sukzessive Aus für Weißbierstuben wie »Päpkes Jeheimratskneipe« (Jerusalemer Straße), »Clausings Weißbiermekka« (Zimmerstraße) oder »Haases Weißbierstuben« (Französische Straße). Den »Nußbaum« im Nikolaiviertel gibt es heute jedoch noch bzw. wieder. Nur Kindl/Schultheiss im Westen und die Willner-Brauerei im Osten hielten diesem urtypischen Berliner Bier die Treue, Letztere aber nur bis in die 1980er-Jahre. Einige Brauer des neuen Jahrtausends schicken sich nun allerdings an, diese fast vergessene Tradition wiederzubeleben.

Doch was macht eine »Berliner Weiße« nun aus? Hierzu ist es sinnvoll, einen Blick auf den Herstellungsprozess in seiner klassischen, klar definierten Form aus dem 19. Jahrhundert zu werfen: Kurz gedarrtes Malz sorgte für den festen Schaum, der Hopfen (0,75 bis 1 kg/100 kg Malz) wurde bereits während des Einmaischens (Weizen- und Gerstenmalz im Verhältnis 4:1 bis 1:1) zugegeben, die Würze nicht gekocht und mit 72,5° C in das Kühlschiff gefüllt. Anschließend gaben die Brauer obergärige Bierhefe und Milchsäurebakterien etwa im Verhältnis 5:1 dazu. Der Gärungsprozess dauerte sechs Tage bei einer Temperatur von 14 bis 18° C, wobei sich nach zwei Tagen der typische Hefeschaumteppich auf dem Bier sowie der Hauptteil der Säure bildeten. Nun wurde das Bier auf Flaschen gezogen, in denen es leicht nachgärte und mindestens 14 Tage lagern musste. Bierliebhaber ließen die Flaschen allerdings sechs Monate und deutlich länger lagern, um den vollendeten Geschmack genießen zu können. Die Stammwürze lag bei 7 bis 8%, der Alkoholgehalt um 2,5 bis 3%. Wissenschaftliche Studien ergaben, dass die Bakterien aus dem Malz nur zu einem geringen Teil für die Qualität des Biers verantwortlich waren, sondern das verwendete Hefegemisch und das in der jeweiligen Brauerei vorherrschende mikrobiologische Klima. Zu den wichtigen Wildhefekulturen gehörten hierbei vor allem verschiedene Stämme der Brettanomyces-Hefe, die in der Flasche den restlichen Zucker unter Säure- und Esterbildung verarbeiteten.

Als zweiten deutschen Sauerbierstil soll noch die Leipziger »Gose« vorgestellt werden, die ursprünglich, nomen est omen, aus dem niedersächsischen Städtchen Goslar stammt, wo sie auch seit 2009 wieder in zwei Varianten – hell und dunkel – gebraut wird. Ihre älteste urkundliche Erwähnung stammt aus dem Jahr 1332 und benennt das Benediktiner-Kloster Ilsenburg im Harz als Braustätte. 65 Jahre später ist die Übersendung eines Fasses Gosebier der Stadt Goslar zum Bischof von Hildesheim dokumentiert. Damals noch spontanvergoren, gehört die Gose auf jeden Fall zu den ältesten Bierstilen Deutschlands. Der Herkunftsname »Goslarisch Bier«, kurz »Gose«, übertrug sich auch auf die später in anderen Orten, vor allem in Anhalt, hergestellten Biere derselben Brauart. Der Legende nach war es Fürst Leopold I. von Anhalt-Dessau (1676–1747), der überall auf Reisen »seine

Gose« trinken wollte und sich bei der Einkehr in Leipzig bitter beschwerte, da in den dortigen Schenken nur das Leipziger Bier erlaubt war, das dem Fürsten gar nicht zusagte. 1738 gelang es ihm, sowohl den Rat der Stadt zu einer Freigabe zu überreden als auch eine Lieferkette für das Bier einzurichten, und die Leipziger lernten das Getränk schnell zu schätzen.

Napoleon war es schließlich, der den Nachschub aus dem mit Preußen verbündeten Anhalt zum Erliegen brachte. Doch die Leipziger machten aus der Not eine Tugend. Nach vielen Jahren des Experimentierens gründete der gebürtige Bayer Johann Philipp Ledermann in der Döllnitzer Rittergutsbrauerei 1824 schließlich die erste Gosebrauerei in der Nähe der Messestadt. Zwar musste bis 1834 immer noch Zoll entrichtet werden, dennoch eroberte das Bier die Stadt zurück. 21 Gosenschänken stillten bald den Durst der Leipziger, viele weitere Schenken und auch Gose-Brauereien in der Stadt selbst folgten. Nach dem Zweiten Weltkrieg passte die »kleinbürgerliche und heimattümelnde« Gosenkultur nicht mehr in das Weltbild der Einheitssozialisten und sie ließen Schenken und Brauereien schließen. Lediglich in der Wurzler-Brauerei wurde noch Gose gebraut, deren letzter Ausschank sich in der Gaststätte »Zum Herzog Ernst« gegenüber des Bayerischen Bahnhofes befand. Mit dem Tod des letzten Gose-Braumeisters Guido Pfnister, der noch im Besitz der alten Rezeptur aus der Rittergutsbrauerei in Döllnitz war, fand 1966 diese spezielle Bier-Tradition in der Messestadt ihr vorläufiges Ende. Denn

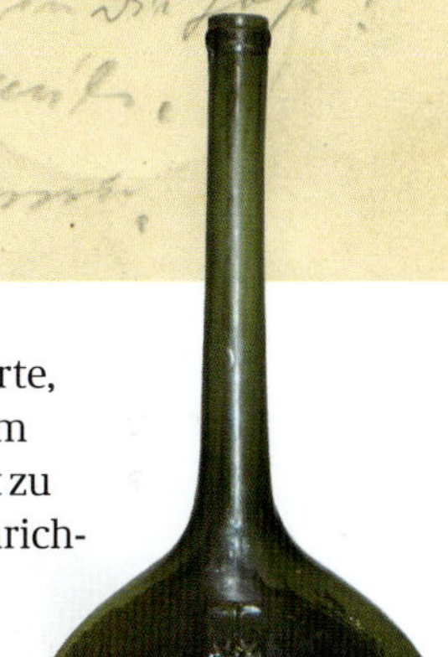

Ansichtskarte einer Leipziger Gosenschänke sowie eine 33 cm hohe Goseflasche aus Pressglas, beides um 1900

1985 ließ der Leipziger Hochschullehrer und Designer Lothar Goldhahn in der Weißbierbrauerei des VEB Getränkekombinats Berlin wieder Gose nach alter Rezeptur brauen und öffnete die sanierte »Gosenschenke Ohne Bedenken« in Leipzig.

Zur Jahrtausendwende verschaffte schließlich die neu eröffnete Gosebrauerei im renovierten Bayerischen Bahnhof dem Bier wieder die ihm gebührende, auch internationale Anerkennung. Insgesamt werden fünf Prozent der Produktion in die USA exportiert, wo das Leipziger Bier vor allem rund um New York besonders gerne getrunken wird. Und auch die Döllnitzer Ritterguts-Gose feiert mittlerweile dank der Brauerei Reichenbrander in Chemnitz ihr Comeback. Gebraut wird Gose übrigens mit Salz und Koriander und eine zusätzliche Milchsäuregärung verleiht dem Weißbier seinen säuerlichen Charakter.

Die Damen und ihr Bierkränzchen

Er musste diesem Treiben ein Ende setzen. Henry Gee, Bürgermeister von Chester, der großen Hafen- und Handelsstadt an der englisch-walisischen Grenze, hatte genug davon, wie die Sitten immer mehr verrohten. Bei einem Treffen angesichts der bevorstehenden Einrichtung des Bistumssitzes in seiner Stadt hatten sich auch die Delegierten aus London besorgt über den schlechten Ruf Chesters gezeigt. Die »Alewives« bedrohten den Handel, schürten Unruhen, verdarben die Jungen und Schwachen und zerstörten den Ruf der Stadt und ihrer ehrlichen Gasthausbesitzer. Drei Tage hatte der Bürgermeister über seiner neuen Verordnung gebrütet, aber nun war sie fertig. Er diktierte seinem Schreiber den wichtigsten Satz: »In allen Pubs der Stadt dürfen Frauen nur noch ein Alehouse führen, wenn sie jünger als 14 oder älter als 40 Jahre sind.« Das würde den Umtrieben und der Prostitution endlich wirksam Einhalt gebieten und wieder Ruhe und Ordnung in sein geliebtes Chester bringen. Und er konnte ein Zeichen setzen, dass seine Stadt bereit war, mit großen Schritten einer verheißungsvollen Zukunft als Teil der neuen anglikanischen Kirche entgegenzugehen.

Frauen und Bier pflegten in Europa seit dem Mittelalter eine innige Beziehung – schließlich standen sie meist am Herd und stellten die flüssige Nahrung her. Hatte eine Frau ihr Bier gebraut, lud sie zum »Bierkränzchen« ein, was bedeutet, dass alle anwesenden Nachbarinnen bei Brot und Bier

Porträt von Mother Louse, eines Oxfordshirer Alewifes, Kupferstich aus der 2. Hälfte des 17. Jahrhunderts

sich über den örtlichen Klatsch austauschten. Das Brot wurde dabei gerne ins Bier getunkt, eine Sitte, die Jahrhunderte später ihre Fortsetzung finden sollte, als Gebäckstücke nunmehr in den Kaffee getaucht wurden. In den mittelalterlichen Städten entwickelte sich die »härtere« Variante des Bierkränzchens, die »Weiberzeche«. Dabei handelte es sich um Kneipen, in denen nur Frauen zugelassen waren, die dann aber recht ausgiebig dem Bier zusprachen. Im 18. Jahrhundert gehörten die Kränzchen zum guten Ton der gehobenen Bürgerschicht – nicht nur als exklusive Frauenveranstaltung. Verwandte, Bekannte und Freunde versammelten sich reihum in ihren Häusern zu einem gemeinsamen Umtrunk. An schönen Tagen konnte daraus auch ein Picknick oder gar eine ganze Landpartie werden.

Ein bisschen anders lief die alkoholische Emanzipation der Frau auf den britischen Inseln ab. Denn dort führten zwischen 1300 und 1600 die weiter oben erwähnten »Alewives« die Bierpubs. Sie brauten nicht nur Bier, sondern sie verkauften es auch. Die oft recht resoluten Damen erwarben sich zwar anfangs hohes Ansehen bei ihren Gästen, zogen aber bald die Aufmerksamkeit strenggläubiger Sittenwächter des Klerus auf sich. Kirchenmalereien zeigten Alewives, die in der Hölle schmorten, die Trinkbecher schwangen, ihre nackten Brüste zeigten und Dämonen umarmten. Zeitgleich kursierten allerorts Gerüchte, dass die Alewives nahezu jede vorhandene Regel brächen, zu Wucherpreisen minderwertiges Bier ausschenkten und falsch geeichte Gefäße benutzten. Die Diskriminierung der Frauen war an der Tagesordnung und steigerte sich immer mehr, 1578 schrieb Margaret Fiske aus Norfolk: »Ein Alewife kann nicht gedeihen, wenn es keine Hure ist oder eine Hure in ihrem Haus hat.« Als sich im 16. Jahrhundert die Zünfte entwickelten, wurden die so Geschmähten nicht zugelassen, aber zu diesem Zeitpunkt waren die Tage der illustren Brauerinnen eigentlich schon gezählt.

Das British Empire und sein Bier

Es war schon die fünfte Krisensitzung innerhalb der letzten sechs Monate. George Stobbard, Chefbraumeister der Brauerei Allsopp in Burton, setzte sich auf seinen Stuhl. Neben ihm nahm der Inhaber Samuel Allsopp Platz. Daneben saßen der Prokurist und einige weitere leitende Angestellte. Gesprächsthema war, wie auch all die Male zuvor, die Kontinentalsperre. Diese Wirtschaftsblockade war die Antwort Napoleons auf seine Niederlage in der Seeschlacht von Trafalgar vier Jahre zuvor und sollte das Vereinigte Königreich ökonomisch in die Knie zwingen. Anfangs betraf es nur vereinzelte Lieferungen. Doch nun hatte der selbst ernannte Kaiser die Sperre ausgeweitet. Dutzende Schiffe, vollgestapelt mit Bier für Russland und den Rest des Baltikums, lagen in Hull vor Anker und die Mannschaften trauten sich nicht auszulaufen. Zudem saßen Schiffe mit Malz und Hopfen für die Burtoner Brauerei in Norddeutschland fest. Eine verfahrene Situation ohne Aussicht auf Besserung, denn die Franzosen kontrollierten fast die ganze Küste. »Ich habe da eine Idee«, sagte Samuel Allsopp schließlich in die zermürbte Stille, »die East India Company hat mir ein paar Flaschen des October Beers von George Hodgson aus London geschickt. Wenn wir es mit den verfügbaren Rohstoffen nachbrauen können, steht uns der Handel mit Indien offen und wir brauchen nicht mehr nach Russland zu fahren.« Allsopp stellte das Bier auf den Tisch, öffnete eine Flasche und reichte jedem der Männer einen Schluck. Hell und bitter, dachte sich Stobbard, das bekommen wir hin …

Schon Caesar fand bei seiner Eroberung Britanniens 55 v.Chr. eine Bierkultur vor, die auch noch bei der Ankunft der Angeln, Sachsen, Jüten, Wikinger und Normannen dort Bestand hatte. Die ersten Benediktiner-Mönche brachten schließlich im 6. Jahrhundert die klösterliche Brautradition auf die Insel. Der Geschichtsschreiber William von Malmesbury, Sohn eines Normannen und einer Engländerin, beschrieb die Trinkkultur der Briten im 12. Jahrhundert so: »Drinking in particular was a universal practise, in which they passed entire nights as well as days. They became accustomed to eat until they became surfeited, and to drink until they were sick.« Essen bis zum Überlaufen und Trinken bis zum Umfallen – und das 24 Stunden lang. Eine schlimme Vorstellung für die normannischen Eroberer aus dem Heimatland der Haute Cuisine …

Bis zum 14. Jahrhundert bestanden die britischen Biere meist aus Weizen, Gerste und Hafer, die teils vermälzt waren, teils aber auch nicht. Gewürzt mit Gruit besaßen sie in der Regel eine bräunliche-trübe Farbe, etwa vier Prozent Alkoholgehalt, wurden bereits zwölf Stunden nach dem Brauen getrunken. Gruitbier wurde in der Regel »Ale« genannt, während sich für die mit Hopfen produzierten Getränke die Bezeichnung »Beer« durchsetzte. Als niederländische Einwanderer 1428 den Hopfen nach England brachten, konnte die Haltbarkeit der Biere hiermit bis zu einem Monat sichergestellt werden. Auch konnten die Brauer nun weniger starke Biere herstellen, weil der Hopfen anstelle des Alkohols die Stabilität garantierte. Die Politik reagierte darauf, erhöhte die Zölle für Hopfenimport, legte den Hopfen als einziges Biergewürz fest und förderte so den lokalen Anbau, der sich daraufhin in 14 Counties entwickelte, wobei die Grafschaft Kent eine führende Rolle einnahm. 1577 gab es in England und Wales 14 202 Alehouses, 1631 Inns und 329 Taverns – das entsprach einem Pub pro 187 Einwohner. Überall entstanden Brauereien, die Bier nicht nur für den Ausschank in der hauseigenen Gastronomie oder sogar außer Haus herstellten.

Die vielen Kriege, in die das Königreich im Laufe seiner Geschichte verwickelt war, forderten große Tribute und leerten die Staatskasse, weswegen vor allem die steuerlichen Abgaben auf die Bierrohstoffe immer wieder angehoben wurden. Deswegen entwickelte sich der Brauch, eine Malzmischung mehrfach zu verwenden und daraus drei unterschiedlich starke Biere zu sieden, auf die aber nur einmal Steuern zu entrichten waren. Die drei Teilwürzen ihres Sudes, bei denen jeweils dasselbe Malz neuerlich mit heißem Wasser übergossen und ausgelaugt wurde, verkauften die Brauer als »strong«, »common« und »small«. Die individuelle Stärke dieser Biere variierte bei jedem neuen Produktionsgang ganz erheblich. Das Ergebnis tranken die Briten aber nicht nur pur, sondern mischten es mit den verschiedensten Bieren in unterschiedlichen Zusammenstellungen. Ab 1700 drängten vermehrt helle Biere mit hohem Hopfenanteil vom Kontinent auf den Londoner Markt und obwohl diese wesentlich teurer waren als die lokal gebrauten, erfreuten sie sich doch zunehmender Beliebtheit. Also mussten die Brauer der Hauptstadt reagieren. Sie wollten sowohl bei ihrem klassischen, dunklen Bier aus günstigem Malz bleiben als auch durch eine höhere Hopfengabe den Wünschen ihrer Kunden entsprechen. Zu dieser Entscheidung mag ebenfalls beigetragen haben, dass die Beschaffenheit des bicarbonathaltigen Londoner Wassers zwar gut mit dunklem Malz harmonierte, sich aber nicht für Bier aus hellem Malz mit hoher Hopfengabe eignete. So kamen die Brauer auf die Idee, die Eigenschaften der drei bisherigen Teil-Biere in einer neuen Rezeptur zu vereinen. Das Ergebnis wurde anfangs »Entire Butt«, also »ganzer Hintern« genannt, eine Anspielung auf die drei vereinten Teilmaischen. Später setzte sich jedoch die Bezeichnung »Porter« durch, aufgrund der Lastenträger, die es gerne tranken, und dieses trat ab 1722 seinen Siegeszug in den Londoner Pubs an.

Die damals rund 200 Brauereien der Hauptstadt, deren Bevölkerung insgesamt ein Fünftel des kompletten britischen Marktes ausmachte, stellten ihre Produktion relativ zügig und nahezu zeitgleich auf den neuen Bierstil um. Die günstigen Zutaten versprachen trotz größerer Sudanlagen und längerer Lagerzeiten einen viel höheren Profit. Schließlich legten die Brauer den Preis für ihr Bier damals selbst fest und ein kompletter Sud »Porter« brachte deutlich mehr Einnahmen als drei einzelne Teilsude. Die Popularität des »neuen« Bieres tat ihr Übriges. Von London aus verbreitete sich das Porter in andere Städte mit ähnlichen Wasserverhältnissen: Bristol, Sheffield, Glasgow und Dublin. Gerade in Irland erfreute sich Porter großer Beliebtheit. Wurde es bis zum Ende des 18. Jahrhunderts noch massenhaft aus London importiert, drehte Arthur Guinness innerhalb weniger Jahrzehnte den Spieß um. Als der Export in die Überseekolonien begann, brauten die Iren eine stärkere Version, das »Stout Porter«, später »Guinness Foreign Extra Stout« genannt, aus dem sich schließlich der Bierstil Stout entwickelte.

Hopfenanbau und -ernte in England, Illustrationen von W.H. Pyne, 1804

Neben den dunklen Bieren Porter und Stout etablierten sich zeitgleich auch hellere Biere, bekannt als Pale Ale. Helles Malz wurde vor der Verwendung von verkokter Kohle (Koks) nur durch Sonnentrocknung hergestellt, was die allgemeine Wetterlage nur selten erlaubte. Die Brauer nannten es »Luftmalz«. Ansonsten gab es Versuche, Malz über sehr heißem Strohfeuer zu darren oder nur die hellen Körner einer normalen Malzmischung auszusortieren. Helles Bier war deswegen sehr teuer und der bürgerlichen Oberschicht vorbehalten, die aber gerne damit Gästen ihren Wohlstand zur Schau stellte. Ab der Mitte des 18. Jahrhunderts begannen die Mälzereien, Koks als Brennstoff einzusetzen, wodurch sich die Temperatur wesentlich besser kontrollieren ließ und die Herstellung von hellem Malz stark vereinfacht wurde. Außerdem verschwand das bisher automatisch enthaltene Raucharoma aus dem Malz. Mit der Verfügbarkeit von Hopfen und hellem Malz zu bezahlbarem Preis waren die Voraussetzungen für die Entwicklung eines massentauglichen hellen Bieres geschaffen, das nun mit der Bezeichnung »Pale Ale« auf der gesamten Insel produziert wurde. Mit dem »October Beer«, gebraut im gleichnamigen Monat, gab es sogar ein erstes helles Starkbier.

Ihren niederländischen Vorbildern folgend hatten die Engländer 1600 ebenfalls eine East India Company gegründet, die sich in den ersten 100 Jahren ihres Bestehens das Monopol auf den Handel mit den reichen Ländern des Subkontinents sichern konnte. Um 1700 waren mehr als 70 als »East Indiamen« bekannte Schiffe der Handelsgesellschaft auf den Weltmeeren unterwegs, um die exotischen Waren aus Indien nach England zu bringen. Das Geschäft brachte riesige Profite, allerdings war der Weg zurück ein Trauerspiel. Es gab nahezu nichts, was man aus dem Mutterland gewinnbringend in die asiatischen Kolonien liefern konnte, weswegen die Schiffsoffiziere das Recht erhielten, jeweils 50 Tonnen Laderaum für eigene Geschäfte zu nutzen. Unweit des Hauptquartiers der East India Company in London am Zusammenfluss von River Lea und Themse lag die 1752 von George Hodgson gegründete Bow Brewery. Wie die meisten anderen Londoner Brauereien hatte sich Hodgson auf Porter und October Beer spezialisiert und brachte es schnell auf eine jährliche Produktion von über 10 000 Barrel (159,7 l). Schließlich kam der schlaue Brauer auf die Idee, den Schiffsoffizieren der East India Company einen Kommissions-Handel anzubieten, womit er ein großes unternehmerisches Risiko einging. Die dreimonatige Fahrt nach Indien, die durch fast alle Klimazonen der Erde führte und für die ganz Afrika umrundet werden musste, hätten normale Biere keinesfalls unbeschadet überstanden. Aber die aus dem October Beer für den Export entwickelte Variante mit hohem Alkoholgehalt und starker Hopfengabe, die ab 1830 den Namen »India Pale Ale« (IPA) trug, war auch noch nach dem Löschen der Ladung in den indischen Häfen trinkbar.

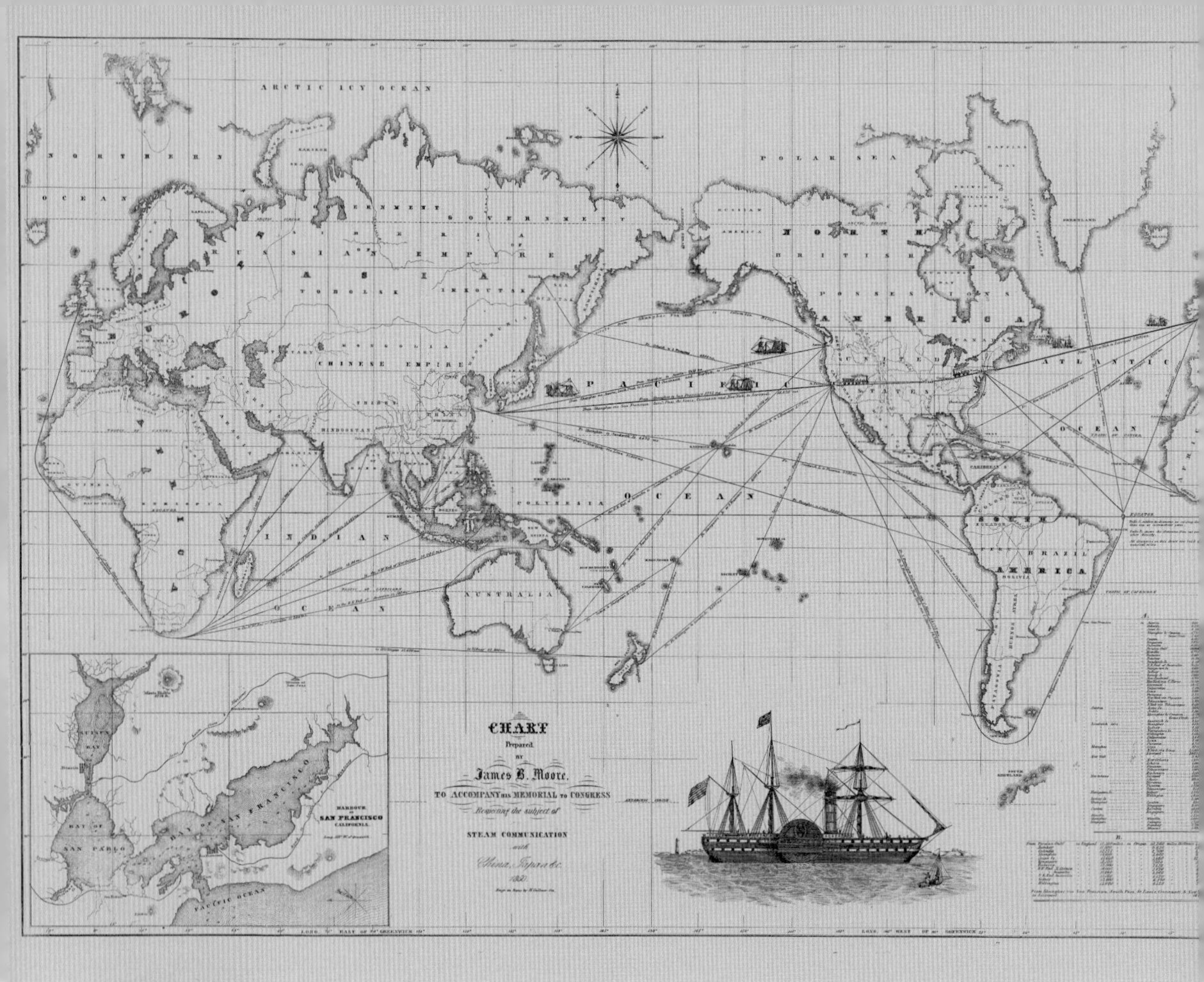

Die Übersee-Handelsrouten in der Mitte des 19. Jahrhunderts

Sobald eine andere Brauerei versuchte, in das lukrative Indiengeschäft einzusteigen, unterbot Hodgson deren Preise oder sorgte anderweitig dafür, dass sein Bier das einzige auf den »East Indiamen« blieb. Auf diese Weise erreichte er bald eine Monopolstellung und lieferte um 1800 über 9000 Barrel Bier nach Indien. Zum Vergleich: Der Bierhandel mit Nordamerika hatte zur selben Zeit ein Volumen von ca. 70 000 Barrel, nach Europa wurden ca. 14 000 Barrel exportiert und nach Afrika immerhin knapp 1000 Barrel verschifft. Hodgson verlor sein Monopol Anfang des 19. Jahrhunderts auch schon wieder und Brauer aus der mittelenglischen Stadt Burton übernahmen Großteile des Marktes und perfektionierten dank ihres besonderen Wassers mit hohem Calciumsulfat-Anteil (Gips) die Rezeptur. 1827 verunglückte ein Schiff mit IPA-Ladung noch an der englischen Küste, die daraufhin in Liverpool versteigert wurde. Das war der Startschuss für die inländische Verbreitung des Biers, im Zuge derer dank der englischen Eisenbahn IPA in sämtliche Pubs des Vereinigten Königreiches gelangte. Zwar wurden die Bezeichnungen »India Pale Ale« und »Pale Ale« meist synonym gebraucht, in den großen Brauereien wurde jedoch teils zwischen den Varianten für den Export (IPA) und für den heimischen Markt (Pale Ale) unterschieden, wobei Ersteres sowohl mehr Alkohol als auch eine intensivere Hopfenbitterkeit aufwies. Hopfen wurde zudem schon im 19. Jahrhundert in großem Stil aus Deutschland und den USA importiert, um den steigenden Bedarf decken zu können. Um 1870 produzierten alleine am Eisenbahnknotenpunkt Burton 26 Brauereien India Pale Ale für den britischen Markt. Bass, die größte Brauerei der Welt, stellte dort mehr als eine Million Hektoliter Bier her, hatte 2250 Mitarbeiter und lagerte gemeinsam mit den anderen Brauereien der Stadt ca. 100 000 Barrels in einem riesigen, dreigeschossigen Lager.

Bier erobert die Neue Welt

Es war eine lange und stürmische Überfahrt von 65 Tagen gewesen, aber nun hatten sie endlich das ersehnte Land vor Augen. Aufgeregt und voller Vorfreude, aber auch Angst reihten sich John und Margaret unter die Siedler auf dem Oberdeck des Schiffes. Über 130 von ihnen hatten sich in den vergangenen zwei Monaten auf den unteren Decks der »Mayflower« gedrängt und zwischen Werkzeugen, Waffen, Nahrung und Tieren – Hunde, Schafe, Ziegen und Geflügel – irgendwie Platz gefunden. Doch die Strapazen hatten sich gelohnt, sie waren in der Neuen Welt angekommen. Nur eine kurze Fahrt mit dem Beiboot entfernt lag das Ufer, das Ziel ihrer Sehnsüchte. Frei von allen Anfeindungen, die hinter ihnen lagen, aber auch frei von allen Vorzügen der Heimat. Hier gab es keine Häuser, keine Märkte und – was am schlimmsten wog – kein frisches Bier. Was sollten sie nur trinken, wenn die Vorräte aufgebraucht waren? Auf keinen Fall Wasser, das hatten sie in der Heimat schmerzlich gelernt. Das Paar bestieg das kleine Boot und ließ sich mit zehn weiteren Auswanderern an das nahe Ufer bringen. Margaret zählte leise die Ruderschläge, schon bei 60 waren sie angekommen. Der Sand knirschte verheißungsvoll – erst unter dem Bug der Nussschale, dann unter ihren Füßen, als sie zum ersten Mal das neue Land betraten. John griff sich zwei Ziegen und bugsierte die verängstigten Tiere an den Strand. Fünf Stunden später war das große Schiff entladen. Am Strand sah der Stapel allerdings viel kleiner aus als noch in Southampton. Während der Überfahrt hatten sie schon große Teile der Vorräte verbraucht, weswegen den Siedlern auch klar war, was sie als Erstes zu tun hatten: Nahrung finden und ein Brauhaus bauen.

Die Neue Welt zählte um 1492 etwa 100 Millionen Einwohner – genauso viele wie Europa, das aber nur über fünf Prozent der Fläche Amerikas verfügt. Das Hauptnahrungsmittel der amerikanischen Ureinwohner im Süden war die Kartoffel, in Mittel- und Nordamerika der Mais. Außer Lamas und Truthähnen hielten sie keinerlei Haustiere, weder zur Fortbewegung noch zur Hilfe beim Ackerbau. In Europa hingegen stellte die Kombination aus Dreifelderwirtschaft und Viehzucht eine gute Versorgung der Bevölkerung, zumindest des Teils, der sich die Nahrung leisten konnte, sicher. Der billigere Fisch, Grundnahrungsmittel für die Armen, verschwand wegen Verschmutzung und Veränderung der Gewässer zunehmend vom Kontinent, was zur Einführung der Hochseefischerei führte. Doch auch die anfangs reichen Fischbestände der europäischen Meere waren bald überfischt. Parallel wurde auch der einzige Brenn- und wichtigste Baustoff knapp: Holz. Da kamen die Verheißungen des Christoph Kolumbus hinsichtlich eines leichten Zugangs zu den Reichtümern und Ressourcen Asiens gerade recht.

Die ersten Entdeckungsfahrten in die Neue Welt wurden hauptsächlich zum Zweck der Eroberung unternommen. In der Gesellschaft der Entdecker befanden sich auch etliche Krankheitserreger, die unter anderem eine verheerende Pockenepidemie auf der anderen Seite des Atlantiks auslösten, die in kürzester Zeit etwa 95% der Ureinwohner ausrottete. Die dadurch größtenteils menschenleeren Weiten, vor allem Nordamerikas, boten ab der Mitte des 16. Jahrhunderts ein verheißungsvolles Ziel für Menschen, die das Leben in den überfüllten und stinkenden Städten Europas, geprägt von ständigen Kriegen und Religionskonflikten, leid waren. Auswanderer verschiedenster Nationen machten sich auf den Weg in das »Gelobte Land« und importierten somit auch ihre Kultur und Gesellschaftsordnung. Dazu gehörte auch das allgegenwärtige Getränk Nord- und Mitteleuropas – das Bier.

Schließlich hatten sie in der alten Heimat gelernt, dass das Wasser aus den Flüssen und sonstigen Reservoirs nicht nur untrinkbar war, sondern sein Genuss sogar Krankheiten auslösen konnte, die mitunter tödlich endeten. Also dachten sie auch nach ihrer Ankunft in Amerika nicht daran, aus den kristallklaren Bächen zu trinken, sondern vertrauten auf ihre mitgebrachten Bier-Reserven – und bauten somit als Erstes in jeder neu gegründeten Ansiedlung ein Brauhaus. Da eines der wichtigsten Export-Güter nach Europa Holz war, entstand so, gewissermaßen als Nebeneffekt der größten Waldvernichtung der Menschheitsgeschichte, perfektes Ackerland.

Doch hier wuchs keine Gerste, weswegen die Siedler auf heimische Stärkelieferanten zurückgreifen mussten. Sie sammelten Eicheln, Kürbisse und Pastinaken – und übernahmen den von den Ureinwohnern angebotenen Mais. Der erste schriftlich überlieferte Brauprozess in Amerika fand 1587 in Virginia statt. Die ersten größeren Brauhäuser entstanden 1612 an der Südspitze Manhattans und 1620 in Plymouth, wo die »Pilgerväter« gelandet waren und neben den ersten Haustieren auch Baum-Setzlinge und Samen mitgebracht hatten. Am eigenen Herd wurde anfänglich ein leichtes »Small beer« gebraut, das nicht selten Zusätze wie Kleie, Melasse, Zucker, Honig sowie Gewürze wie Sassafras, den nordamerikanischen Lorbeer, Ingwer und Fichtennadeln enthielt. Wohingegen das in den Pubs getrunkene Bier der ersten Zeit »Strong beer« hieß und nach europäischem Vorbild in den Brauereien hergestellt wurde.

Schnell waren die amerikanischen Siedler die am besten genährten Menschen der Welt. Eine der am schnellsten wachsenden Siedlungen in Nordamerika war Philadelphia. Ihr Gründer, William Penn, hatte 1682 in ganz Europa mit Plakaten auf Deutsch, Französisch und Niederländisch geworben, auf denen er nicht nur klar beschrieb, wie die Siedler ihre Überfahrt organisieren und was sie mitbringen sollten, sondern auch wie die in der Alten Welt vom Landbesitz per se Ausgeschlossenen in Amerika mit wenig Kapital zu Grundstückseigentümern werden konnten. Eine Farm mit 200 Hektar Land kostete nur 200 Pence, ein großes Anwesen mit 5000 Hektar Land war für 100 Pfund (1 Pfund = 240 Pence) zu haben. Zum Vergleich: Ein Feldarbeiter verdiente zu dieser Zeit zwei bis drei Pence am Tag, ein einfacher Soldat acht Pence, wohingegen ein erfahrener Handwerker auf acht bis zwölf Pence am Tag kommen konnte. Der König kam umgerechnet auf ein Tageseinkommen von 40 000 Pence, der Erzbischof von Canterbury auf 20 000 Pence und ein durchschnittlicher Adliger auf 13 000 Pence.

Die erste Thanksgiving-Feier der Pilgerväter mit den amerikanischen Ureinwohnern in Plymouth 1621, Druckgrafik nach einem Gemälde von Jean Leon Gerome Ferris, 1912–1915

Kein Wunder also, dass Philadelphia schnell wuchs und zur größten Stadt Nordamerikas avancierte. Der erste Brauer der Stadt, William Frampton, war zugleich Bäcker. Ihm attestierten seine Kunden »as good bread and as good drink as ever in England«. Mit der Einwohnerzahl wuchs auch die Nachfrage und so importierten die Siedler aus dem Mutterland vor allem Malz, das sie übrigens auch zu Bränden destillierten, lernten aber auch, in ihrer neuen Heimat Getreide anzubauen. Am besten gedieh der anspruchslose Roggen, doch mit der Zeit etablierten sich auch die ersten Gerstenfelder. Schwedische und niederländische Kolonisten bereicherten zudem das Angebot mit ihren Bieren. Die Holländer waren auch die Ersten, die neben Weizen und Gerste auch Hopfen für ihr Bier anbauten.

Der wachsende Biermarkt verlangte nach Regulationen und so erließ der Herzog von York und spätere König Jakob II. 1664 als Erster umfangreiche Regeln rund um das Brauen in der Neuen Welt. Bier für den Verkauf durften nur noch ausgewiesene Fachleute sieden, die gegenüber ihren Kunden komplett regresspflichtig waren. Außerdem legte er eine Mindestmenge Malz pro Sud fest, konkret vier Bushels (ca. 37 l) pro Hogshead (ca. 220 l), was in etwa ein Bier mit einem Alkoholgehalt von 2–3% ergibt.

Bis zum Ende des 17. Jahrhunderts kristallisierten sich schließlich abweichend von diesem Gesetz drei unterschiedliche Biere in der Neuen Welt heraus: Das schwächste enthielt zwei Bushels Malz pro Hogshead, das mittlere vier Bushels und das stärkste sechs Bushels. Die Malzmenge bestimmte auch den Preis. Ein Quart (ca. 1,15 l) des Vier-Bushel-Bieres kostete vier Pence, eines mit sechs Busheln sechs Pence. Nach und nach wurde auch den Pub-Besitzern erlaubt, eine ausreichende Qualifikation vorausgesetzt, eigenes Bier zu produzieren. Die ärmeren Leute brauten aus Melasse, Kürbis, Kleie, Maismalz, Kartoffeln, Kaki – in Form gebackener Kekse –, gehäckselten Maisstielen, Süßkartoffeln und Topinambur nach wie vor ihr »Small beer« mit maximal 2,5% Alkoholgehalt.

Ab 1750 setzte sich auch in Nordamerika das neue englische Porter durch. Obwohl es qualitativ hochwertiges heimisches Malz gab, bevorzugten die Brauereien englische Importware. Und auch englisches Importbier erfreute sich größter Beliebtheit – war es doch ein Zeichen der Verbundenheit mit der alten Heimat. Doch dies änderte sich angesichts der immer höher werdenden Steuern, die die Krone auf Importgüter verlangte. 1765 erließ das britische Parlament den »Stamp Act«, der vorschrieb, dass jedes offizielle Dokument, aber auch Zeitungen, Karten- und Würfelspiele in den nordamerikanischen Kolonien mit gebührenpflichtigen Steuermarken versehen werden mussten. Mit den Einnahmen sollten die Kosten für den Siebenjährigen Krieg mit Frankreich kurz zuvor und die Truppenstationierung an den Grenzen zu den Indianerterritorien finanziert werden.

Diese, nach dem »Sugar Act« im Jahr zuvor zweite Einführung einer direkten Steuer für die im englischen Parlament nicht vertretenen nordamerikanischen Siedler versetzte die Vertreter einer gerade im Entstehen begriffenen Unabhängigkeitsbewegung in großen Aufruhr. Die »Sons of

Liberty« versammelten sich in der »Green Dragon Tavern« in Boston und überlegten beim Genuss inländischen Biers mögliche Gegenmaßnahmen. Eine davon war der Boykott englischer Waren, in dessen Folge die Proteste immer intensiver wurden. 1766 nahm das Parlament schließlich den »Stamp Act« zurück, machte aber klar, dass es sich »in allen vorstellbaren Angelegenheiten« für die Kolonien zuständig fühlte. Bereits im Folgejahr legte es in den »Townshend Acts« umfangreiche Einfuhrzölle für die Kolonien fest, wodurch auch das englische Bier deutlich teurer wurde.

Dieser erneuten Provokation begegneten die Kolonisten wiederum mit dem Aufruf, den Kauf von Gütern aus dem Mutterland zu verweigern. Zeitgleich etablierte sich ein umfangreicher Schmuggel und der Boykott ließ auch die Nachfrage nach einheimischem Bier entsprechend steigen. Kopf der Bewegung war Samuel Adams, der diesmal die Proteste von der »Black Horse Tavern« in Winchester aus koordinierte. Überhaupt bildeten die Pubs das Kommunikationsnetz der damaligen Zeit. Hier wurden die Informationen ausgetauscht, geheime Geschäfte erledigt und die Revolution vorbereitet. Wieder siegten die Kolonisten, das Parlament kassierte die »Townshend Acts«, nahm allerdings explizit den indischen Tee davon

Die »Green Dragon Tavern« in der Bostoner Union Street, Radierung von Russell, 1898

aus. Aus Protest warfen als Indianer verkleidete Bostoner Bürger im Dezember 1773 insgesamt 342 Kisten Tee von dort ankernden Schiffen der East India Company ins Hafenbecken.

Dieser als »Boston Tea Party« bekannte Vorfall bildete den Auftakt zum Unabhängigkeitskrieg, mit dem die Kolonisten sich endgültig von ihrem Mutterland loslösen sollten. Zur Ernährung der aufständischen Soldaten gehörte auch eine tägliche Bier-Ration. Insgesamt verbrauchten die US-Truppen jeden Tag mehr als 300 Gallonen (ca. 1400 l). Diese Nachfrage sorgte für einen Boom der amerikanischen Brauereien, die von der entstehenden Nation eine bedeutende Unterstützung erhielten. 1789 führten die USA eine Steuer auf alle importierten Biere ein und diesmal freuten sich die Bürger darüber. George Washington selbst sagte im April 1789: »We have already been too long subject to British Prejudices. I use no porter or cheese in my family, but such as is made in America: both of these articles may now be purchased of an excellent quality.«

Die Boston Tea Party von 1773, Lithografie von Sarony & Major, 1846

Ein neues Bier entsteht – die untergärige Revolution

Das war mal ein echter »großer Bahnhof« in seiner Heimatstadt Hamburg. Fiete Kieran stand schon seit dem späten Nachmittag auf dem Bahnsteig und wartete am Eingang der fast 150 Meter langen hölzernen Halle auf den Festzug. Kurz vor acht Uhr abends war es schließlich so weit. Ein langes Pfeifen und eine große Wolke aus weißbraunem Rauch kündeten von seiner Ankunft. Als sich das Dampfross näherte, konnte Fiete die Fichtenbäumchen erkennen, welche die Seiten der Lokomotive schmückten. Dahinter wehten an dem gesamten Zug deutsche und bayerische Fahnen, Kränze und Blumengebinde. Mit »Mariechen, du süßes Viehchen« intonierte die Kapelle eines seiner Lieblingslieder, das zudem heute ganz besonders passte. Denn seine Marie saß in dem Sonderzug aus Bayern. Die Tochter des Erlanger Brauereibesitzers Heinrich Christian Henninger war vor zwei Jahren zum Studium nach Hamburg gekommen – und hatte sich in den jungen Matrosen verliebt. Fiete winkte und pfiff, da er seine Liebste auch schon an einem der Fenster sehen konnte. Quietschend kam das Gefährt zum Stehen und das Paar schloss sich kurz darauf in die Arme. An ihnen vorbei rannten Scharen von Brauerknechten. Aus den Augenwinkeln konnte Fiete sehen, wie sie begannen, die 15 Güterwaggons zu entladen, die das Zugende bildeten. Fass um Fass rollten sie an ihm vorbei zum Ausgang. »Das gute Erlanger Exportbier für das 3. Deutsche Sängerfest 1882« stand auf den Fässern. Doch für Fiete war aus Erlangen etwas noch Besseres in die Hansestadt gekommen.

Bis hierhin war nur von zwei Sorten Hefe die Rede: den »wilden Hefen«, die zur Steinzeit und in der Antike spontan das Bier vergoren, und den »obergärigen« Hefen, die ab dem frühen Mittelalter in den Brauereien bewusst zum Einsatz kamen. Die Brauer kannten die Hefe allerdings nicht als den Mikroorganismus, den wir heute in den Fachbüchern oder als Backhefe im Supermarkt finden, sondern als – anfangs geheimnisumwobene und »Gottesgabe« genannte – Hilfssubstanz, die von einem Sud zum nächsten übertragen werden konnte. Die Germanen vermuteten noch den Speichel Odins hinter der Gärung und spuckten deshalb in die Maische. Deswegen nannten die Alchemisten in ihrer Transformationslehre die Hefeausfällungen im Bier auch den »Speichel des Bären«. Zunächst gelangte die »Gottesgabe« durch reife Früchte, an denen immer zahlreiche Hefezellen anhafteten, zufällig in die Bierwürze, im frühen Mittelalter dann durch die Holzpaddel und -bottiche, an denen sich ebenfalls immer Hefereste befanden. Spätestens ab dem 14. Jahrhundert wurde sie jedoch bewusst eingesetzt, indem man den bei der Gärung des letzten Sudes abgeschöpften Schaum den neuen Bierwürzen beimengte. Auf diese Weise kultivierten die Brauer die Hefestämme, welche die Basis für unsere heutige Vielfalt an Bierhefen bildet. Waren es übrigens im Mittelalter die Bäcker, die dank der vielen Hefen in der Umgebung ihrer Bäckereien den Brauern das Handwerk erleichterten, drehte sich im 18. Jahrhundert der Spieß um.

Bis ins 19. Jahrhundert hatten die Brauer keine Vorstellung, was bei der alkoholischen Gärung mit und durch die Hefe wirklich geschah. Als die Niederländer zu Beginn des 17. Jahrhunderts die ersten Mikroskope entwickelten, konnten sie zumindest einen Blick auf diese mystische Substanz werfen. Der Naturforscher Anton van Leeuwenhoek gab 1674 einen Tropfen Bier unter sein Mikroskop, entdeckte die »Animacules«, kleinste pflanzenähnliche Organismen, und leitete damit die Geburt der Mikrobiologie ein. Ein halbes Jahrhundert später beschrieb der deutsche Chemiker Justus von Liebig in seinen »Annalen der Pharmacie« von 1839 die Hefe so:

Zeitgenössische Ansichtskarte

»Mit Wasser zerteilte Bierhefe löst sich in unendlich kleine Kügelchen und Fäden, die eine Art Eiweiß sind, auf. Bringt man diese Kügelchen in Zuckerwasser, so sieht man, daß sie aus Eiern von Thieren bestehen; sie schwellen an, platzen, und es entwickeln sich daraus kleine Thiere, die sich mit einer unbegreiflichen Schnelligkeit auf die beispielloseste Weise vermehren. Sie besitzen eine Art Saugrüssel, Zähne und Augen sind nicht zu bemerken; man kann übrigens einen Magen, Darmkanal, den Anus, die Organe der Urinsecretion deutlich unterscheiden. Man sieht, dass diese Thiere den Zucker aus der Auflösung verschlucken, sehr deutlich sieht man ihn in den Magen gelangen. Augenblicklich wird er verdaut und diese Verdauung ist sogleich an der erfolgenden Ausleerung von Excrementen zu erkennen. Sie fressen Zucker, entleeren aus dem Darmkanal Weingeist, und aus den Harnorganen Kohlensäure. So sieht man also aus dem Anus dieser Tiere unaufhörlich eine spezifisch leichtere Flüssigkeit in die Höhe steigen und aus ihren enorm großen Genitalien spritzt in sehr kurzen Zwischenräumen ein Strom von Kohlensäure.«

Heute wissen wir, dass Hefen einzellige Pilze sind, die sowohl mit Sauerstoff (aerob) in Form der Zellatmung als auch ohne Sauerstoff (anaerob), z.B. bei der Bier- und Brotherstellung, in Form der Gärung Energie gewinnen können. Organe, wie von Justus von Liebig beschrieben, haben die Pilze nicht, aber bei der Gärung entstehen Alkohol und Kohlensäure als Ausscheidungsprodukte. Je nach »Arbeitstemperatur« wird zwischen zwei Hefestämmen unterschieden, der ober- und der untergärigen Hefe.

»Obergärig« bedeutet, dass die Hefe bei warmen Temperaturen von 15–20° C gärt. Zudem bilden sich hierbei Zellverbände, die durch die entstehende Kohlensäure auf der Oberfläche des Jungbieres schwimmen und eine Art Schaumteppich bilden. Ab dem 15. Jahrhundert begann sich allerdings eine neue, »untergärige« Hefe durchzusetzen, die bei deutlich niedrigeren Temperaturen von 4–9° C arbeitet. Deren Abkömmlinge bleiben nicht an der Mutterzelle haften, sondern lösen sich ab, wodurch die Hefe nicht von der Kohlensäure an die Oberfläche getrieben werden kann. Der große Vorteil dieses neuen Stammes war, dass die Gärung zwar langsamer, dafür aber wesentlich stabiler, infektionsfreier und reproduzierbarer ablief. Der Gärprozess bei Zimmertemperatur lief ständig Gefahr, von Fremdpilzen und Bakterien verunreinigt zu werden. Dafür benötigte die untergärige Hefe allerdings eine kalte Umgebung, die vor der Erfindung der künstlichen Kühlung nur sehr eingeschränkt nach Bedarf herstellbar war. Doch die Mühe lohnte sich, denn das Ergebnis war das für die damalige Zeit in jeder Hinsicht bessere Bier.

Für den Ursprung der untergärigen Hefe gibt es zwei Theorien. Die gängige Hypothese geht davon aus, dass im Gebiet zwischen Nürnberg und Oberpfalz beim Vergären in den Lagerkellern die obergärige Hefe (Saccha-

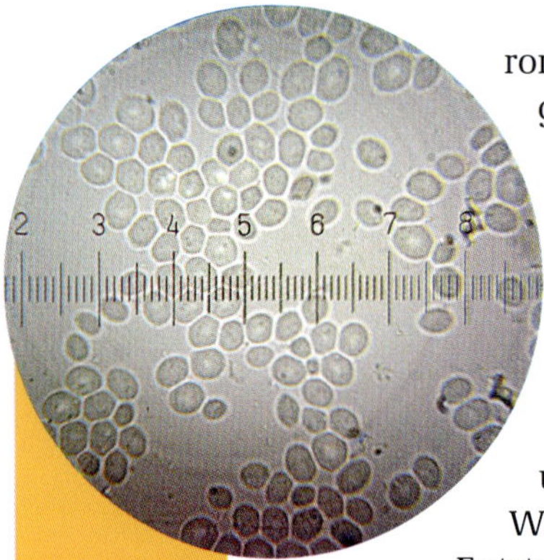

Obergärige Hefekulturen (Saccharomyces Cerevisiae) unter dem Mikroskop

romyces Cerevisiae) mit einem wilden Stamm eine Mutation gebildet hat, die bei den herrschenden Temperaturen gut überleben und arbeiten konnte. In den 1990er-Jahren untersuchten Forscher die untergärige Hefe (Saccharomyces Uvarum) und bestätigten, dass es sich hierbei um eine Mutation zweier Hefestämme handelt. Der eine war die bekannte obergärige Hefe, aber der andere war in Europa unbekannt. Auch fanden sich außerhalb von Brauereien keinerlei wilde Hefen, die mit dem Genom des untergärigen Stammes verwandt waren. Das fanden die Wissenschaftler zumindest ungewöhnlich und ließ sie an der Entstehungsgeschichte zweifeln.

Schließlich führte ein Zufallsfund zu einer zweiten Hypothese. Eine Forschergruppe aus den USA und Argentinien entdeckte in Patagonien auf Chilenischen Scheinbuchen einen wilden Hefestamm, dessen Genom zu 99,5% zu der anderen Hälfte der untergärigen Hefe passte – der »Missing Link« schien damit gefunden. Demnach hätte eine Holzlieferung oder zumindest ein Holzstück im 15. Jahrhundert den südamerikanischen Hefestamm (Saccharomyces Eubayanus) nach Bayern importiert, woraus ein Einrichtungsgegenstand für eine Brauerei gefertigt worden wäre, in deren Kellern sich dann die beiden Hefestämme kreuzten. Der Holzhunger Europas zu dieser Zeit könnte eine solche Lieferung durchaus erklären.

Dieser – sehr stichhaltigen – genetischen Untersuchung steht allerdings die Tatsache entgegen, dass in der 1474 erlassenen Brauordnung von Nabburg in der Oberpfalz neben der klassischen Gärung auch die »kalte, untergärige Gärführung« genutzt werden sollte, um einen Vorrat an gutem Bier für den Sommer zu haben – und dies ist nicht die einzige diesbezügliche Quelle vor der Entdeckung Amerikas im Jahre 1492. Vielleicht wird das fehlende Puzzlestück ja doch noch irgendwo in Mitteleuropa gefunden.

Unabhängig von ihrem Ursprung stand der untergärigen Hefe eine große Karriere bevor. Brauergesellen verbreiteten die Kenntnis von der kalten Gärung und damit auch den Hefestamm während ihrer Wanderschaft nach und nach in ganz Bayern. Überall dort, wo es geeignete Keller und Stollensysteme gab, beispielsweise in Kitzingen, Bamberg, Forchheim und Erlangen, stiegen die Brauer auf die neue Hefe um und konnten haltbare und besser schmeckende Biere sieden als die traditionell arbeitenden Kollegen. Das Sommerbrauverbot infolge des Bayerischen Reinheitsgebotes sorgte dafür, dass Braunbier nur in der kälteren Jahreszeit von Michaeli (29. September) bis Georgi (23. April) gebraut werden durfte und sich damit das untergärige Brauen im Herzogtum der Wittelsbacher endgültig durchgesetzt hat. Denn nur untergärig gebraute Biere waren lange genug haltbar, um – im März eingebraut – den Sommer über getrunken werden zu können. Für Kühlung in den Kellern sorgte Eis, das die Brauer von gefrorenen Eisweihern oder Eisgalgen, die nachts mit Wasser übergossen wurden, ernteten. Wo keine Stollen verfügbar waren, bauten die Brauereien

»Eistürme« mit meterdicken Mauern, in denen das Eis sogar über mehrere Jahre lagern konnte. Zu Beginn des 19. Jahrhunderts konnten sich die bayerischen Brauereien dank der Entwicklung der Eisenbahn und des Wegfalls der Zollschranken erst in Bayern (ab 1806), dann im Zollverein (ab 1834) und schließlich im Deutschen Reich (ab 1871) so neue, große Absatzmärkte erschließen. Bayerische Auswanderer brachten um 1840 die untergärige Hefe nach Amerika, wo sie ebenfalls eine Braurevolution auslösen sollte.

Ein erster, wichtiger Schritt in Richtung ganzjähriger Bierproduktion war die Erfindung des Würzekühlers durch den Franzosen Jean-Louis Baudelot aus Sedan, der kaltes Wasser durch eine horizontale Schlange von Kupferrohren von unten nach oben pumpte. Gegenläufig ließ er die heiße Würze von oben nach unten über die Außenseite der Kupferrohre fließen, was diese in kurzer Zeit auf die Gärtemperatur von 15° C abkühlte. Zudem ermöglichte das Verfahren eine ausreichende Sauerstoffaufnahme durch die Würze und sparte gegenüber dem bis dato üblichen Verfahren mittels des Kühlschiffs bis zu acht Stunden. Zum entscheidenden Durchbruch verhalfen der neuen Hefe aber ein Österreicher, ein Bayer und ein Franke. Anton Dreher, Spross einer Wiener Brauerfamilie, absolvierte um 1830 Hospitanzen in verschiedenen Münchner Brauereien, wo er auf Gabriel Sedlmayr, den Besitzer der Spaten-Brauerei, traf. Zwischen den beiden entwickelte sich eine enge Freundschaft, aber auch eine geschäftliche Zusammenarbeit. Ihnen missfiel, dass das untergärige Brauen wegen zu hoher Temperaturen nicht ganzjährig möglich war. Also beteiligten sie sich finanziell an Carl von Lindes Entwicklung einer Kältemaschine. Um das Verfahren im großen Stil testen zu können, kaufte Dreher 1868 eine Brauerei im italienischsprachigen Teil des Habsburgerreiches, in Triest. Im September 1876 lieferte Linde den Prototyp, der im folgenden Frühjahr in Betrieb ging und bis 1908 seinen Dienst tat. Dank ihrer Unterstützung stieg die Produktion der Triester Brauerei in ungeahnte Höhen und Dreher wie Sedlmayr rüsteten ihre anderen Brauereien ebenfalls mit der neuen Technologie aus.

Die Kältemaschine Lindes und ihre Nachfolgermodelle fanden reißenden Absatz bei Brauereien in der gesamten Welt. Sie verhalfen auch dem 1842 entwickelten Pils und damit hellen, untergärig gebrauten Lagerbieren zum Durchbruch. Selbst auf der Getränkekarte der »Titanic« fand sich »Iced draught Munich Lager Beer«. Der von der Brauindustrie geförderten künstlichen Kühlung verdanken wir übrigens auch die Entwicklung des Kühlschrankes und damit den modernen Supermarkt. Und noch eine weitere Erfindung dieser Zeit geht auf das Bier zurück: die Pasteurisation. Louis Pasteur forschte im Auftrag einiger

Die von Carl Linde entwickelte Kältemaschine

Brauereien in den 1860er-Jahren nach der Antwort auf die Frage, warum Bier sauer wurde. Er entdeckte, dass ein kurzes Erhitzen auf 55° C Bier und Wein haltbar machte. Dafür erhielt er auf der Weltausstellung 1867 in Paris den Großen Preis und österreichische und deutsche Brauereien begannen, ihr Flaschenbier zu pasteurisieren. Angeregt durch Pasteurs Forschungen gelang es am 12. November 1883 dem dänischen Botaniker Emil Christian Hansen im Labor der Kopenhagener Carlsberg-Brauerei, erstmals einzelne Zellen untergäriger Hefe zu isolieren und zu vermehren. Damit war es den Brauern möglich, mit reiner Hefe zu arbeiten und qualitativ hochwertiges Bier von gleichbleibendem Geschmack herzustellen. Die besagte Hefe erhielt einen neuen Namen, Saccharomyces Carlsbergensis, und findet sich in nahezu jeder Brauerei der Welt.

Zoigl, Flinderer und Hausbrauerbier

Manchmal hasste er seine Arbeit. Sylvester Bogner, seines Zeichens Schornsteinfegermeister und behördlich bestellter Bierschauer von Tirschenreuth, war heute besonders früh aufgestanden. Denn bevor er die Kamine des Pfarrhofs kontrollieren würde, stand noch ein Besuch im Haus des verstorbenen Johann Andreas Schmeller an. Dessen Witwe hatte Zoigl-Bier gesiedet und ihn zum Prüfen gerufen. Deswegen war gestern auch Schmalkost angesagt gewesen. Keinen Fisch, kein Geräuchertes, keinen Meerrettich und keine Zigarre hatte er anrühren dürfen, damit seine Sinne ungetrübt zur Verfügung standen. Als ob er das nicht auch nach einem Hering hätte machen können. Egal, nachdem Kunigunda Schmeller ihn eingelassen hatte, trat er zu dem bereitgestellten Steinkrug, füllte ein Glas, hob es mit der rechten Hand hoch und wischte mit der Linken das Kondenswasser weg. Das Bier war klar, wundervoll kastanienbraun und glänzte im Kerzenschein, darüber stand ein kleiner, feiner Schaum – perfekt. Nun war die Nase an der Reihe. Sylvester nahm zwei, drei tiefe Züge und der honigsüße Getreideduft machte ihm Lust auf den nächsten Schritt seiner Verkostung. Doch erst griff er in seine Tasche, holte ein Stück Brot heraus und aß ein paar Bissen. Nun war er bereit. Der Bierschauer schloss die Augen, nahm einen ordentlichen Schluck, ließ ihn im Mund kreisen, schluckte, verharrte einen Moment, machte die Augen wieder auf, lächelte und trank das restliche Bier in einem Zug aus.

Der Zoiglstern mit den Insignien der Brauerei-Innung

Die Begriffe Hausbrauer-, Zoigl- oder Flindererbier fußen auf den Traditionen der Kommunbrauhäuser, die ab dem 14. Jahrhundert eingerichtet wurden. Geringeres Brandrisiko, bessere Überwachungsmöglichkeit durch die Obrigkeit und Qualitätssicherung dank eines angestellten Braumeisters waren die Vorteile dieser Zentralisierung. Die Städte finanzierten Brauhaus und -meister und verlangten pro Sud eine Gebühr. Die jeweiligen Braurechtsbesitzer brachten Getreide oder Malz zum Kommunbrauhaus und nahmen einige Tage später ihren Sud zur Vergärung mit nach Hause. Dadurch hatte jedes Bier einen eigenen »Hausgeschmack«. Anschließend bot der Besitzer sein fertiges Bier für einen festgelegten Zeitraum und Preis entweder in eigens dafür eingerichteten Gasträumen oder bei sich zu Hause an.

Das war ein willkommenes Zusatzeinkommen für die Bürger, die so ihre Getreide direkt vermarkten konnten. Die Braurückstände sicherten zusätzlich die Futterversorgung des Viehs. Der Bierbann um die Städte brachte den Braubürgern zudem ein garantiertes Absatzgebiet für ihr Produkt. Um anzuzeigen, dass in ihrem Haus Bier gebraut und ausgeschenkt wurde, hängten sie eine Stange, später auch einen Besen oder großen Baumzweig aus dem Fenster. Ihre Kunden sahen den »Zeiger« und strömten in die Stube. Das Verfahren wurde erstmals in einer Urkunde von 1508 aus dem Stadtarchiv von Neustadt an der Waldnaab erwähnt. Ab dem Ende des 15. Jahrhunderts stellten die bayerischen Hausbrauer ebenfalls auf die untergärige Brauweise um.

Die Tradition der Hausbrauereien ging bis zum Ende des 18. Jahrhunderts allerorts verloren, lediglich in Nordostbayern konnte sie bewahrt werden. Denn die Gegend zwischen Frankenwald, Oberpfälzer

Wald und Bayerischem Wald war wegen ihrer geringen Bevölkerungszahl und mangelnder Infrastruktur für die Entwicklung von Privatbrauereien nicht gut geeignet. Im Grenzgebiet zwischen Oberfranken und Oberpfalz heißt der »Bierzeiger« im örtlichen Dialekt »Zeigel« oder »Zoigl«. »Der Zoigl« ist dann auch der Name des oberfränkisch-oberpfälzischen Hausbrauerbieres, das aktuell noch von 20 Zoiglwirten ausgeschenkt wird. Statt eines Besens hängen sie heute den sogenannten Zoiglstern als Bierzeichen an ihr Haus.

In der Gegend um Pegnitz heißt das Hausbrauerbier hingegen »Flindererbier«. Als »Flindern« bezeichneten die Pegnitzer das Auslosen der Reihenfolge des Hausbrauens in den Sommermonaten von April bis September. Während dieser Zeit durften immer nur drei Bürger pro Woche ihr selbst gebrautes Bier ausschenken. Unter den dreien sollte immer ein Metzger sein, damit es nicht an der nötigen »Bierbegleitung« mangelte. Das ausgehängte Zeichen für einen Flindererbier-Ausschank besteht auch heute noch aus einem Büschel grüner Zweige und einer mit Luft gefüllten Schweinsblase.

1750 verfügte der bayerische Kurfürst Max II. Josef, dass »bei jedem ganzen Hofe zweiunddreißig, bei jedem Halbhofe sechzehn und bei jedem Viertelhof sechs Hopfenstöcke« zu pflanzen seien. Diese Maßnahme hatte durchschlagenden Erfolg, denn dadurch wurde die Oberpfalz zum Hopfenexportland und verfügte um 1900 über ausgedehnte Anbauflächen von 2000 Hektar. Die große Blüte der Hausbrauerbiere in Nordostbayern begann im Jahr 1807. Damals verkauften die Städte und Gemeinden im neu gegründete Königreich Bayern aus Kostengründen ihre Kommunbrauhäuser, die von zu Genossenschaften vereinigten Braubürgern der Region übernommen wurden. Die älteste diesbezügliche Übersicht stammt aus dem Jahr 1840 und erwähnt 357 aktive Kommunbrauhäuser in der Oberpfalz – bei lediglich 163 privaten Brauereien –, während in Niederbayern nur noch 13 und in Oberbayern gar keine mehr in Betrieb waren. Hingegen in der Oberpfalz nahm die Zahl der Hausbrauer sogar noch weiter zu, 1927 erzeugten sie zusammen 336 059 Hektoliter Bier. Das war allerdings der letzte Spitzenwert, denn sinkende Qualität, Mangelwirtschaft im Zweiten Weltkrieg und die anschließenden Wirtschaftswunderjahre ließen das Interesse am Hausbrauen bis 1960 fast völlig zum Erliegen kommen. Der Versuch, den Zoigl als geschützte geografische Angabe (g.g.A.) patentieren zu lassen, ist 2013 gescheitert, und zwar, weil dies das Aus des ebenfalls von örtlichen Privatbrauereien hergestellten »Zoiglbiers« bedeutet hätte. Denn der Patentschutz hätte unter anderem die Verpflichtung zur Verwendung eines Kühlschiffes, einer holz- oder kohlebefeuerten Pfanne und den ausschließlichen Ausschank direkt im Kommunbrauhaus beinhaltet. Stattdessen haben sich die Hausbrauer nun die Marke »Echter Zoigl vom Kommunbrauer« schützen lassen.

Bier – Kulturgut und Industrieprodukt

»Obwohl ich es genieße, hier zu sein, hoffe ich, dass es nie wieder nötig wird, ein solches Schiff zu bauen.« George Thompson, der als Master-at-Arms auf der »Menestheus« diente, legte den Stift beiseite. Ende 1945, vor gut einem Jahr, war er mit 270 weiteren Besatzungsmitgliedern auf das Erholungsschiff versetzt worden, hatte dessen Umbau überwacht und auf seiner Jungfernfahrt als einer der ersten britischen Soldaten nach der Kapitulation japanischen Boden betreten. »Es ist kaum vorstellbar, dass dieselben Japaner, die mit so viel Grausamkeit in China und Indochina gewütet hatten, hier so freundlich, sanft und höflich auf uns Besatzer zugehen«, hatte sein Tagebucheintrag nach dem Besuch im zerstörten Hiroshima und auf Miyajima gelautet. Anschließend hatten sie auf der zehnmonatigen Rückfahrt auch Station in Schanghai gemacht, wo viele befreite Internierte, vor allem Frauen und Kinder, auf das Schiff gekommen waren. Die Animateure konnten besonders den Jungen und Mädchen nach jahrelangem Leid wieder ein Lächeln auf die Lippen zaubern. In diesen Tagen hatte George fast jeden Abend mit einem der Clowns an der Bar der Schiffsbrauerei gesessen und darüber gesprochen, warum Menschen so grausam zueinander sein konnten, wenn sie doch genauso gut auch zusammen lachen konnten. Er hatte noch immer den aromatischen Geschmack des Bier auf seiner Zunge, als er langsam in den Schlaf glitt.

War es im Mittelalter beim Bier vor allem um die Ernährung und gelegentliche Entrückung gegangen, so wurden dem Gebräu in der Neuzeit zahlreiche weitere Eigenschaften attestiert. So entwickelte sich Bier beispielsweise zum Botschafter von Brauereien, Regionen und Herkunftsländern. Und es begleitete die Kolonialmächte, allen voran die Engländer, auf ihren Eroberungszügen durch die gesamte Welt. Die wegen ihrer Kriege verschuldeten Briten haben unter anderem versucht, ihre Staatskasse durch Zölle und Steuern auf Bier zu sanieren. Dabei bereiteten sie einerseits den Boden für die dagegen aufbegehrende Unabhängigkeitsbewegung in der Neuen Welt und sorgten andererseits dafür, dass die Brauer an Rohstoffen sparen mussten. Dadurch wurden die Biere weniger alkoholhaltig und deswegen anfälliger für den Befall durch schädliche

Die »Menestheus« auf See

Bakterien. Dies ebnete erst den haltbaren Hopfenbieren der Hanse die Bahn und dann den untergärig gebrauten, lagerfähigen Exportbieren aus Bayern und später ganz Deutschland. Schon bald nach dem Zweiten Weltkrieg waren die ehemals stolzen englischen Biere und ihre Brauereien nur noch eine Randerscheinung auf dem internationalen Markt.

Doch für eine Überraschung waren die Briten in Sachen Bier selbst in ihren letzten Tagen als Großmacht noch gut: Sie bauten die erste schwimmende Brauerei mit dem schönen Namen »Davy Jones Brewery«. 1944, als sich der Sieg auf dem europäischen Schlachtfeld abzuzeichnen begann, wollten die Engländer sich für die Auseinandersetzung gegen Japan auf dem pazifischen Kriegsschauplatz in Stellung bringen. Um die Soldaten bei Laune halten zu können, bestellte die Admiralität den Umbau von zwei Minenlegern in »Vergnügungsschiffe« – mit einer eingebauten Brauerei. Nur eines wurde vor Kriegsende fertig und in Dienst gestellt, die »Menestheus«. Dank der Hilfe von Stephen Clarke, dessen Brauerei in Southampton 1943 einen direkten Bombentreffer erhalten hatte, war es möglich, eine schwimmende Brauanlage zu bauen. Denn normale, offene Gärtanks hätten durch den Wellengang ihren Inhalt in kürzester Zeit verloren. Clarke jedoch, dessen Gärkeller durch die deutsche Luftwaffe zerstört worden war, hatte in der Notlage seine geschlossenen Lager- zu Gärtanks umgebaut, bei denen die während der Gärung entstehende Hefe durch ein Rohr in einen nebenstehenden Tank abgeleitet werden konnte. Damit gab es ein für den Einsatz auf See geeignetes System und der Einbau in das Schiff konnte beginnen.

Chefbrauer George Brown überwachte persönlich die Installation der 90-Hektoliter-Brauerei in die »Menestheus« und am 31. Dezember kochte der erste Sud aus destilliertem Meerwasser, Malzextrakt und Hopfenkonzentrat, dem am 8. Januar bereits der zweite folgte. Dank der Guinness-Hefe entstand ein »Mild Ale« mit 3,5% Alkohol, das bei der Mannschaft auf großen Anklang stieß. Pro Woche konnten auf der »Menestheus« 410 Hektoliter Bier gebraut werden, für das neben den Lagertanks noch 1500 23-Liter-Edelstahlfässer bereitstanden. Die Jungfernfahrt der »Menesthe-

us« sollte allerdings auch ihre letzte Reise sein. Dennoch leisteten gerade in Schanghai und Hongkong Animationscrew, Schiffstheater und -kino, Tanzsäle sowie das selbst gebraute Bier ganze Arbeit, um die befreiten Internierten und Kriegsgefangenen, aber auch die Besatzungen anderer Schiffe, für einen kurzen Moment den Krieg vergessen zu lassen. George Brown und sein Team schenkten jeden Tag über 18 Hektoliter Bier aus! Am Ende ihrer Reise wurde das Schiff im September 1946 ausgemustert und seinen früheren Besitzern, einer Reederei, zurückgegeben. Am 16. April 1953 fing es nach einer Explosion im Maschinenraum Feuer, die Besatzung wurde evakuiert – und wie durch ein Wunder überlebte auch die Schiffskatze die letzten Stunden der »Menestheus«.

Der neue Stern am Bierhimmel: Pils

»Wir müssen ein Exempel statuieren«, sagte František Černý bestimmt und befahl dem Lagerverwalter, dass er 36 Fässer Bier aus dem Ratskeller auf den Ringplatz vor das Rathaus bringen sollte. Gerade eben war die Abstimmung im Pilsner Magistrat mit einem selten einmütigen Beschluss zu Ende gegangen. František und die anderen Stadträte sahen keine Alternative zu dem radikalen Plan, den Bürgermeister Martin Kopecký vorgeschlagen hatte. Denn die Beschwerden häuften sich und mittlerweile wurde das Pilsner Bier zum Gespött der ganzen Gegend. »Wir sind bereit«, hörte František die Stimme des Verwalters und gab seinen Kollegen Bescheid, auf den Platz hinunterzugehen. Dort hatten sich mittlerweile Hunderte von Bürgern versammelt, die alle spekulierten, was mit den Bierfässern geschehen sollte. Die einen vermuteten, es gäbe Freibier, die anderen erwarteten eine Versteigerung übrig gebliebener Fässer. Doch so wirklich glücklich waren beide Gruppen nicht, denn das Pilsner Bier hatte den Charakter eines Glücksspiels – mindestens jedes zehnte Fass war sauer. Zwölf Mann der Stadtwache marschierten auf. Statt eines Gewehres trug jeder Milizionär eine Axt in der Hand. »Hebt an«, brüllte der Bürgermeister, »zerschlagt die Fässer!« Die Männer hieben auf die Bierfässer ein, es krachte und das Bier strömte auf den Platz. Gespannt sah František Černý in die Gesichter der wartenden Menge. Doch statt Wut oder Entsetzen hoben sie die Hände – und klatschten Beifall! »Schlimm, dass es so weit kommen musste«, dachte er bei sich, »hoffentlich bekommen wir jetzt bald das neue Brauhaus.«

Das heutige Tschechien, damals Teil des Vielvölkerstaates Österreich-Ungarn, hatte ideale Voraussetzungen für die Entwicklung einer hochrangigen Bierkultur. Die zweireihige Braugerste der Region gehört – damals wie heute – zur teuersten der Welt und nordwestlich von Pilsen, tschechisch Plzeň, wuchs der aromatischste Hopfen der damaligen Zeit. Über Jahrhunderte stand auf dessen Diebstahl oder die Ausfuhr von Setzlingen die Todesstrafe! Und auch die Kenntnis um das untergärige Brauen war aus Bayern bereits im ausgehenden 15. Jahrhundert in die böhmischen Lande gedrungen, hatte sich allerdings nicht durchsetzen können.

Die etwa 250 brauberechtigten Bürger Pilsens, dessen Einwohnerschaft sich zu 85% aus Tschechen und zu 15% aus Deutschen zusammensetzte, beobachteten durchaus den Erfolg, den die untergärigen Biere seit dem Beginn des 19. Jahrhunderts im bayerischen Nachbarland hatten. Aber ihr Hang zur Tradition und die schlichte Einrichtung ihrer Brauhäuser ließen sie – zusammen mit der Tatsache, dass sie ihr Bier mangels Konkurrenz zu guten Preisen verkaufen konnten – an der obergärigen Brauweise festhalten. Zudem hatte Pilsen seinen Namen wegen der ausgedehnten Bilsenkrautfelder, die nach der Stadtgründung im 13. Jahrhundert in der Umgebung bestellt wurden. Die mittelalterlichen Brauer mengten die berauschend wirkenden Samen getrocknet und zerstoßen dem Bier bei – mit angeblich aphrodisierender Wirkung.

In den 1830er-Jahren drängten dann aber untergärige Biere von Brauereien aus dem Umland mit über 20% günstigeren Preisen die lokalen Produkte vom Markt. Der Absatz ging zurück, das Bier wurde wegen der längeren Lagerzeiten sauer und musste immer wieder vernichtet werden. Das bedeutete einen immensen Einnahmenrückgang der bisher verwöhnten Pilsner Braubürger, die nach einer Entschädigung sowie einer Lösung des Problems verlangten. Sie trafen sich regelmäßig in der Taverne »U Zlatého Orla« (Zum Goldenen Adler), um die Situation zu diskutieren. Der Kneipenbesitzer Václav Mirwald, selbst Brauberechtigter, betonte dabei jedes Mal: »Am wichtigsten ist ein gutes und günstiges Bier. Dafür müssen wir Braubürger eine eigene Brauerei bauen und uns einen bayerischen Braumeister holen, der uns das Bier nach seiner Art siedet.«

Dieser Vorschlag setzte sich nach und nach durch und sie sandten eine Delegation, um die Angelegenheit mit dem kaiserlich-königlichen Bürgermeister, Martin Kopecký, zu besprechen. Kopecký, ein Mann des Fortschrittes, hatte Pilsen schon viele Jahre des Aufschwungs beschert und war ein geschätzter Ratgeber. Was die Billig-Importe betraf, sei er machtlos, er könne schließlich den Wirten nicht ihre Lieferanten vorschreiben. Die Idee einer neuen, eigenen Brauerei hingegen befürwortete er und versprach seine Unterstützung. So zogen die Braubürger los, um weitere wohlhabende Pilsner für die Finanzierung ihres Vorhabens zu gewinnen, wobei sie eine diesbezügliche Petition mit zwölf prominenten Bürgern als Unterzeichner vorlegten. Aber auch ihre Argumente für den Bau eines eigenen Brauhauses waren schlagkräftig:

- *Doppelter Gewinn pro Sud wegen geringerer Unkosten*
- *Keine Mieten mehr für Brauhäuser und Mälzereien*
- *Höhere Qualität des Malzes wegen besserer Kontrolle und moderner Arbeitsweise*
- *Beste Qualität des Bieres durch den qualifizierten Braumeister*
- *Keine Risiken durch Fremdvergabe des Brauens und Mälzens*
- *Ein zusätzlicher Markt außerhalb der Stadt durch den Umstieg auf untergäriges Bier*

Mit nur 100 000 Gulden benötigtem Kapital legten sie zudem einen realisierbaren Finanzplan vor, denn erst vor Kurzem hatte die Bürgerschaft 400 000 Gulden für den Bau der neuen Kasernen aufbringen müssen. Zudem versprach die Brauerei laufende Einkünfte, auch für künftige Generationen.

Das Ansinnen hatte Erfolg und 1839 begannen die Bauarbeiten für das Brauhaus des neuen »Pilsner Bürgerbräu«. Nach dessen Fertigstellung wurde 1842 der aus dem bayerischen Vilshofen stammende Braumeister Josef Groll engagiert. Auch dessen Assistent und der Büttner kamen aus dem benachbarten Königreich, ebenso wie alle Nachfolger Grolls bis 1900: Sebastian Baumgärtner (1845–1850), Jakub Blöchl (1850–1879) und Josef Binder (1879–1900). Groll hatte umfangreiche Erfahrung mit dem Brauen untergäriger Biere und wollte sein Können nun in Pilsen unter Beweis stellen. Einer Legende nach soll ein bayerischer Mönch zur selben Zeit einen Topf mit untergäriger Hefe in die Stadt geschmuggelt haben – wahrscheinlicher ist aber, dass diese über den Wiener Brauer Anton Dreher ihren Weg nach Pilsen fand oder einfach direkt in Bayern gekauft wurde.

Dessen Handwerkskunst in Kombination mit den qualitativ hochwertigen Rohstoffen und dem einzigartigen Wasser der Region bildete die Grundlage für den Erfolg des Groll'schen Bieres. Der erste gelungene Sud vom 5. Oktober 1842 wurde zur Martinimesse am 11. November desselben Jahres ausgeschenkt und erfreute sich lebhafter Nachfrage. Man beachte die kurze Lagerzeit von nur 37 Tagen, welche der Hälfte der in Bayern seinerzeit üblichen entsprach. Das extrem weiche Brauwasser ermöglichte die Herstellung eines untergärigen, hellen Bieres mit hoher Hopfengabe, das gut eingelagert werden konnte. Dennoch war das Ur-Pilsener kein so helles Bier, wie es heutzutage aus dem Zapfhahn kommt. Denn das in Pilsen damals noch verwendete Brauverfahren der dreifachen Dekoktion (Aufkochen) der Maische sorgte dafür, dass mehr Farbstoffe aus dem Malz gelöst wurden als bei den heute üblichen Methoden.

Die Pilsener waren begeistert von ihrem neuen Bier – ebenso wie die Gäste der Stadt und die ersten Kunden, die den Gerstensaft als Exportware kaufen konnten. Noch 1842 schenkte die erste Kneipe in Prag, »U Modré Štiky« (Zum blauen Hecht), das Pilsner Bürgerbräu aus. Groll siedete übrigens zwei verschiedene Biere, das klassische Lager mit zwölf Prozent und ein Leichtbier mit zehn Prozent Stammwürze, wobei das Leichtbier gut zwei Drittel der Gesamtproduktion ausmachte. Die betrug im ersten Jahr ca. 3500 Hektoliter und drei Jahre später schon knapp 6000 Hektoliter. 1856 hatte das Pilsner Bier die Hauptstadt Wien erreicht und nur drei Jahre später beantragten die böhmischen Bürger für »Pilsner Bier« den Markenschutz. 1870 siedeten die Pilsner bereits über 100 000 Hektoliter Bier auf einer Fläche von 36 Hektar und durchbrachen bereits vor 1900 die Schallmauer von einer halben Million Hektolitern Jahresausstoß. 1898 hatten sie sich zudem die neue Marke »Pilsner Urquell« schützen lassen. Nach der Jahrhundertwende gab es drei verschiedene

Das Bürgerliche Brauhaus von Pilsen, Ansichtskarte um 1900

Biere aus der böhmischen Stadt: eines für den Brauereiausschank mit einer Stammwürze von elf Prozent, das »normale« Bier mit zwölf Prozent und jenes für den Export nach Übersee mit 13 Prozent. Im Braujahr 1913/14 überschritt die Produktionsmenge sogar eine Million Hektoliter. Während Bürgerbräu eine mehrheitlich von tschechischen Bewohnern dominierte Unternehmung war, gründeten die deutschnational gesinnten Einwohner der Stadt 1869 die »Erste Pilsner Aktien-Brauerei«, die aggressiv das Deutschtum förderte und eine Marke namens »Kaiserquell« verkaufte. Ab 1919 firmierte sie als »Gambrinus« um und wurde 1932 von Pilsner Urquell übernommen.

Deren Expansion umfasste sogar einen eigenen Bahnanschluss, über den von Eis umhüllte Bierfässer ihre Reise nach ganz Europa antraten. So verbreitete sich der neue Bierstil schnell über den ganzen Kontinent. Anfangs vor allem dort, wo es ähnliche Wasserverhältnisse gab – im nordöstlichen Franken, Sachsen und Thüringen und schließlich an den Küstenstädten von Stralsund über Flensburg bis nach Bremen und Jever. Doch auch dort, wo es nicht hergestellt werden konnte, erfreute sich das Bier »Pilsener Brauart« als Importware größter Beliebtheit und inspirierte die Dortmunder Brauereien zu ihrem hellen (Export-)Bier und die Münchener Kollegen zum klassischen Hellen. Skandinavien und die Niederlande waren die nächsten Stationen, bis das Pilsener über deutsche Auswanderer schließlich auch die USA erreichte und dort das Ende der Vorherrschaft englischer Bierstile besiegelte.

Auf diesem Weg wurde das Pils allerdings immer heller, denn die Brauer gingen zur zweifachen oder gar einfachen Dekoktion über, was weniger Farbstoffe aus dem Malz löste. Zudem kamen norddeutsche Brauer auf die Idee, dem Bier mehr Hopfen und der Maische Spitzmalz hinzuzufügen. Letzteres ist nur minimal dem Vermälzungsprozess unterzogen, deswegen sehr hell und sorgt für einen besonders intensiven Schaum auf dem Bier. Außerhalb des Geltungsbereiches des Reinheitsgebotes setzte sich vielfach die Verwendung kostengünstiger Alternativen wie Reis und Mais für einen Teil des Malzes durch. Dadurch wurde das Bier nicht nur heller, sondern auch für ungeschulte Gaumen »runder«, da auch der Hopfenanteil immer weiter zurückging. Das sparte Kosten und war massenkompatibler. Am Ende dieser Entwicklung standen die »Near-Water«-Biere aus den USA, die nur noch eine leichte Färbung und ein wenig Süße aufwiesen. Doch mittlerweile hat die Craft-Beer-Revolution auch die untergärigen Bierstile erfasst und die meisten neuen US-Brauereien haben bereits ein Pilsener im Angebot, das den Vergleich mit dem böhmischen Original nicht zu scheuen braucht – was umso bemerkenswerter ist, da es wesentlich schwieriger ist, ein hochwertiges Pilsner oder Helles zu brauen als ein IPA oder Pale Ale. Pilsner Urquell gehört heute zur japanischen Asahi Group, agiert aber weitgehend eigenständig und hat vor Kurzem ein unfiltriertes Pils, das »Tankbier«, als Fassbier für ausgewählte Gastronomen auf den Markt gebracht.

Erlangen, München, Dortmund, Berlin: die großen Bierstädte und ihre Geschichte

»Herzlichen Glückwunsch zu dieser Auszeichnung!« Fritz Brinkhoff strahlte. Das war der Lohn der letzten 30 Jahre, in denen er aus einer kleinen Privatbrauerei einen großen, börsennotierten Konzern geformt hatte. Vor ihm stand Pierre Waldeck-Rousseau, Präsident des Ministerrates, und reichte ihm eine mit Samt ausgelegte Schachtel, in der die Medaille lag. In der anderen Hand hielt der Franzose die Urkunde, die bestätigte, dass Brinkhoffs »Dortmunder Helles« auf der Pariser Weltausstellung von 1900 die Goldmedaille gewonnen hatte. Freudestrahlend nahm er beides entgegen und wartete geduldig, bis der Fotograf seine Arbeit verrichtet hatte. Nach der Zeremonie konnte es ihm jedoch nicht schnell genug gehen. Flugs eilte er zum Palais für Transportwesen und Optik, das schon von Weitem zu erkennen war. Dahinter warteten Johann, Carl und Anton Sedlmayr auf ihn. Die drei Brüder hatten eigens eine kleine bayerische Brauerei auf dem Ausstellungsgelände eingerichtet und gehofft, den Erfolg ihres Vaters zu wiederholen, der 1867 eine Goldmedaille für sein »Tafelbier« erhalten hatte. Doch in diesem Jahr waren die Dortmunder an der Reihe und dies wollte er dem Münchner Dreigestirn von der Spaten-Brauerei nun unter die Nase reiben.

Nach der mittelalterlichen Hanse waren die Bierstädte Frankens und Bayerns die ersten, die im großen Stil den Handel mit Bier für sich entdeckten – allerdings erst im Zuge der untergärigen Revolution im 19. Jahrhundert. Das neue, kalt vergorene Bier war nämlich haltbar und damit lager- und exportfähig, womit eine entscheidende Voraussetzung für den Transport über Land gegeben war. Der Wegfall der Zollschranken und die Entwicklung einer modernen Transportinfrastruktur legten zudem die Grundlage für eine neue Blütezeit im Zeichen des Bieres.

Begonnen hat diese mit dem Ende der napoleonischen Kriege, als die Siegermächte auf dem Wiener Kongress 1814/15 die politische Landkarte Europas neu gestalteten. Einer der großen Gewinner war dabei das erst 1806 mit französischer Hilfe entstandene Königreich Bayern. König Maximilian I. hatte gerade noch rechtzeitig die Seiten gewechselt und durfte somit einen Großteil seines Staatsgebietes behalten. Lediglich auf Tirol musste er verzichten, erhielt dafür aber die Pfalz und das Gebiet um Würzburg und Aschaffenburg als Entschädigung.

Besonders für die fränkischen Brauer läutete dies eine neue Ära ein. Denn nun galt auch bei ihnen das bayerische Reinheitsgebot und neben dem bisher hauptsächlich obergärigen Bier setzte sich durch das Sommerbrauverbot endgültig die untergärige Brauweise aus dem Süden durch. Denn nur diese Biere konnten die Lagerzeit von der Zeit der letzten Sude im März über den Sommer bis zum September, in dem dann wieder gebraut werden durfte, überstehen. Insbesondere die in den Städten Bamberg, Erlangen, Nürnberg und Forchheim bereits vorhandenen ausgedehnten Kelleranlagen eigneten sich ideal zum Brauen des neuen Bieres.

Mit den Reformen des bayerischen »Superministers« Maximilian Graf von Montgelas entfielen zudem die Binnenzölle im Königreich, was dem erfolgreichen Bierhandel innerhalb Bayerns endgültig den Weg ebnete. Denn zuvor mussten die Brauer alleine zwischen Bamberg und Nürnberg fünfmal Zollgebühren entrichten, wodurch das jeweilige Importbier unverhältnismäßig teuer wurde. Und nach der Gründung des Deutschen Zollvereins entfielen ab 1834 auch die Zölle für bayerische Exporte in fast alle anderen deutschen Staaten. Zeitgleich begann die »Königlich privilegierte Ludwigs-Eisenbahn-Gesellschaft« mit der Planung der ersten deutschen Eisenbahnverbindung auf der verkehrsreichen Strecke zwischen Nürnberg und Fürth. Von einem Kanonenschuss begleitet ging am 7. Dezember 1835 die Dampflokomotive »Adler« auf ihre Jungfernfahrt – vorerst allerdings nur zum Personentransport. Doch schon im Juni des Folgejahres transportierte der Bierbrauer Christian Lederer aus Nürnberg das erste deutsche Eisenbahnfrachtgut – zwei Fässer Bier – zur Fürther Gaststätte »Zur Eisenbahn«. Parallel hatte König Ludwig I. auch den Bau des Ludwig-Donau-Main-Kanals forciert, der die Donau bei Kelheim und den Main in Bamberg verband. Damit verwirklichte er einen schon von Karl dem Großen teilweise umgesetzten Traum, die Nordsee über den Rhein, in den der Main mündet, mit der Donau und damit dem Schwarzen Meer zu verbinden. Dies war ein weiterer Meilenstein des günstigen Biertransports, denn allein die kleine Stadt Kitzingen am Main exportierte bereits um 1840 jährlich mehr als 10 000 Hektoliter Bier an Abnehmer außerhalb Bayerns, mehr als jede andere Stadt des Königreichs – und zwar über die Binnenschifffahrt.

Die Erlanger Brauereien deuteten den Erfolg der Kitzinger Kollegen richtig und beschlossen, ihr natürliches Kapital, den riesigen, von Kelleranlagen durchzogenen Burgberg, zu nutzen, da er ideale Voraussetzungen für die Herstellung von untergärigem Bier im großen Stil bot. Also modernisierten sie ihre Brauanlagen, kauften Dampfmaschinen und machten landesweit Werbung für ihr Bier. Ab 1850 stieg dessen Export auch rasant an: Waren es im Jahr 1853 noch 25 700 Hektoliter, sind es 1869 schon 84 100. Über die Eisenbahn lieferten die Franken ihr Bier vor allem nach Sachsen, aber auch nach Preußen, und verschifften es zudem in die USA und nach Frankreich, wo es vor allem die Pariser sehr schätzten, sowie nach Skandinavien. Für die Übersee-Exporte nutzte die Erlanger Brauerei Resenschreck die neue Methode der Pasteurisation und versandte das Bier nicht nur in Fässern, sondern auch in Flaschen.

Der Erfolg der Brauer kam der ganzen Stadt zugute. Alleine die Küfer (Fassmacher) lieferten zu Spitzenzeiten täglich bis zu 120 Fässer aus, die Gastronomie florierte und der Stadtsäckel war durch die Malzaufschläge der Brauereien gut gefüllt. Beispielsweise finanzierten die Biersteuern die Kanalisation und die Kasernen der Stadt. Die größten Erfolge verzeichneten die Erlanger Brauereien nach der Gründung des Deutschen Kaiserreiches 1871. Denn mit der Annexion Elsass-Lothringens war ein in Sachen Bier eher unerschlossenes Absatzgebiet dem Reich eingegliedert worden, das die Erlanger Brauer sofort für ihre Geschäfte entdeckten. Deren Export war mittlerweile auf über 100 000 Hektoliter pro Jahr zwischen 1871 und 1879 angestiegen. Die unterlegenen Franzosen mussten nach dem Krieg fünf Milliarden Goldfrancs an Reparationen leisten – dies entsprach

Der Fassmacher, Illustration aus dem Kinderbuch »Was willst du werden? Bilder aus dem Handwerkerleben«, um 1880

etwa einem Drittel des Bruttosozialproduktes des neu gegründeten Deutschen Reiches und bildete das Startkapital für dessen Aufstieg zur führenden Wirtschaftsmacht auf dem Kontinent und floss zu einem großen Teil auch in die Brauereiwirtschaft.

Die aufkommende Industrialisierung schwächte die Position der Erlanger Brauereien ab 1880, denn diese waren allesamt Familienunternehmen, die nicht das nötige Kapital aufbringen konnten, um mit den ständigen Neuerungen Schritt zu halten. Das Gegenmodell dazu bildeten die Aktiengesellschaften, die durch die Ausgabe neuer Wertpapiere jederzeit ihren Kapitalbedarf anpassen konnten. Als Erste hatten die Sachsen diese neue Unternehmensform für sich entdeckt und ab 1850 Aktienbrauereien gegründet. Schon 1865 stellten alleine die Brauereien um Dresden bereits über 250 000 Hektoliter Bier her – und deren Dividendenzahlungen stiegen auf sagenhafte 25%. Das sächsische Kapital fand auch seinen Weg nach Bayern und finanzierte 1872 die Gründung der »Ersten Kulmbacher Actien-Exportbier-Brauerei«, womit Erlangen als erfolgreichste bayerische Bierexportstadt entthront war – allerdings nur für kurze Zeit, denn nun trat die Landeshauptstadt auf den Plan.

Dort wagten nach der Reichsgründung auch die »Münchner Bierbarone« den entscheidenden Schritt in Richtung Export. In den Jahrzehnten zuvor waren die Hauptstadt-Brauer zwischen dem staatlich festgesetzten Bierpreis von sechs Pfennig pro Maß und steigenden Fixkosten sowie schwankenden Rohstoffpreisen eingezwängt gewesen. 1832 hatten einige Brauer um Gabriel Sedlmayr von der Spaten-Brauerei deshalb eine Reise nach Schottland unternommen, um die dortige Brauindustrie kennenzulernen – und dort Industriespionage zu betreiben: Mithilfe hohler Gehstöcke entnahmen sie heimlich Proben aus den britischen Sudpfannen. Moderne Mälzereien, Nutzung von Thermo- und Saccharometer sowie die Dampfkraft beeindruckten die Besuchergruppe nachhaltig und gaben ihnen wesentliche Inspirationen für die Entwicklung ihrer heimischen Betriebe. Die Stadt München deckte um 1850 gut 80% ihrer Steuereinnahmen mit dem »Bierpfennig«, einem lokalen Malzaufschlag, während die Brauereien auf keinen grünen Zweig kamen. Zudem unterboten sie sich regelmäßig bei den Verkaufspreisen, weshalb sich der Markt unter immer weniger Brauereien aufteilte. Die entstehenden Großbrauereien vergaben nun großzügig Kredite an Gastronomen, die sich ihrem Bier verpflichteten – eine »Schuldknechtschaft«, die deutschlandweit Schule machen und Kriege und Inflationen überdauern sollte. Noch heute sind in manchen Städten bis zu 90% der örtlichen Gastronomien fest an bestimmte Brauereien gebunden. Dies führte trotz des bis 1865 durch die staatliche »Biertaxe« festgeschriebenen Bierpreises dazu, dass die übrig gebliebenen Brauer immer reicher wurden. 1860 waren 13 von ihnen unter den 20 reichsten Münchener Bürgern zu finden. Dies und der Bau repräsentativer Paläste brachten ihnen den eingangs erwähnten Spitznamen »Bierbarone« ein. Von den 980 000 Hektolitern, die die Münchener Brauereien

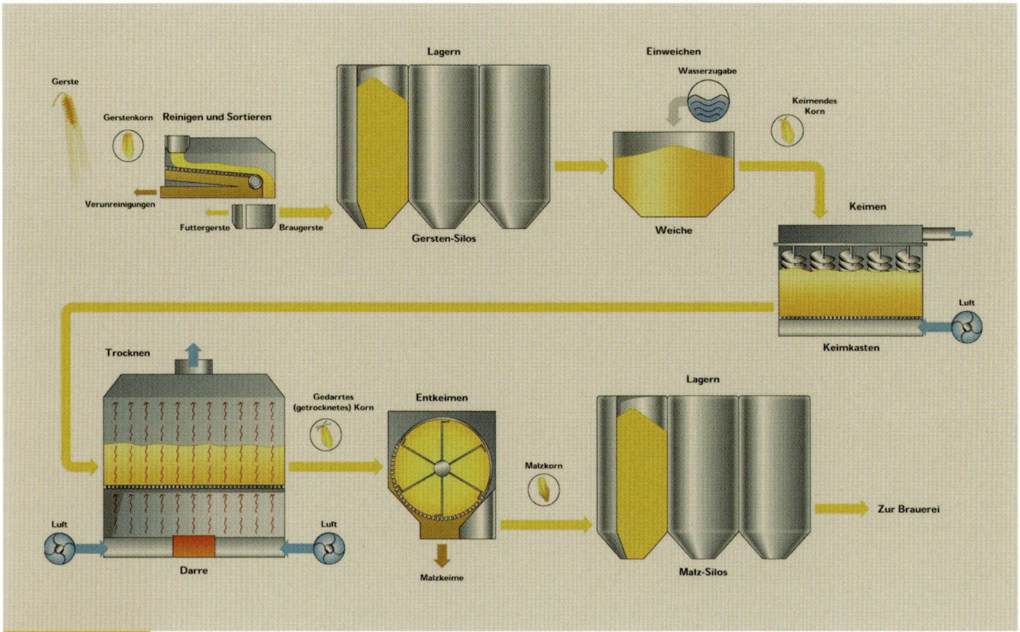

Darstellung der Produktionsabläufe in einer industriellen Mälzerei

im Reichsgründungsjahr herstellten, entfielen über 75% auf die sechs größten Betriebe: Spatenbräu (257 738 hl), Löwenbräu (210 850 hl), Franziskaner-Leistbräu (111 273 hl), Hackerbräu (91 196 hl), Pschorrbräu (79 752 hl) und Brauerei zum Zacherl (55 298 hl). Mit der schon thematisierten Erfindung der Kältemaschine durch Carl von Linde konnten die Münchener Brauer ab 1876 ihre Produktion schließlich deutlich erhöhen und im nationalen Geschäft entsprechend durchstarten. Um 1890 exportierten sie bereits über 1,1 Millionen Hektoliter Bier an außerbayerische Kunden, doppelt so viel wie ihre Kulmbacher Kollegen.

Nachdem die Aktienbrauereien in Bayern so großen Erfolg hatten und sowohl Kapital wie auch Technologie (Kältemaschine) verfügbar waren, folgte eine Gründungswelle von Brauereien insbesondere in Berlin und im Ruhrgebiet, die Bier »nach bairischer Art«, also untergärig herstellten. Die Reichshauptstadt als politisches und finanzielles Zentrum erlebte vor allem den Aufstieg der Schultheiss-Brauerei, die 1842 gegründet und 1871 in eine Aktiengesellschaft umgewandelt wurde. Die Brauerei überschritt 1904 den Produktionsausstoß von einer Million Hektolitern, beschäftigte 2000 Arbeiter und Angestellte und nannte 537 Pferde, 533 Wagen und 65 Eisenbahn-Transportwaggons ihr Eigen. Damit zählte sie zu den 300 größten Firmen des Reiches und konnte ihren Aktionären eine Dividende von über 14% auszahlen.

In der preußischen Rheinprovinz und Westfalen schlug hingegen mit dem Ruhrgebiet in seinem Zentrum das industrielle Herz des Landes. Dort legte der Durst der Arbeiterschaft kräftig zu und lag um 1900 bei gut

100 Litern Bier pro Kopf und Jahr. In Bayern waren es zwar stolze 290 Liter, aber der anhaltende Bevölkerungszuwachs an der Ruhr machte die Pro-Kopf-Differenz locker wett. Im westfälischen Dortmund braute Heinrich Wenker in der väterlichen Traditionsbrauerei »Krone am Markt« 1843 das erste untergärige Bier, das anfangs als »niggemod'sches Herrenpier« (neumodisch) verschrien war. Wenker hatte in München und Wien die Brauerausbildung absolviert und in seiner Heimatstadt anschließend mit den dort verfügbaren Rohstoffen einen neuen Bierstil etabliert. In den 1860er-Jahren gab es bereits neun »Bairische Bierbrauereien« in der Stadt, für die der überseeische Exportmarkt ein wichtiges Standbein wurde. Aufgrund der dadurch bedingten längeren Transportwege brauten die Brauereien ihr Bier kräftiger ein – das »Dortmunder Exportbier« war geboren und erhielt in den 1870er-Jahren seine heutige helle Färbung. Zu den ab 1871 in der Stadt gegründeten Aktienbrauereien gehörte auch die Dortmunder Union-Brauerei, die 1887 das Dortmunder Export in ihr Programm aufnahm und damit weltweiten Erfolg verzeichnen konnte. Kurz vor dem Ersten Weltkrieg produzierte Dortmund mit seinen 19 Brauereien deutschlandweit das meiste Bier.

Die deutsche Brauwirtschaft entwickelte sich nach der Reichsgründung in kürzester Zeit zum bedeutendsten Bereich der Ernährungsindustrie und hatte 1906 daran einen Anteil von über 60%. In derselben Zeit setzte sich auch endgültig das untergärige Brauverfahren durch. Lagen 1870 ober- und untergärige Biere noch in etwa gleichauf, verließen 1912 zu über 90% untergärige Biere die deutschen Brauereien. Die Menge an verkaufsfertig produziertem Bier stieg von 30 auf über 70 Millionen Hektoliter an und das Deutsche Reich steigerte seine Steuereinnahmen aus der Bierwirtschaft von 40 auf 232 Millionen Mark, mehr als 3% seines Bruttosozialproduktes.

Das »Dortmunder U«, der Hauptturm des 1926/27 als »Gär- und Lagerkeller« der Dortmunder Union-Brauerei errichteten Hochhauses

Die zweite amerikanische Revolution – Brauen wird deutsch

»The brewery, brewing, the malt, the vats, everything that is done by brewers.« Als die Worte des Dichters Walt Whitman verklungen waren, hatte Emma Amelia Tränen in den Augen und den Duft der Tausenden von Lilien in der Nase, die in allen Räumen des Hauses standen. Sie hatte ihren Vater noch gewarnt, als der 70-Jährige nach einem Arbeitstag »noch schnell« Unterlagen aus dem Büro holen wollte. Ein Schwindelanfall hatte ihn bei der Rückkehr in das Wohnhaus niedergestreckt und er war die ganze lange Eingangstreppe heruntergestürzt. Nur kurze Zeit später war er seinen Verletzungen erlegen und nun musste Emma mit ihrer Mutter Elizabeth und ihren Geschwistern durch diese schweren Stunden der Beerdigung. Die Häuser und Straßen der Umgebung trugen Trauerflor, überall standen Freunde, Bekannte, Nachbarn und die gesamte Belegschaft der Yuengling-Brauerei. Nach der kleinen Trauerfeier im Haus hoben acht Träger die silbernen Griffe des Nussbaumsarges an und trugen ihn zum Leichenwagen. Eine lange Prozession mit über 50 Kutschen, darunter auch viele von anderen Brauereien in und um Pottsville, machte sich auf den Weg zum Friedhof. Dort angekommen, musste Emma noch einige Reden über sich ergehen lassen, bis sie schließlich ihre Rose auf den ins Grab abgesenkten Sarg werfen konnte. Sie schaute stumm in die feuchten Augen der Arbeiter aus der Brauerei, die sich schließlich umdrehten und zurück zu ihrem Arbeitsplatz gingen, wo der Arbeitstag ganz im Sinne ihres Vaters weitergehen musste.

Die schlechten Lebensbedingungen auf dem Gebiet des heutigen Deutschlands im 17. Jahrhundert – ständige Kriege, Hungersnöte und Ausbeutung, um nur einige zu nennen – ließen vielen Deutschen die Auswanderung nach Amerika als letzten Ausweg erscheinen. Die erste größere Gruppe – 33 verfolgte Mennoniten aus Krefeld – kam 1683 in Pennsylvania an und gründete dort in Sichtweite von Philadelphia das »Deitscheschteddel«, Germantown, das 1854 von Philadelphia eingemeindet wurde. 1688 verfassten die Bürger Germantowns übrigens den ersten schriftlichen Protest und begründeten damit den Widerstand gegen die Sklaverei in Nordamerika. Weitere Auswanderungswellen folgten und waren in den

Augen der englischen Krone auch sehr nützlich, um das menschenleere Land in Besitz zu nehmen und zu kultivieren. Die professionelle Organisation über Auswanderervereine und die Verkürzung der Überfahrt von zwei Monaten auf wenige Tage durch moderne Dampfschiffe ließen die deutschen Emigrantenzahlen gerade in den nachfolgenden Jahrhunderten in die Millionen steigen. Erst um 1900 hatten sich die Verhältnisse in Deutschland derart stabilisiert, dass die Auswanderung deutlich zurückging. Im Ersten Weltkrieg schließlich mussten die deutschstämmigen Amerikaner Flagge zeigen und benannten sich häufig um – aus Schmidt wurde »Smith«, aus Kreissler »Chrysler«, aus Müller »Miller« usw.

Die Amerikaner waren erstaunt, wie gut sich die Neuankömmlinge in die Gesellschaft einfügten: »Es ist bemerkenswert, dass die Deutschen in Pennsylvania in hohem Maße alle Tugenden behalten haben, die ihnen Tacitus einst zugeschrieben hat: Integrität, Treue und Keuschheit. Ihre schlechten Eigenschaften hat ihnen das Christentum jedoch genommen: Hang zu Trunkenheit und Müßiggang sowie Verehrung militärischen Ruhms«, schrieb 1785 Benjamin Rush, einer der Unterzeichner der Unabhängigkeitserklärung, und gab den Rat: »Sie sind die einzigen Säulen, die die gegenwärtige Verfassung der Vereinigten Staaten unterstützen können.« Auch wenn die deutschen Einwanderer offenbar nicht mehr der Trunkenheit anhingen, so hatten sie dennoch ihr Wissen um die heimatliche Bierherstellung im Gepäck – und nicht nur das. Neben der fortschrittlichen Technologie war es vor allem die mitgebrachte untergärige Hefe, die einen Wendepunkt in der amerikanischen Biergeschichte einläuten sollte. Sie ermöglichte das Brauen von »Lagerbier«, wie das untergärige Bier in den USA genannt wurde, entweder in der Tradition der bayerischen Biere, z.B. Erlanger und Münchner Bier, oder nach Pilsner Brauart.

Abschied der Auswanderer, Gemälde von Antonie Volkmar, 1860

Welche deutsche Brauerei das erste Lagerbier in den Vereinigten Staaten siedete, ist in der Literatur umstritten. Einer umstrittenen Quelle zufolge sei dies 1840 die Brauerei von John Wagner in Philadelphia gewesen, doch hier fehlten schlicht die Räumlichkeiten für die kalte Vergärung. Umstritten ist diese Quelle auch deshalb, weil sie auf einen anderen Brauer zurückgeht, der sich selbst als in der Tradition Wagners stehend rühmte. Als nächster Kandidat taucht Adam Lemp auf, der 1840 seine obergärige Ale-Brauerei in St. Louis eröffnet hatte und zwei Jahre später angeblich auch Lagerbiere siedete. Die dritte Möglichkeit ist schließlich Frederick Lauer, der 1822 aus Bayern nach Baltimore gekommen war und sich 1826 in Reading, Pennsylvania, mit einer kleinen Brauerei selbstständig machte, die nachweislich 1844 auf Lagerbier umstellte. Lauer wurde am 12. November 1862 bei der Gründungsversammlung zum ersten Präsidenten der United States Brewers Association gewählt. Die deutschen Einwanderer gründeten um 1840 zahlreiche neue Lagerbierbrauereien und auch viele bestehende Brauer stellten von ober- auf untergärige Herstellung um. In einem zeitgenössischen Bericht heißt es: »In Cincinnati allein gibt es gegen 12 000 Deutsche. Die Ausfuhrartikel sind Mastvieh, Whisky, Bier, Porter, Seife, Butter, Käse, Hanf- und Flachsgarn. Überall finden sich Pulvermühlen, Brauereien, Brennereien und Wollenmanufakturen.« Gerade die »Queen City«, Königin des Westens genannte Stadt, entwickelte sich zu einem Zentrum der deutschen Einwanderer. 1880 waren von 255 000 Einwohnern Cincinnatis fast die Hälfte Deutschamerikaner der ersten und zweiten Generation. Die saßen dann besonders gerne am Aussichtspunkt des Stadtteils »Über'm Rhein« und ließen es sich bei einem Glas frischen Cincinnati-Bieres gut gehen. Der Auswanderungs-Katechismus von 1852 berichtet: »Es entstehen in neuerer Zeit in den größern Städten der Ostküste immer mehr deutsche Brauereien, und ihre Gründer machen gute Geschäfte. Am berühmtesten ist jetzt das Bier Philadelphia's, das in der ganzen Union getrunken wird. Brauergehülfen bekommen in deutschen Brauereien bei freier Kost und Wohnung wöchentlich etwa 1½ Dollar.« Als einzige Landsmannschaft verweigerten sich die irischstämmigen Amerikaner dem neuen Bier. Mark Twain berichtet von einem Gespräch mit einem Iren, der über seine Landsleute sagte: »They don't drink it, Sir, the can't drink it, Sir. Give an Irishman lager for a month, and he's a dead man.«

Die Zahl der Brauereien in den USA stieg von 132 im Jahr 1810 auf 421 um 1850 und 1269 ein knappes Jahrzehnt später, davon etwa die Hälfte im deutsch geprägten Pennsylvania. Schon 1860 machte Lagerbier mit mehr als einer Million Hektoliter ein knappes Viertel der gesamten US-Bierproduktion aus. Noch 1810 hatten alle US-Brauereien zusammen gerade einmal 220 000 Hektoliter Bier gebraut. Zu den bekannten Namen deutscher Brauereigründer zählen beispielsweise Anheuser-Busch, Heilemann, Miller, Pabst, Schaefer, Schlitz, Stroh, Trommer, Weinhard und Yuengling. Aus der Brauerei Anheuser-Busch entwickelte sich die heute größte Brauereigruppe der Welt. Der Konzern Anheuser-Busch InBev (AB-InBev) beschäftigt heute mehr als 200 000 Mitarbeiter und ist mit über 500 Marken in 140 Ländern der Erde vertreten. 2016 stellten seine Brauereien zusammen 434 Millionen Hektoliter Bier her, was in etwa einem Drittel der globalen Produktion entspricht. Die Anfänge dieses Giganten liegen weit über 100 Jahre zurück, als der deutsche Einwanderer Georg Schneider 1852 in St. Louis seine »Bayerische Brauerei mit Felsenkeller« eröffnete. Da dem Unternehmen wenig Erfolg beschieden war, musste er bereits vier Jahre später seine Pforten wieder schließen. Nach einigen Jahren ständigen Besitzerwechsels übernahm einer seiner Gläubiger, der Braumeister Eberhard Anheuser, schließlich mit einem stillen Teilhaber, William D'Oench, einem örtlichen Apotheker, das Unternehmen. Anheusers Tochter Lilly machte die Bekanntschaft mit dem aus Kastel stammenden Kaufmann Adolphus Busch, verliebte sich und so stellte ihr Vater 1861 seinen Schwiegersohn als Verkäufer ein.

Werbeanzeige der Anheuser-Busch Brewing Co. für »Budweiser«, 1892

Im selben Jahr begann der Amerikanische Bürgerkrieg, den Eberhard Anheuser und Adolphus Busch als Freiwillige der Unionstruppen erlebten und unbeschadet überstanden. 1869 übernahm Adolphus Busch die Anteile von William D'Oench und wurde Geschäftsführer. Er entwickelte viel Geschick bei der Geschäftsführung, vor allem bei Innovationen: Die Brauerei nutzte als erste in Amerika die Pasteurisation, die künstliche Kühlung sowie gekühlte Eisenbahnwaggons. Mit dem Neubau des Brauhauses firmierte die Firma 1879 in »Anheuser-Busch Brewing Association« um. Im Folgejahr verstarb Eberhard Anheuser, Adolphus Busch wurde Alleininhaber und Präsident der Brauerei und schrieb die Erfolgsgeschichte der Brauerei weiter fort: 1875 stellte sie knapp 40 000 Hektoliter Bier her, 1879 bereits fast 170 000 und 1881 gar über 240 000.

Der wohl größte Geniestreich gelang Adolphus Busch, als er nach einer ausgedehnten Europareise 1876 ein neues Bier namens »Budweiser« auf dem nordamerikanischen Markt einführte. Im böhmischen Budweis hatte er das seiner Meinung nach beste und bei den Einheimischen beliebteste Bier nach Pilsner Brauart getrunken und wollte dies nun auch seinen Kunden anbieten. Die Logistik seiner Brauerei machte es möglich, das als »Premium Bier« angepriesene Getränk landesweit in Flaschen anzubieten. Ab der Jahrhundertwende wurde es zu einem landesweit bekannten Fabrikat, das heute ca. 25% Marktanteil in den USA hat und auch global sehr präsent ist. Mit der Einführung des Bieres rief Adolphus Busch allerdings zwei Brauereien aus Budweis auf den Plan: die »Budějovický Budvar« der tschechischen Bewohner der Stadt und die »Budweiser Bürgerbräu« der deutschen Bevölkerung. Beide exportierten seit ca. 1900 ihr Bier unter demselben Namen in die USA und so kam es zu einem der ersten Markenrechtsstreite der Geschichte. Innerhalb der USA konnte sich Anheuser-Busch durchsetzen, wohingegen die tschechischen Brauereien anfangs die Rechte für den europäischen Markt gewannen. Auseinandersetzungen vor Gerichten rund um den Globus folgten. Einen wichtigen Schritt machten die Amerikaner allerdings 2012, als es ihnen gelang, die Markenrechte der alten Budweiser Bürgerbräu zu kaufen. Deren Rechte waren nach dem Ende des Kommunismus wiederhergestellt worden und datierten weit früher (1802) als die der »Budějovický Budvar« (1895). Seitdem kann sich Anheuser-Busch nominell auf die »älteren Rechte« berufen. Ein Ende des mehr als 100 Jahre andauernden Konfliktes ist jedoch nicht abzusehen.

Mit dem Erfolg der untergärig arbeitenden Brauereien der deutschen Einwanderer begannen die zuvor den Markt beherrschenden alten Ale-Brauereien zu verschwinden. War 1873 noch der Spitzenwert von 4131 Brauereien in den USA zu verzeichnen, produzierten um 1910 nur noch etwa 1500 Betriebe. Spätestens ab 1900 dominierten dabei die Lagerbierbrauereien den amerikanischen Markt, während es noch fast ein Jahrhundert dauern sollte, bis die englischen Bierstile mit der Craft-Bier-Bewegung die Gelegenheit zu einer Renaissance erhielten. Zum Abschluss soll noch ein Blick auf die eingangs erwähnte deutschstämmige Brauerei »D.G. Yuengling & Son«, heute die älteste noch bestehende Brauerei der USA, geworfen werden. David Gottlieb Jüngling stammte aus Aldingen südlich von Stuttgart und lernte in seiner Heimat die Kunst des Bierbrauens, wo es jedoch wirtschaftlich keine gute Aussicht gab, weswegen er beschloss, 1828 in die USA zu emigrieren. 1829 eröffnete er in Pottsville, Pennsylvania, seine »Eagle«-Brauerei und versorgte die Kohlearbeiter mit frischem Bier. Als die untergärige Hefe die USA erreichte, ließ Jüngling tiefe Stollen in den Felsen hinter seiner Brauerei treiben und hatte damit ideale Voraussetzungen für den Umstieg. Und so waren es »Lager Bier Wagons« von Yuengling, welche die Soldaten der Unionstruppen während des Bürgerkrieges mit ihrem Bier versorgten. Das machte sowohl Marke als auch Bierstil sehr bekannt und bildete einen weiteren Baustein zu ihrem Erfolg.

Glas, Krug oder Flasche?

Die Axt war auf etwas Hartes gestoßen. Eigentlich konnte das gar nicht sein. Joshua Wagner holte noch einmal zu einem großen Hieb aus. Es klirrte und Splitter flogen durch die Luft. Instinktiv hatte er die Augen zugekniffen und spähte nun in das Loch, das er in die Straße geschlagen hatte. An dessen Boden entdeckte er Glas, genauer gesagt, den Boden einer Flasche, jetzt allerdings zertrümmert. Seltsam. Seine Kollegen und er waren angeheuert worden, um eine Grube für die neue Gasleitung von Phoenix auszuheben. Nach der Eröffnung des Salt-River-Damms, der Strom und Elektrizität brachte, sollte nun auch Gas in die künftige Hauptstadt Arizonas transportiert werden. Joshua rief seine Kollegen und gemeinsam vergrößerten sie sorgfältig die Aushebung. Flaschenboden um Flaschenboden kam zum Vorschein, fast alle unversehrt, waren sie allesamt fein säuberlich mit dem Kopf nach unten in die Erde gesteckt worden. Martin war es schließlich, der eine herauszog. Verwirrt riefen sie nach dem Vorarbeiter, der in Phoenix geboren war. Anfängliche Ratlosigkeit wich schließlich der aufkeimenden Erinnerung. »Jetzt weiß ich es«, sagte er, »als ich 15 war, haben wir hier einen Weg entlang der ersten Straße angelegt – aus Bierflaschen. Leute aus der ganzen Stadt haben ihr Leergut gebracht und es war eine richtige Attraktion. Aber schon nach kurzer Zeit haben wir den Weg mit Erde bedeckt, weil er zu uneben geworden und gut ein Viertel der Flaschen zerbrochen war.«

Woraus tranken die Menschen ihr Bier? Diese Frage lässt sich natürlich nicht pauschal beantworten. Am Anfang stand sicherlich das Tongefäß, doch Archäologen fanden schon in Ägypten glasartiges Material aus der Zeit um 5000 v.Chr. Beides entwickelte sich weiter und während die verhältnismäßig günstige Keramik zum Alltagsgegenstand wurde, blieb das edle Glas den Wohlhabenderen und Adligen vorbehalten. Es lohnt sich durchaus, die Geschichte des Glases noch ein wenig zu verfolgen: Um die Zeitenwende erfanden Handwerker auf dem Gebiet des heutigen Syriens die Glasmacherpfeife und konnten so mit Holzformen individuelle Gefäße herstellen. Über die Handelswege des Römischen Reiches verbreiteten sich so das Glas und dessen Herstellungskunst in ganz Europa. Mit dem Untergang des Weströmischen Reiches zum Ende des 5. Jahrhunderts geriet das Wissen um diesen Werkstoff größtenteils in Vergessenheit.

Passglas mit Nuppen, 1. Hälfte 16. Jahrhundert

Im Frankenreich konnten sich dennoch die Glashütten in den römischen Zentren Belgiens, Frankreichs und des Rheinlandes, nicht zuletzt wegen des feinen, sauberen Rheinsandes, halten und einfache Trinkbecher und Flaschen aus einer grünlichen Glasmasse herstellen. Die Kirchen begannen um 800 als Großkunden die Glasherstellung unter ihre Kontrolle zu bringen und ließen vor allem Messgefäße und Kirchenfenster herstellen. Getrunken wurde zu dieser Zeit in erster Linie aus Steinkrügen und Lederbeuteln. Erst in der Blütezeit Venedigs wurde Glas wieder für derart profane Zwecke verfügbar. Die Lagunenstadt hütete ihre Glasmacherkunst und verbot bei Todesstrafe die Abwanderung der Handwerker. Um sie besser kontrollieren zu können, verlegten die Venezianer um 1290 alle Glashütten auf die Insel Murano und in der Mitte des 15. Jahrhunderts entstand dort auch das erste wirklich klare Glas, das Cristallo. Die Glasmacher nördlich der Alpen schafften es dennoch, die venezianische Kunst zu kopieren und »Glas à la façon de Venise« herzustellen. Im Rheinland erfreuten sich verzierte Schmuckhumpen im 17. Jahrhundert großer Beliebtheit. Eine Variante war das mit Ringen verzierte »Passglas«. Die Zecher ließen es mit Bier gefüllt reihum gehen und jeder Schluck sollte die Höhe eines Ringes durchmessen. Trank man zu viel, galt man als maßlos, trank man dagegen weniger, beleidigte man den Gastgeber. So ähnlich lief auch die Bierversorgung in den Haushalten. Bedienstete – in einfacheren Verhältnissen das kräftigste Kind – wurden mit einem großen hölzernen Krug oder einer Kanne, meist mit einem Fassungsvermögen von ca. drei Litern, zur nächsten Brauerei geschickt, um frisches Bier zu holen. Als Dank für den Transport winkte die Möglichkeit, auf dem Weg ordentlich am Krug zu nippen, denn schließlich konnte die Füllmenge ja nicht kontrolliert werden. Zu Hause angekommen, ließen die Familienmitglieder den Krug so lange kreisen, bis er ausgetrunken war, danach begann das Spiel von Neuem.

Bei den Biertrinkern erfreute sich seit dem Ende des Mittelalters allerdings noch ein anderes Gefäß großer Beliebtheit. Ab dem 14. Jahrhundert war das Zinngießen in Mode gekommen und etablierte einen Krug aus eben diesem Material. Der hatte in vielen Fällen bereits einen kleinen Maßzapfen an der Innenseite, um eine geeichte Füllmenge anzugeben. Mit der Entwicklung von modernem Steingut stand ab 1825 eine preisgünstige, gut aussehende und leicht zu reinigende Alternative zur Verfügung. Vom Zinnkrug blieb lediglich der Deckel als typologisches Rudiment erhalten. Dieser ist auch der Ursprung der Redewendung »eingeschnappt sein«. Wenn jemand beleidigt war, wollte er nicht mehr weitertrinken und ließ seinen Krugdeckel zuschnappen.

Die größte Verbreitung fand der Krug in Bayern, wo er auch als »Maß« – synonymisch für einen Liter Bier – bezeichnet wird. Im »Bayerischen Wörterbuch« des Sprachforschers Johann Andreas Schmeller heißt es um 1830: »Auf einen Sitz zwei, drei Maß zu trinken ist etwas Gewöhnliches, vier, fünf, sechs nichts Außergewöhnliches. Es gibt Leute, die tagtäglich ihre 10, ja 20 Maßln zu Leibe nehmen.« Die bayerische Maß fasste zu dieser Zeit ordentliche 1,069 Liter, als kleinere Einheiten hatten sich noch die »Halbe«, also eine halbe Maß, und das »Quartl« oder »Seidel« mit etwa einem Viertelliter Inhalt etabliert. Das Seidel geht auf das lateinische Wort »situla« für Eimer zurück. Heute gibt es das Seidel noch in Österreich, wo es 0,3 Litern Bier entspricht, und in Franken als »Seidla«, wo man einen halben Liter eingeschenkt bekommt. Die günstigste Krug-Variante war der »Keferloher«, ein schmuck- und deckelloser Tonkrug mit einfacher Textglasur, der als Wegwerf-Artikel beim Pferdemarkt im Münchener Vorort Keferloh im obligatorischen Bierausschank Verwendung fand. Das internationale Chaos der Maßeinheiten wurde Ende des 19. Jahrhunderts geordnet, als sich der Liter als Bemessungsgrundlage durchsetzte. Lediglich in den Pubs Großbritanniens und Irlands hat sich das Pint erhalten, das 0,568 Litern entspricht, das ebenfalls angebotene Halfpint dürfte sich von selbst erklären. Ein echtes Trink-Wagnis stellt das englische Yard-Glas dar, das ein Yard (91,44 cm) hoch ist, zwei Pints fasst und aus einer trichterförmigen Röhre besteht, die am unteren Ende in eine große Kugel mündet. Ungeübte erhalten hier schnell eine unfreiwillige Bierdusche. Australien führte zum Millennium das metrische System ein,

Die von Michael J. Owens entwickelte zehnarmige Flaschenblasmaschine, 1912

Historische Zwei-Liter-Bierflasche mit Bügelverschluss

weswegen dort von einem »metric« Pint die Rede ist, das einen halben Liter fasst. In den USA waren früher ebenfalls Pints üblich, die 0,473 Litern entsprachen. Hier hat sich nur das »Ladies' Pint« erhalten, ein US-Halfpint, das aber vor allem auf den britischen Inseln ausgeschenkt wird.

Die Kunst des Glasmachens erreichte 1607 auch die Neue Welt, als in Jamestown, Virginia, die erste Glashütte Amerikas ihre Pforten öffnete. Erfahrene Glasbläser fertigten in der Stunde etwa 40 Halbliterflaschen. Verbesserungen in Europa und den USA sorgten für immer preiswerteres Glas, bis der Glasbläser Michael Joseph Owens 1903 in New Jersey die erste automatische Flaschenblasmaschine in Betrieb nahm. Das Gerät war einer der ersten Vollautomaten und konnte pro Minute neun Flaschen herstellen, also etwa 15 000 am Tag. Die »Owens Bottle Machine Co.« mit ihren drei Millionen Dollar Stammkapital revolutionierte die Glasindustrie und verkaufte das Patent 1907 für zwölf Millionen Mark an den Europäischen Verband der Flaschenfabriken. Nur ein Jahr später wurde in Düsseldorf bereits der Startschuss für die vollautomatische Flaschenherstellung gegeben. Damit war die Industrialisierung auch bei den Glasherstellern angekommen und hatte zudem einen bedeutenden Nebeneffekt: In der Gastronomie setzten sich die Biergläser durch – und viele Gäste konnten zum ersten Mal sehen, was sie da eigentlich tranken. War das Aussehen des Bieres im Stein- oder Zinnkrug noch relativ egal, machte es nun für viele einen deutlichen Unterschied, ob ein trübes Braunbier oder ein leuchtend strahlendes Helles im Glas lockte. Dieser Effekt trug wesentlich zum Erfolg des Pils und später auch des Champagner- oder Kristallweizens bei. Filtrierte Biere wurden als qualitativ hochwertiger empfunden und erst seit den 1990er-Jahren ist – im Kielwasser des Trends zu »natürlichen« Produkten – das unfiltrierte Bier wieder auf dem Vormarsch.

Aus einer Enzyklopädie von 1775 ist überliefert, dass Flaschen einen zylindrischen Körper, grüne Farbe und ein Fassungsvermögen von 0,25 bis 0,7 Litern hatten. Ab 1785 durften die Münchener Brauereien Bier »in Flaschen und Poutollien« einen Pfennig teurer verkaufen als im offenen Ausschank und ab 1810 verkauften die lokalen Bierkeller unter anderem auch Flaschenbier. Ebenfalls in Flaschen erreichte das Stettiner Doppelbier zehn Jahre später den Berliner Markt und um die Mitte des 19. Jahrhunderts wurde es üblich, dass Bierfuhrleute auf ihrer Tour den Gerstensaft in Flaschen abfüllten und direkt an die Haushalte verkauften. Die großen Münchener Brauereien setzten um 1860 schließlich auf genormte Ein-Liter-Glasflaschen, anfangs mit Sektkorkenverschluss, Porzellanpfropf mit Zinngewinde oder Hartgummideckel. 1875 patentierte der Berliner Carl Dietrich den Bügelverschluss und Porzellankopf und bereits fünf Jahre später fertigten die Glasbläser die Flaschen mit den passenden Löchern. Trotz erster Experimente ab 1872 konnten sich die Drehverschlüsse in Deutschland nicht durchsetzen, während die Briten großen Gefallen an einem System mit einem Gummistöpsel fanden, der in ein im Glas integriertes Innengewinde gedreht wurde.

1880 hatte das Deutsche Reich Großbritannien als größte Bier-Exportnation der Welt abgelöst, wobei im Inlandsmarkt der Fassverkauf dominierte. Gleichzeitig stieg der deutsche Bierkonsum von 14,5 Millionen Hektolitern im Jahr 1850 auf 66,6 Millionen Hektoliter zur Jahrhundertwende. Die Popularität der Bierflasche nahm dabei deutlich zu und wurde durch die Entdeckung der Pasteurisation, die dem Bier eine deutlich längere Haltbarkeit verlieh, zudem begünstigt. Ein Beispiel für den Wandel ist Bayern, wo der Flaschenbieranteil von 5% im Jahr 1905 auf 56% knapp 50 Jahre später anstieg. Die große Vielfalt an Flaschenformen und -größen blieb in Deutschland auch über das Jahr 1936 erhalten, als zwar mit dem Maß- und Eichgesetz vom 1. April Flaschengrößen von 0,33 l, 0,5 l und 0,7 l verbindlich festgelegt wurden, diese Regelung aber aufgrund des Kriegsausbruchs nicht mehr in die Praxis umgesetzt werden konnte. Auf genormte Flaschenformen mussten Brauereien und Verbraucher noch bis in die 1950er-Jahre warten.

Von der ehemaligen Züricher Hürlimann-Brauerei ist bekannt, dass sie 1896 insgesamt 36 000 Bierflaschen erwarb, vier Jahre später bereits 108 000 und 1926 die stolze Summe von 672 500. Flaschenbier machte in Norddeutschland 1907 bereits ca. ein Drittel des Bierabsatzes aus, 1950 waren es in der Bundesrepublik drei Viertel. Ein Pfandsystem gab es anfangs nicht, weswegen die deutschen Brauereien um 1900 einen durchschnittlichen Flaschenverlust von 6% beklagten. Gustav Stresemann, der spätere Reichskanzler, Außenminister und Friedensnobelpreisträger, war Sohn eines Biergroßhändlers und schrieb in seiner Dissertation über den Berliner Biermarkt zur selben Zeit: »Die Hausfrauen oder Dienstmädchen machen sich in vielen Fällen gar kein Gewissen daraus, die Bierflaschen zu allen möglichen Zwecken zu gebrauchen, sie holen

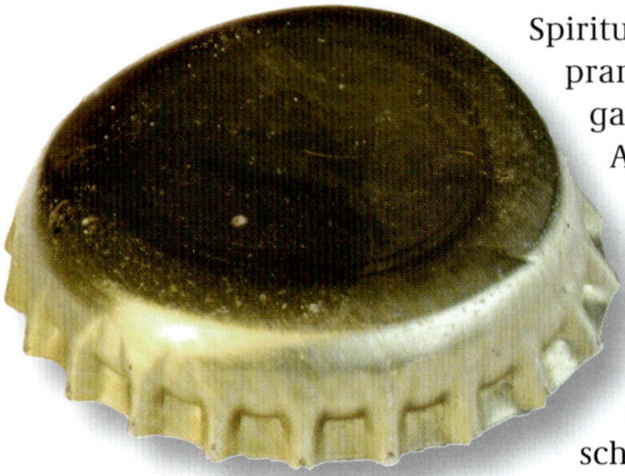

Spiritus, Öl, Fleckenwasser etc. darin, und in der Küche prangen die dem Bierhändler gehörenden Flaschen ganz ungeniert neben anderen Utensilien. Die Arbeiter betrachten es als ihr selbstverständliches Recht, die Bierflaschen zum Einholen von Schnaps und Kaffee zu gebrauchen. Am tollsten geht es auf den Bauten zu, da wird die Flasche oft, wenn sie ausgetrunken ist, einfach auf den Boden geworfen, ob sie entzwei geht oder nicht, ist ganz gleichgültig, wenn der Kutscher des Bier-Lieferanten am nächsten Tag kommt, so kann er sich die leeren Flaschen aus allen Ecken und Winkeln des Bauplatzes zusammensuchen.«

Angesichts der hohen Preise für die Flaschen etablierte sich nach und nach ein Pfandsystem, mit dem die Schweizer 1907 den Anfang machten. Allerdings blieb das Pfand immer unter den tatsächlichen Einkaufskosten. Selbst heute kostet eine Bierflasche, für die eine Brauerei acht Cent Pfand erhält, diese zwischen 12 und 35 Cent – von den Logistik- und Reinigungskosten ganz abgesehen. Selbst eine Bierkiste kostet mindestens drei Euro – bei 1,50 Euro Pfand.

1892 meldete der Amerikaner William Painter aus Baltimore den Kronkorken zum Patent an, der anfangs aus einer Kork- und einer Weißblechscheibe bestand, die maschinell auf einen leicht wulstigen Flaschenhals gepresst wurden. Zum Standard entwickelte sich der – später mit Kunststoff statt Kork modernisierte – Verschluss in Deutschland erst ab 1965, als die neu gegründete Europäische Gemeinschaft genormte Halbliterflaschen mit passendem Wulst verbindlich festlegte. Besonders wichtig war die Bierflasche seit den 1870er-Jahren für die Belegschaft der Industriebetriebe, die so ihren Durst während der Arbeit unkompliziert vor Ort stillen konnten. In Deutschland wurden die letzten Bierautomaten erst Ende der 1990er-Jahre aus den Produktionshallen verbannt.

Die Flaschenfarbe war von der ersten Flasche an wegen des natürlichen Gehalts an Eisenoxiden grün oder durch zusätzliche Schwefeloxide braun. Das hat sich bis heute gehalten, denn Tageslicht schadet dem Bier, lässt es schneller altern und ab einem gewissen Zeitpunkt auch durch den Zerfall von Hopfenbitterstoffen unerwünschte Fehlaromen entstehen. Den besten Schutz bietet eine braune Flasche, die 60–90% des Lichtes absorbiert, wohingegen das grüne Pendant nur bei 30–40% liegt. Bis in die 1970er-Jahre waren beide Varianten dennoch in etwa gleich weit verbreitet. Mittlerweile hat sich allerdings die braune Flasche durchgesetzt, Grünglas verwenden nur noch einige Großbrauereien – in erster Linie aus Marketinggründen. Einige »Szene«-Biere gibt es auch in speziell UV-beschichteten Klarglasflaschen.

Die letzte Neuerung der Biergefäße stellte die nach der Prohibition 1933 erstmals in den USA präsentierte Bierdose dar. Deren Geschichte hatte jedoch schon 1810 in England begonnen und auch in den Vereinigten Staaten wurde bereits seit 1885 Kondensmilch in Dosen verkauft. Die »Gottfried Krueger Brewing Company«, 1858 von dem deutschen Einwanderer Gottfried Krüger und seinem Onkel Johannes Laible gegründet, führte als erste Brauerei der Welt am 24. Januar 1935 in Richmond, Virginia, Dosenbier auf den Markt ein. Das Öffnen erfolgte damals noch mit einem spitzen Dosenstecher. Erst 1959 entwickelte Ermal C. Fraze den Aufreißverschluss (Pull-Tab), der 1963 patentiert wurde und sich schnell international durchsetzen konnte. Schon 1965 nutzten 75% der amerikanischen Brauereien Dosen mit Frazes Öffnungsmechanismus. 1977 schließlich ließ der Amerikaner Daniel F. Cudzik den ersten »Stay-On-Tab-Verschluss« patentieren, bei dem der Verschluss an der Dose verbleibt und kein zusätzlicher Abfall mehr anfällt, Fraze zog im selben Jahr mit einer verbesserten Version nach.

Historische, US-amerikanische Bierdose, 1930er-Jahre

Während die Dose sich weltweit großer Beliebtheit erfreut und ca. 30% des verkauften Bieres umhüllt, führte in Deutschland die Einführung des Dosenpfandes dazu, dass die Bierdose ab 2003 nahezu völlig aus den Regalen verschwand. Der Allgäuer Brauer Heinrich Zötler III. sagte hierzu 2004 in einem Interview: »Die Dose war ein Kampfinstrument der Industriebrauer, die haben ihre Überkapazitäten darin abgefüllt, um uns herauszudrängen. Die mittelständischen Brauer werden Jürgen Trittin für das Dosenpfand ein Denkmal setzen.« Doch die Vorteile der Getränkedose hinsichtlich des geringeren Gewichts und der besseren Stoßempfindlichkeit haben ihr auch hierzulande wieder zu einer Renaissance verholfen. Sensorisch ist die Dose übrigens das beste Bieraufbewahrungsbehältnis – allerdings sollte man ein gutes Bier vor dem Trinken in ein geeigneteres Gefäß geben.

Berühmte Brauer in der Geschichte

Hoffentlich geht das gut – Tobias Lear drückte dem Boten sein Schreiben in die Hand und bat ihn um größtmögliche Eile. Seit einem Jahr war George Washington nun schon der Präsident der Vereinigten Staaten von Amerika und Tobias Lear sein Sekretär. In diesem Amt hatte Tobias schon so manch knifflige Aufgabe erfüllen müssen, aber nun war eine fast unmögliche Prüfung gekommen. Vor der nächsten Kongress-Sitzung wollte Washington unerwartet und kurzfristig noch ein paar Tage auf seinem Landsitz Mount Vernon verbringen und hatte angeordnet, dass dort drei große Fässer Porter aus Philadelphia bereitstehen sollten. Doch wie sollte das Bier so schnell über 155 Meilen transportiert werden? Nun, Tobias hatte alle Hebel in Bewegung gesetzt, nun lag es an den Kutschern, den Präsidenten glücklich zu machen – und ihm seinen Job zu erhalten. Denn George Washington war streng. Neulich erst hatte er sich aus den Zähnen eines Sklaven ein neues Gebiss machen lassen …

Der sagenumwobene König Gambrinus, Gemälde eines unbekannten Künstlers

Bei den Sumerern, Ägyptern, Griechen, Römern und Wikingern waren noch die Götter die berühmtesten Brauer, im weiteren Verlauf der Geschichte fanden auch Staatsoberhäupter Gefallen am Bierhandwerk – und nutzten es nicht selten auch zu ihrer Selbstdarstellung. Der wohl berühmteste Herrscher, der mit dem Bier in Verbindung gebracht wird, ist der legendäre König Gambrinus, der laut dem deutschen Historiker Johannes Aventinus der Sohn des germanischen Königs Marsus gewesen sein soll. Gambrinus heiratete die ägyptische Fruchtbarkeitsgöttin Isis und lernte von ihr die Braukunst. Heute wissen wir, dass dieser Herrscher lediglich eine mythologische Figur ist. Selbst sein Name wurde falsch wiedergegeben, denn ursprünglich hieß diese Sagenfigur »Gambrivius«. Dennoch findet er in der Geschichte immer wieder Erwähnung, einige Brauereien und Biere wurden nach ihm benannt und Hans Sachs dichtete 1553 einen ganzen

Gambrinus-Schwank, in dem es unter anderem heißt: »Gamprinius, ein kühner Held, in Flandern und Brabant erwählt. Derselb lehrt Männer und den Frauen, dem ganzen Volk das Ackerbauen: Nach dem ließ Bier er daraus bräuen, damit tät er sein Volk erfreuen, in Livland, Sachsen, Meißen, Harz und immer weiter einewarts.«

Im Tabakskollegium des »Soldatenkönigs« wurde reichlich Bier getrunken und über Tagespolitik, Religion und alle erdenklichen anderen Themen diskutiert, während die höfischen Verhaltensregeln weitgehend aufgehoben waren, Farblithografie von Carl Röhling, 1899.

Der erste echte Brauer auf einem deutschen Thron war Friedrich II. von Preußen, auch Friedrich der Große oder schlicht »Alter Fritz« genannt. Auf Veranlassung seines Vaters absolvierte er 1830 eine Brauerlehre. Für den »Soldatenkönig« bot diese Ausbildung seinem Sohn ein »nützliches Handwerk und ein nahrhaftes Gewerbe«. Das Bier begeisterte Vater und Sohn dermaßen, dass während ihrer beider Regierungszeit die Soldaten einen Teil ihres Soldes in Form der »Potsdamer Stange« erhielten. Diesen Bierstil aus Gersten- und Weizenmalz entwickelten die Brauer in der Königlichen Brauerei in der Leipziger Straße als erfrischendes Schankbier und servierten es in einem hohen Glas, der Stange.

Noch zu Lebzeiten des Alten Fritz machte ein anderer Brauer Karriere: General George Washington kommandierte die Kontinentalarmee der 13 nach Unabhängigkeit strebenden Kolonien Nordamerikas. Er hatte schon in jungen Jahren sein erstes Bier gebraut und war später Stammkunde von Robert Hare, der mit den 1500 Pfund Starthilfe seines englischen Vaters in Philadelphia eine der ersten Porter-Brauerei aufgebaut hatte. Washingtons militärische und politische Karriere verhinderte jedoch, dass er seine Bierleidenschaft weiter ausleben konnte, doch von 1757 ist ein handschriftliches Rezept eines »Small beers« des späteren ersten US-Präsidenten überliefert. Darin heißt es: »To make Small beer: Take a large Sifter full of Bran, Hops to your Taste. Boil these 3 hours then strain out 30 Gallons into a cooler put in 3 Gallons Molasses while the Beer is Scalding hot or rather draw the Melasses into the cooler and Strain the Beer on it while boiling Hot. Let this stand till it is little more than Blood warm then put in a quart of Yeast if the Weather is very Cold cover it over with a Blanket and let it Work in the Cooler 24 hours then put it into the Cask – leave the bung open till it is almost done Working – Bottle it that day Week it was Brewed.« Der erste Versuch, dieses Bier zum 100. Geburtstag der New York Public Library 2011 nachzubrauen, scheiterte an der Konsistenz. Kleie und Melasse ließen ein zähflüssiges, süß-bitteres Gebräu entstehen, das nicht sehr präsidial erschien. Mit einigen kleinen Änderungen und der Zugabe von dunklem Malz und Hopfen ergab der zweite Versuch ein mahagonifarbenes, röstaromatisches Porter mit knapp sechs Prozent Alkohol, das schließlich bei der Gala in New York ausgeschenkt werden konnte. Zu den 56 Gründervätern der Vereinigten Staaten gehörte mit Samuel Adams auch ein waschechter Brauereibesitzer, doch Bierfreunde und Hobby-Brauer waren die meisten der damaligen Rebellen. Von Thomas Jefferson, dem dritten US-Präsidenten, sind zwei Bier-Rezepte überliefert, eines für ein Melasse-Bier mit Gersten- und Weizenmalz und eines für ein Pale Ale mit einem Sechstel-Anteil Mais.

Kurz nach Jeffersons Tod erblickte auf der anderen Seite des Atlantiks Otto von Bismarck-Schönhausen das Licht der Welt. Der spätere Reichskanzler war zwar kein Brauer, aber zeit seines Lebens ein begeisterter Bierliebhaber. Der Überlieferung nach trank er schon in jungen Jahren als Abgeordneter täglich fünf Flaschen Bier. Zwischen 1859 und 1862 war er als Gesandter des Königreichs Preußen am russischen Hof, wo er regelmäßig seine Gastgeber unter den Tisch soff, was ihm in St. Petersburg zu hohem Ansehen verhalf. Von Bismarck stammt unter anderem der bekannte Ausspruch: »Es gehört zum deutschen Bedürfnis, beim Biere von der Regierung schlecht zu reden.« Zur einfachen Kommunikation mit den Mitgliedern des Reichstages etablierte er die sogenannten Parlamentarischen Bierabende, die damals – wie heute – zu den beliebtesten politischen Abendveranstaltungen zählten. Bier wurde so im Berlin der Gründerzeit salonfähig und eroberte auch gehobene Kreise.

Als Barack Hussein Obama II. 2009 seine Präsidentschaft antrat, war er nicht nur der erste Afroamerikaner an der Spitze der USA, der begeisterte Hobby-Brauer richtete auch die erste Brauerei im Weißen Haus ein. Sobald bekannt wurde, dass der US-Präsident regelmäßig drei verschiedene Biere braute bzw. brauen ließ, verlangten Heimbrauer aus den gesamten USA die Herausgabe der präsidialen Rezepturen – getreu dem Ausspruch von Franklin D. Roosevelt am Ende der Prohibitionszeit 1933: »I think it's time for beer.« Sie beriefen sich unter anderem auch auf den »Freedom of Information Act« von 1967, nach dem US-Bürger Einsicht in alle Dokumente der Regierung verlangen dürfen. Als schon über 12 000 Unterschriften zusammengekommen waren, reagierte das Weiße Haus schließlich und veröffentlichte zwei Rezepte – ein »Honey Porter« und ein »Honey Ale«.

Bismarck im Gespräch mit Reichstagsabgeordneten auf einem Parlamentarischen Bierabend, Gemälde von Ernst Henseler, 1894

Die belgische Insel der Bierseligkeit

Wie praktisch – Herman freute sich diebisch über die beim Zwischenstopp in Buggenhaut getätigte neueste Errungenschaft. Und er war stolz. Das musste er seinen Kollegen zeigen. Herman lenkte seine beiden Pferde sanft in die Kurve und ließ sie auf die Straße nach Brüssel einschwenken. Schon bei der Abfahrt in Gent war er ganz aufgeregt gewesen. Hatte ihm doch ein Kaufmann von der genialen Erfindung des Pauwel Kwaks erzählt. Der Händler hatte bei Kwaks Brauerei Bier abgeholt und sich dort auch ein bisschen umgesehen. Dabei waren ihm die Bierkutscher aufgefallen, die glückselig während ihrer Fahrten frisches Bier trinken konnten. Bisher war das nur am Anfang und am Ende der Strecke in der Brauerei oder den Schenken möglich gewesen. Des Rätsels Lösung war nach der Erzählung des Kaufmanns ein neues Glas, für das Kwak eines Nachts eine Eingebung gehabt hatte. Es war so geformt, dass es ganz bequem in die Halterung des Kutschbocks passte. Oben lief es auseinander, sodass es nicht herausfallen konnte, das untere Ende hingegen bildete eine große Kugel, in der das Bier sicher vor den vielen Schwankungen der Fahrt war. Und nun hatte Herman bei Kwak selbst ein solches Bierglas erstehen können. Noch war es halbgefüllt mit kräftigem braunem Bier. Doch Herman machte sich keine Illusionen. In wenigen Kilometern würde er es ausgetrunken haben – aber die nächste Station der Postkutsche war ja nicht weit …

Neben Großbritannien und Deutschland gehört auch Belgien zu den Ländern, die auf einer Weltkarte der Bierkultur besonders hervorgehoben werden müssen. Allerdings umfasst das Gebiet, um das es geht, nur im Kern das heutige Belgien, ferner gehören auch Teile der heutigen Niederlande und Nordostfrankreichs dazu. Bis zur Blüte des hanseatischen Bierhandels ab dem 14. Jahrhundert brauten die belgischen Hausfrauen wie auch anderorts für den Hausbedarf selbst, während einige Klöster mit dem Bierhandel begannen. Die Brauer unterlagen dem Gruitrecht, allerdings teilte die Gesetzgebung Karls IV. das Land: Die zum Heiligen Römischen Reich Deutscher Nation gehörenden Brauer östlich der Schelde waren ab 1364 angehalten, ihr Bier mit Hopfen zu brauen, die westlich gelegenen Städte Brügge, Gent und Tournai hingegen blieben beim Gruitzwang. Inspiriert vom großen Erfolg der Hanseaten gaben die Handelsstädte schließlich das

Braurecht frei, infolgedessen sich mehr und mehr Brauereien gründeten. Brügge beispielsweise verzeichnete im 15. Jahrhundert etwa 50 Braustätten, um 1680 waren es bereits 425. Zwischen 1620 und 1640 produzierte alleine die Provinz Holland jährlich über zwei Millionen Hektoliter Bier.

Durch die erheblichen Weizenüberschüsse, die insbesondere im flämischen Teil des heutigen Belgien traditionell erwirtschaftet wurden, entwickelte sich mit dem Witbier (Weizenbier) ein erster eigener Bierstil im Gegensatz zu dem sonst üblichen Gerstenbier, das in Belgien als Rotbier bezeichnet wurde. Der verwendete Weizen war allerdings in der Regel unvermälzt, weswegen die Rezepturen immer mindestens 30–40% Gerstenmalz für eine ausreichende Menge Enzyme enthalten mussten. Das bekannteste Witbier der alten Zeit entstand in Leuven unweit von Brüssel. Die dortige Hochschule, die 1425 gegründete Katholieke Universiteit, hatte sich einen guten Ruf als Ausbildungsstätte für Brauer erworben. Als Schwierigkeit beim Brauen mit unvermälztem Weizen erwies sich, dass das Getreide zwischen einer Temperatur von 52° und 64° C anfing zu klumpen, weswegen dann eine zwar verzuckerte, aber viskose

»Leo Belgicus«, stilisierte Karte des Gebietes des heutigen Belgiens und der Niederlande, 1617

Masse übrig blieb, die schlecht bis gar nicht zu filtrieren war. Diese Temperaturen waren allerdings für die enzymatischen Reaktionen der Verzuckerung notwendig, weswegen eine spezielle Maischmethode entwickelt wurde, die das Problem geschickt umging: Das wichtigste Werkzeug hierfür war der Stuykmanden, eine Art Sieb, zunächst aus Weidenzweigen, später aus Kupfer gefertigt, das von oben durch die Maische geführt wurde. Die derart herausgefilterte Masse wurde zwischengelagert. Insgesamt kamen zwei verschiedene Getreidemischungen für einen Sud zum Einsatz. Die erste Mischung (goed Sakken), die 60% des Gesamtsuds ausmachte, bestand zu 46% aus Gerstenmalz, zu 8% aus rohem Hafer und zu 6% aus rohem Weizen. Der Rest (vet Sakken) folgte im zweiten Maischegang und bestand zu 36% aus rohem Weizen und zu 4% aus Gerstenmalz, wobei alles etwas feiner gemahlen wurde als bei der ersten Maische.

Der Brauprozess bestand darin, den goed Sakken mit kaltem Wasser einzumaischen, gut umzurühren und nach einigen Minuten mit dem Stuykmanden das Getreide wieder herauszufischen. Das Wasser, nun gut mit Stärke angereichert, landete als erste Würze im Braukessel 1, während zwischenzeitlich frisches Wasser in Braukessel 2 erwärmt wurde. Nachdem der Maischebottich geleert war, wurde er mit warmem Wasser und den vorher herausgefischten Getreideresten des goed Sakken erneut gefüllt. Nach einigem Umrühren wurden Wasser und Getreide erneut mithilfe des Stuykmanden getrennt und die Flüssigkeit zur Würze in den Braukessel 1 gegeben. Anschließend wiederholten die Brauer den Prozess mit dem nun heißen Wasser aus dem Kessel 2 ein drittes Mal. Dadurch war Kessel 1 zu ca. 75% gefüllt und wurde nun ebenfalls befeuert. Während der Würzsud zu kochen begann, wiederholten die Brauer denselben Prozess mit dem vet Sakken, sodass am Ende sechs Teilwürzen im ersten Kessel siedeten, die größtenteils in einen Zwischentank gefüllt wurden. Ein Teil der Würze kam nun in den zweiten Kessel zurück, wo er erneut unter Hopfenzugaben für eineinhalb Stunden erhitzt wurde. Anschließend folgten die Abtrennung der letzten Feststoffe durch Rotation der Würze im Kühlschiff und die Vergärung innerhalb von etwa fünf Tagen in Holzfässern. Die Brauer begannen meist noch vor dem Morgengrauen, damit sie bis zum Abend und der kühlen Nacht fertig werden konnten. Die Gärgefäße stellten sie an gut belüfteten Standorten auf und halfen teils auch mit handbetriebenen Ventilatoren nach, damit die Würze schneller abkühlen konnte. Nachdem das Witbier schnell sauer wurde, musste es sommers innerhalb von zwei, winters bis fünf Wochen getrunken werden.

Im 17. Jahrhundert entwickelten sich in allen größeren Städten der Region – lokale, oft durch die vorhandenen Rohstoffe bedingte – Bierrezepturen wie beispielsweise Hoegaarden und Oudenaarde. Allerdings bekam das Bier, zumindest in der reichen Bürgerschaft, zur selben Zeit eine große Konkurrenz: Tee, Kaffee und Kakao überquerten dank der Handelskompanien die Weltmeere und eröffneten der heimischen Bevölkerung neue Geschmackshorizonte. Während die Brauer sich andernorts nur auf Malz und Hopfen konzentrierten, entstand in Belgien aus dem oben erwähnten Verfahren eine ganz besondere Art von Bier, das Sauerbier, namentlich spontanvergorenes »Lambic«. In der Regel landeten wie oben beschrieben maximal 70% meist Gerstenmalz und mindestens 30% meist roher Weizen im Sudkessel, dazu gealterter Hopfen, der kaum noch Bitterstoffe enthielt. Nach dem Brauen stand die Würze für einige Stunden bei Zimmertemperatur in einem offenen Bottich oder Trog, der das »Einfangen« wilder Hefen aus der Luft ermöglichte. Anschließend füllten die Brauer das Bier in Eichen- oder Kastanienfässer ab, wo es jeweils einem unterschiedlichen Gärungs- und Reifungsprozess unterlag, der Jahre dauern konnte. Klassische Bierhefe sorgte für einen Alkoholgehalt von ca. 5%, während wilde Hefen wie Brettanomyces bruxellensis und Brettanomyces lambicus den restlichen Zucker im Anschluss vergoren. Dadurch dass das Verfahren auf eine für wilde Hefen günstige Umgebungstemperatur angewiesen war, konnte Lambic nur im Frühling oder Herbst gebraut werden. Die Bezeichnung rührt entweder von dem südwestlich von Brügge gelegenen Ort »Lembeek« her, wo es ein steuerbefreites Gebiet mit über 40 Brauereien gab, von der historischen Bezeichnung »alambic« für den Maischebottich oder vom lateinischen »lambere« (in kleinen Schlucken trinken).

Das Lambic, ein trockenes, säuerliches und kohlensäurearmes Bier, wird in Belgien auch heute noch gerne getrunken, allerdings meist nicht pur, sondern weiterverarbeitet. Bekannt ist die Gueuze, eine Mischung aus unterschiedlich alten Lambics, die in Flaschen gefüllt dank einer zweiten Gärung Kohlensäure entwickeln (Champagnermethode). Wenn der Trunk dem Konsumenten zu sauer war, gab er üblicherweise etwas Kandiszucker, Karamell, Gewürze oder Melasse dazu, um ihn zu süßen. Beliebter war vor allem im 19. Jahrhundert das Faro. Hier verschnitten die Brauer ebenfalls ver-

Lambic-Fässer aus Eichenholz im Lagerkeller einer belgischen Brauerei

schieden alte Lambics, gaben aber bereits vor der Flaschenabfüllung Kandiszucker hinzu, ohne eine weitere Gärung anzustoßen. Dadurch hatte das Bier am Ende einen süßlichen Geschmack und einen niedrigeren Alkoholgehalt.

Das Aushängeschild der heutigen Lambic-Kultur ist jedoch das Kriek-Bier. Dabei werden dem Lambic im Holzfass 20% Sauerkirschen (Krieken) zugegeben, die dann zwischen drei Monaten und eineinhalb Jahren mitvergären bzw. durch ihren Fruchtzucker eine weitere Gärung anstoßen. Das Ergebnis ist ein trockenes, saures und nach einer weiteren Flaschengärung sehr spritziges Bier. Heutzutage geben die Brauer auf diese traditionelle Weise hergestellten Kriek-Bieren den Namen »Oude Kriek«, denn es haben sich andere Varianten eingebürgert, bei denen entweder Zucker zugegeben oder statt mit Früchten mit Fruchtsaft gearbeitet wird. Das Ergebnis hierbei sind dann süße Fruchtbiere. Neben Kirschen verwenden manche Brauereien auch Himbeeren (Framboise) oder andere Früchte. Als weitere Sauerbiere seien noch das »Oud Bruin« und das »Flanders Red« erwähnt, die ähnlich dem Lambic hergestellt werden, aber in der Regel durch Milchsäurebakterien eine intensivere Säure aufweisen. Zusätzlich machen sich die starken Tannin-Noten aus dem Holzfass bemerkbar und rücken die Biere sensorisch in die Nähe von gutem Rotwein.

Um die Lambic-Biere entwickelte sich in Belgien eine komplette Kultur – inklusive Malerei und Literatur –, das Sauerbier gehört einfach zum belgischen Lebensgefühl. Ein weiterer einzigartiger belgischer Bierstil ist das »Saison«, dessen Wurzeln in saisonalen Suden kleiner landwirtschaftlicher Brauereien der heutigen belgischen Region Wallonie liegen, die nur für ihre eigenen Zwecke brauten. Sie entwickelten Biere, die sie noch zur kalten Jahreszeit brauen und dann über den Sommer an ihre Erntearbeiter ausschenken konnten. Bei der Gärung wurden neben obergärigen

Kleine Auswahl der vielfältigen belgischen Bierstile

Hefestämmen auch Milchsäurebakterien verwendet, die dem Bier durch die leichte Säure eine verlängerte natürliche Haltbarkeit verliehen. Zudem wurden deren Noten, die denen des Weins nicht unähnlich waren, sehr geschätzt. Nach und nach setzte sich auch die Zugabe von Kräutern und später Hopfen durch, was die Biere einerseits weiter stabilisierte und andererseits für angenehme Aromen sorgte. Zu guter Letzt setzten die Brauer auch auf eine höhere Stammwürze und damit einen höheren Alkoholgehalt, der sich nochmals positiv auf die Lagerfähigkeit auswirkte. Gebraut wurde in der Wallonie während der Adventszeit, weswegen manche das Produkt auch »Bière des Avents« bezeichneten, und im März, weil die Bauern zu dieser Zeit keine anderweitigen Aufgaben zu verrichten hatten. Auch aus anderen Regionen kennt man das Brauen im November, wo die jeweiligen Sude die Bauernfamilien zu wahren Braufesten inspirierten. Getrunken hingegen wurden die Saisonbiere schließlich von Mai bis September. Doch es gab nicht nur halbjährig gelagerte Biere. Aus Überlieferungen ist bekannt, dass auch Lagerzeiten von eineinhalb bis zwei Jahren üblich waren. Oft schmeckten die intensiv gehopften Biere nach der längeren Reifung deutlich besser. Als Rohstoffe verwendeten die Bauern meist selbst angebaute und vermälzte sechszeilige Wintergerste, aber auch Weizen, Hafer, Buchweizen und Dinkel. Die Proportionen variierten dabei deutlich und Gerste hatte nicht immer den größten Anteil an der Getreidemischung. Die Stammwürze lag bis zum Ende des 19. Jahrhunderts bei 7–9% und erhöhte sich dann nach und nach auf bis zu 14%. Die Hopfengaben waren hoch und lagen bei bis zu 800 Gramm pro Hektoliter, gleichwohl entwickelten die Saisonbiere immer eine leichte Sauernote, denn in der Regel war der Hopfen alt und brachte eine Menge Bakterien mit ins Bier.

Neben Hopfen landeten aber auch Gewürze und Kräuter wie beispielsweise Sternanis, Koriander, grüner Pfeffer, Kumin, Orangenschalen, Ingwer und Salbei im Bier. Aus dem Malz stellten die Brauer in der Regel drei aufeinanderfolgende, immer schwächere Würzen her. Die ersten beiden vermischten sie für ihr »Saison«, die schwächste wurde zu einfachem »Bière de ménage« oder »Bière de table« (Haushalts- oder Tischbier) vergoren. Gekocht wurde bis zu 15 Stunden, was dem Bier zusätzliche Farbe verlieh. Es war durchaus üblich, Saisonbiere verschiedenen Alters zu verschneiden, um einerseits das Aroma anzupassen und andererseits den Alkoholgehalt mit frischem Bier abzusenken. Die Feldarbeiter tranken das Bier in der Regel aus kleinen Holzfässern oder großen Keramikkrügen. Als Flaschen aufkamen, vergruben sie das Bier zu Beginn des Arbeitstages und holten es in den Arbeitspausen wieder aus der Erde – so blieb es länger kühl.

Nach dem Ersten Weltkrieg waren fast alle belgischen Brauereien zerstört – oder die Kupferkessel von den deutschen Besatzern für die Rüstungsproduktion eingezogen worden. Gut die Hälfte der Betriebe hat sich hiervon nicht mehr erholt. Zudem drängten die englischen und deutschen Biere über die Grenze und bis auf »Saison« und »Lambic« verschwanden

Das Delirium-Café in Brüssel

fast alle ursprünglichen Biere vom belgischen Markt. Doch der Durst der Belgier blieb. Ihr Pro-Kopf-Verbrauch lag 1919 bei 221 Litern, während es in Großbritannien nur 123 und Deutschland lediglich 105 Liter waren. Die Holländer dagegen hatten dem Gerstensaft den Rücken gekehrt und tranken nur noch 27 Liter Bier pro Jahr. Um den Importbieren etwas entgegenzusetzen, entschlossen sich die belgischen Brauer, hochprozentige Biere in Flaschengärung mit zusätzlicher Zucker- und Hefegabe herzustellen, und die ebenfalls aufkommende Werbeindustrie stilisierte diese Biere zu den typisch belgischen Nationalgetränken. Dabei half auch Justizminister Émile Vandervelde, der 1919 den Verkauf von Spirituosen in Bars verbot und damit die Brauereien zusätzlich anspornte, Biere mit höherem Alkoholgehalt herzustellen – das Gesetz hatte bis 1983 Bestand. Im Zweiten Weltkrieg sank der Alkoholgehalt hingegen auf magere 0,8% und viele Brauereien mussten ihre Sudkessel erneut an die Besatzer abgeben. Nach dem Krieg setzte sich in Belgien endgültig die untergärige Produktionsweise durch und das Pils wurde zum Bestseller auf dem belgischen Biermarkt. Dieser erlebte in den Folgejahren einen erheblichen Konzentrationsprozess durch Firmenaufkäufe und Brauereizusammenschlüsse. Besonders bemerkenswert ist dabei, dass die Brauerei Artois in Leuven zum »Stammhaus« und langjährigen Firmensitz der heute weltgrößten Brauereigruppe AB-InBev auserkoren wurde. Mit den »Blumenkindern« der 1968er kehrte das Bewusstsein für die kleinen, ursprünglichen Brauereien wieder zurück. Ein Jahrzehnt später entdeckte der britische Bierexperte und Sachbuchautor Michael Jackson die kleinteilige belgische Bierkultur wieder und sorgte mit seinen Lobeshymnen für internationale Bekanntheit von Lambic- und Trappistenbieren. So gelangten die Sauerbiere in die Vereinigten Staaten und natürlich waren die Anhänger der Craft-Beer-Bewegung von diesen begeistert. Im Gegenzug gelangten die Ideen der Hopheads und ihre Bierstile nach Belgien, die neben den traditionellen zur Gründung neuer Brauereien führten, woraufhin die Bier-Cafés eine große Renaissance erlebten. Als Beispiel sei nur das Delirium-Café in Brüssel erwähnt, das mit über 3100 angebotenen Biersorten einen Eintrag im Guinness-Buch der Rekorde hat.

Von den etwa 3300 belgischen Brauereien um 1900 gab es nach dem Zweiten Weltkrieg nur noch 775, heute beläuft sich deren Zahl auf 230. Gleichwohl hat es der nationale Brauereiverband geschafft, 2016 die belgische Bierkultur in die Liste des immateriellen UNESCO-Weltkulturerbes aufnehmen zu lassen. Seitdem gehört das Bier auch offiziell zum kulturellen Erbe der Menschheit – den Belgiern sei Dank!

Die Trappistenbiere

»Das ist wirklich ein goldenes Tal«, rief Mathilde laut aus. Die 24-jährige Herzogin von Niederlothringen schaute glücklich in die Augen des Fischers, der ihr gegenüberstand. Vor wenigen Augenblicken hatte sie noch verzweifelt gebetet und überlegt, wie sie Gottfried den Verlust ihres goldenen Eheringes erklären sollte. Schließlich war ihr Ehemann sehr stolz gewesen, ihr bei der Hochzeit ein solches Schmuckstück an den Finger stecken zu können. Nach einem wilden Ausritt an den Ufern des Ourdel ging der Ring jedoch verloren. Doch nun hatte sich das Schicksal zu ihren Gunsten gewendet. Ein Fischer namens Philippe hatte von dem Malheur seiner Herrin gehört und brachte frohe Kunde. Ein Fisch war am Ufer nahe dem Lager an die Oberfläche geschwommen –, mit einem goldenen Ring im Maul. Philippe hatte die Forelle gefangen und war mit dem Schmuckstück umgehend zum Zelt der Herzogin gekommen, die ihn sich glücklich über den Finger streifte. Aus Dankbarkeit gelobte sie, an diesem Ort ein Kloster zu stiften, das nach dem »Goldenen Tal« (Val d'Or) den Namen Orval tragen sollte. Eiligst verfasste sie ein Schreiben an eine Abtei aus ihrer italienischen Heimat, die Mönche für die neue Gründung entsenden sollte. Philippe hingegen schenkte sie eine goldene Kette und das Recht, zeit seines Lebens an diesem Abschnitt der Ourdel fischen zu dürfen.

Vor allem die belgischen Klöster haben die eigene, mittelalterliche Bierkultur einerseits bewahrt, aber auch andererseits moderne Varianten ihrer Bierstile entwickelt. Unter diesen sogenannten Abteibieren spielen die Trappistenbiere eine besondere Rolle. Deren Orden ging aus einer Abspaltung der Zisterzienser hervor, die wiederum aus dem Benediktinerorden entstanden sind. Deren Grundsatz »ora et labora et lege« (bete, arbeite und lies) pflegen auch die in Abgeschiedenheit und Askese lebenden Trappisten und verdienen sich ihren Lebensunterhalt mit körperlicher Arbeit. Neben Käse und Marmeladen gehören auch Biere zu deren Produkten, die zu den weltbesten zählen.

Aufgrund der Kriege infolge der Französischen Revolution geriet das Gebiet des heutigen Belgiens unter die Kontrolle des westlichen Nachbarlandes und alle Klöster wurden aufgelöst. Nach der belgischen Unabhängigkeit 1830 folgten deren Wiedergründungen, doch erst ein Jahrhundert später wurde in allen Trappistenabteien wieder Bier gebraut. Als diese nach dem Zweiten Weltkrieg begannen, ihre Biere auch auf dem freien Markt anzubieten, rief der große Erfolg einige Trittbrettfahrer auf den Plan, wogegen die Abtei Orval schließlich 1962 einen Schutz durch die belgische Handelskammer durchsetzen konnte. Ein echtes Trappistenbier erkennt man heute an einem sechseckigen Symbol auf dem Etikett mit der Inschrift »Authentic Trappist Product«. Mittels dieses Gütesiegels ist gewährleistet, dass es in einem Kloster oder seiner direkten Umgebung unter Aufsicht der Mönche hergestellt worden ist. Die sieben ursprünglichen der heutigen zwölf Trappistenbrauereien liegen in Belgien und den Niederlanden, allerdings kamen in letzter Zeit internationale Neu- bzw. Wiedergründungen hinzu, wie nachfolgende Übersicht illustriert:

Kloster/Brauerei	Gründungsjahr/ Produktionsbeginn	Region/Provinz	Land (Stand: 2017)
Achel	1731	Limburg	Belgien
Chimay	1850	Heggenau	Belgien
Orval	1070	Luxemburg	Belgien
Rochefort	1230	Namur	Belgien
Westmalle	1794	Antwerpen	Belgien
Westvleteren	1831	Westflandern	Belgien
La Trappe	1884	Nordbrabant	Niederlande
Zundert	1881/2013	Nordbrabant	Niederlande
Mont des Cats	1826/2011 (Chimay)	Französisch-Flandern	Frankreich
Engelszell	1293/2012	Oberösterreich	Österreich
Spencer	2013	Massachusetts	USA
Tre Fontane	1140/2013	Rom	Italien

Mönch im Sudhaus

Für ihre Biere verwenden die Mönche das alte Schema der belgischen Bierwelt. Neben dem einfachen Blond (hell) gibt es ein stärkeres Dubbel (dunkel) und ein noch kräftigeres Tripel (hell). Daneben gibt es noch stärker eingebraute Varianten des Dubbels, die gerne als Quadrupel bezeichnet werden, und ganz eigenständige Biere wie beispielsweise das Orval. Letzteres entsteht in drei Schritten: Bei der Hauptgärung mit obergäriger Hefe geben die Mönche flüssigen Kandiszucker hinzu, für die Nachgärung benutzen sie einen Cocktail von zehn verschiedenen Hefestämmen, darunter die wilde Brettanomyces-Hefe, bevor das Bier bei der Abfüllung in Flaschen erneut eine Kandiszuckergabe erhält. Die Nachgärung erhöht den Alkoholgehalt in der Flasche weiter und gibt dem Bier ein spannendes, vielfältiges Aroma, das je nach Alter stark schwankt.

Am seltensten und für viele auch am besten ist das Westvleteren-Bier der Sankt-Sixtus-Abtei in Vleteren. Abgesehen von gelegentlichen Chargen, die auf Umwegen bei Händlern landen, wird der Gerstensaft direkt über ein »Biertelefon« der Abtei (+32 70 21 00 45) vertrieben. Der Glückliche, der durchgekommen ist, nennt dem Mönch am anderen Ende der Leitung sein Kfz-Kennzeichen und erhält ein Datum und eine Uhrzeit, zu der er mit dem Auto vorbeikommen darf, um maximal zwei Kisten à 24 Flaschen zu erstehen. Es ist dabei dem Zufall oder Schicksal überlassen, welche der drei Sorten des Trappistenbieres gerade verfügbar ist. Kunden müssen ihr Ehrenwort geben, das Bier nicht weiterzuverkaufen. Gerade das stärkste Westvleteren-Bier, das Quadrupel mit der lateinischen Ziffer 12 (XII) auf dem Kronkorken, ist besonders beliebt und gilt seit 2005 in zahlreichen Rankings als bestes Bier der Welt. Über dunkle Kanäle gelangen immer wieder kleine Mengen in den deutschen Bierhandel, wo die 0,33 l-Flasche dann locker über 20 Euro kosten kann, mehr als das Zehnfache des Preises in der Abtei. Übrigens stellen die Brauer in der Sankt-Sixtus-Abtei ihre beiden stärksten Biere wie früher aus einer Maische her. Der erste Guss ergibt das Westvleteren 12, der zweite das Westvleteren 8. Früher stellten sie mit einem dritten Guss noch ein Westvleteren 6 her, das heute als Westvleteren Blond aber mit hellem statt dunklem Malz als eigenes Bier für den Konsum in der Abtei ausgeschenkt wird.

Nicht in jeder Abtei werden alle Bierstile gebraut, manche stellen nur ein einziges Bier her. Die Bezeichnungen Dubbel und Tripel rühren von der mittelalterlichen Praxis her, die Fässer nach dem Befüllen mit Kreide zu kennzeichnen, damit nachvollziehbar blieb, welches Bier sich darin befand. Nachdem ein Großteil der Bevölkerung Analphabeten war, machten die Brauer einfach Kreuze auf das Holz. Zwei Kreuze meinten ein im Verhältnis zum normalen Bier stärkeres Gebräu, drei Kreuze ein nochmals kräftigeres Getränk. Im Volksmund ist daraus »Dubbel« und »Tripel« geworden. Das »Quadrupel« ist eine Neuschöpfung für dunkle Starkbiere mit mehr als 10% Alkoholgehalt, erstmals verwendet für das stärkste Bier der Abtei La Trappe. Andere Bezeichnungen für solche Biere sind »Grand Cru« oder »Belgian Strong Ale«.

Die Hallertau und der jüdische Hopfenhandel

Ein echtes Rekordergebnis – Martin und Heinrich fielen sich um den Hals. Gerade hatten sie die Bilanz ihres erst vor drei Jahren gegründeten kleinen Exportunternehmens mit ihrem Bankier besprochen. »Wer hätte das gedacht«, lachte Heinrich auf, »dass wir den Indern Bier verkaufen können!« Und in der Tat. Beider Väter hatten sie für verrückt erklärt, als sie diesen von ihrem Plan erzählten. »Was die Engländer können, das können wir schon lange«, hatte Martin insistiert und mit seinem Freund gemeinsam den ersten Schiffsladeraum angemietet. Insgesamt 250 Hektoliter Nürnberger Bier konnte die kleine Firma aus Emden 1870 nach Indien verschiffen, ein Fünftel des gesamten deutschen Bierexportes in die britische Kolonie, und damit stolze 12 000 Rupien umsetzen, umgerechnet über 30 000 Mark. Dabei hatte jeder der beiden Jungunternehmer stolze 3500 Mark Gewinn erwirtschaftet. Heinrich konnte es immer noch nicht glauben. »Ich habe mehr verdient als mein Vater«, grinste Martin. Sein alter Herr war immerhin Oberstabsarzt bei der Armee und gerade aus dem Feldzug gegen Frankreich heimgekehrt. Heinrich stand auf und öffnete die Tür: »Nun, da haben wir jetzt alle was zu feiern!«

Der Hopfen hatte sich bis zum 17. Jahrhundert fast überall in Europa und Amerika als alleiniges Biergewürz durchgesetzt. Klimatisch eignen sich für dessen Anbau nur Gebiete zwischen dem 35. und 55. Grad nördlicher bzw. südlicher Breite, wo das sommerliche Sonnenlicht ideale Wachstumsbedingungen ermöglicht. Doch der Anbau erwies sich als durchaus schwierig und die Qualität des Produktes schwankte gewaltig. Als bester Hopfen galt lange Zeit die Ernte des böhmischen Anbaugebietes Žatec (Saaz), das sich auch heute noch östlich der gleichnamigen Stadt erstreckt. Dem folgten die Erträge der Hopfengärten im Altmühltal, der Spalter Region, der Pfalz und mit Abstrichen der Landshuter Gegend. Vor allem in Bayern erhöhten die Bauern ihre Anbauflächen und erwirtschafteten Überschüsse, die über den Bedarf der lokalen Brauereien hinausgingen. Dadurch etablierten sich private Hopfenhändler, die das Produkt auch über die Landesgrenzen hinaus verkauften. Diese Entwicklung fiel mit der Vertreibung der Juden aus vielen bayerischen Städten aufs Land zusammen. Reibereien mit den christlichen Zünften hatten dort zu fortlaufenden Pogromen vom 15. bis zum Ende des 17. Jahrhunderts geführt. Die Vertriebenen mussten sich nun nach neuen Einnahmequellen umsehen und nicht wenige fanden Gefallen am Handel mit dem Biergewürz und zwischen Hopfenbauern und -händlern kam es zu langfristigen Bindungen oft über Generationen hinweg.

Die Anbaumethoden in Bayern verbesserten sich weiter, die günstigen Getreideimporte aus Amerika und Russland ermöglichten den Umstieg der Bauern auf den Hopfen und so konnte sich das Königreich im 19. Jahrhundert zum bedeutendsten Hopfenland der Welt entwickeln. Neben dem Gebiet zwischen Bamberg und Höchstadt an der Aisch etablierte sich vor allem die Hallertau als große Hopfenanbauregion. Ziemlich genau dazwischen lag Nürnberg, das sich zum Zentrum des Hopfenhandels entwickelte, der fest in den Händen jüdischer Kaufleute war. Besonderen Erfolg hatten diese durch ihre internationale Vernetzung. Denn wenn der Hopfen an einem Ort in Bayern knapp wurde, konnten sie aus dem Elsass oder Tschechien schnell Ersatz besorgen, während ihre christlichen Kollegen selten Handelsverbindungen über mehr als 100 Kilometer Entfernung, geschweige denn über Sprachbarrieren hinweg, aufbauen konnten.

Nach der Reichsgründung 1871 nahm die bayerische Bierproduktion um das Zwanzigfache zu, während sich der regionale Konsum nur verdreifacht hatte. Die Humbser-Brauerei in Fürth ließ sich als Erstes ein gekühltes Hopfenlager patentieren, wodurch die natürliche Alterung des Agrarproduktes deutlich verlangsamt wurde. Zudem ersetzte Ende des 19. Jahrhunderts der Draht- den vorher üblichen Stangenanbau. Damit entfiel der aufwendige Auf- und Abbau der Hopfengärten und die Anbaufläche wuchs weiter. Ferner sorgte die Verbreitung der Sparkassen dafür, dass die Hopfenbauern in guten Erntejahren Geld für schlechte Zeiten zurücklegen konnten, was den Anbau stabilisierte und berechenbarer machte. Mit diesem stabilen Markt im Rücken agierten die Nürnberger Hopfenhändler auf der europäischen Bühne und belieferten auch Brauereien in England, Frankreich und den USA. Mit großem Erfolg: Um 1890 hatten über 360 Hopfenhandlungen ihren Sitz in der Stadt, von denen rund 70% in jüdischem Besitz waren. 1885 erreichte der deutsche Hopfenanbau mit einer Fläche von über 47 000 Hektar seine größte Ausdehnung. Die Ernte betrug fast 665 000 Zentner, wovon ein gutes Drittel exportiert wurde.

HOPFENBAU-KARTE

BEARBEIT[illegible]

J. CARL

HOPFENBAU UND HOPFENVERBRAUCH DER GANZEN ERDE.

¾ Quadrat-Centimeter gleich 1000 Hectar.

Fläche	Namen der Länder		Vom gesammten Culturland sind ‰ im Hopfenbau	pro Hectar: Pflanzenzahl	pro Hectar: Durchschn. Ertrag Ctr.	im Ganzen pro Jahr: Production (Mittelernte) Ctr.	im Ganzen pro Jahr: inländisch. Consum.
6500 Hect.	Belgien		4,7		15	97500	15000
166 Hect. = 301 T^o.	Dänemark				12	1992	8000
71 Hect. = 197 Mg.	Kr. Constanz, Villingen, Waldshut, Lörrach	Baden 1754 Hect.	0,2				
49 Hect. = 136 Mg.	Kr. Freiburg, Offenb'g, Baden		0,2			Baden:	
1585 Hect. = 4403 Mg.	Kr. Karlsruhe, Mannheim, Heidelberg		9,1		15	26310	10000
49 Hect. = 126 Mg.	Kr. Mosbach		0,4				
9269 Hect. = 27206 Tgw.	Mittelfranken	Bayern 17713 Hect.	25,0	5000		111228	
3350 Hect. = 9833 Tgw.	Oberfranken		10,8	4400			
2342 Hect. = 6875 Tgw.	Niederbayern		4,9	5300			
1666 Hect. = 4890 Tgw.	Oberbayern		3,0	4850		Bayern:	
715 Hect. = 2100 Tgw.	Oberpfalz		1,8	5800	12	212556	80000
236 Hect. = 692 Tgw.	Schwaben		0,7	5300			
84 Hect. = 247 Tgw.	Rheinpfalz		0,3	5000			
51 Hect. = 150 Tgw.	Unterfranken		0,1	5870			
26 Hect. 106 Mg.	Braunschweig	Deutschland 37910 Hect.	0,1		15	390	4500
30 Hect. = 120 Mg.	Hess. Darmstadt		0,1		15	450	6500
5800 Hect.	Elsass		8,5	5000	12	69600	12000
1700 Hect.	Dtsch. Lothring.			7000	12	20400	3000
2500 Hect. = 9791 Mg.	Rgbz. Posen	Preussen 4950 Hect.	2,3				
1700 Hect. = 6658 Mg.	" Magdebg.		2,7			Preussen:	
300 Hect. = 1175 Mg.	Prov. Hannover		0,3		12	59400	130000
300 Hect. = 1175 Mg.	Rhein-Provinz		0,2				
150 Hect. = 588 Mg.	Rest v. Preussen						
30 Hect. = 90 Mg.	Kgr. Sachsen		0,08		12	600	20000
873 Hect. = 2770 Mg.	Neckarkreis	Württembg. 4913 H.	5,4				
2182 Hect. = 6923 Mg.	Schwarzwaldkreis		11,5		15	Württemberg:	
704 Hect. = 2232 Mg.	Jagstkreis		3,3			73695	28000
1154 Hect. = 3622 Mg.	Donaukreis		3,7			Ganz Deutschland:	
974 Hect.	Rest von Deutschland					477111	321500
2000 Hect.	Burgund	Frankreich 4000 Hect.	0,5	4500	12	Frankreich:	
2000 Hect.	Lothringen		0,5			48000	48000
	Portugal		Muster auf der Wiener Ausstellung 1873				
1 Hect.	Italien (Forli, Manaro)				12	12	1300
142 Hect.	Niederlande		0,05		15	2130	2000
200 Hect. = 183 Dess.	Russland				15	3000	6000
70 Hect. = 142 T^o.	Scandinavien				12	840	4500
40 Hect. = 111 Jcht.	Schweiz			3700	12	480	3000
250 Hect. = 600 Acr.	Australien				12	3000	

Nordamerika 16223 Hect. = 40088 Acres mit 300000 Ctr. Production u. gleichem Consum.

Deutschland 37910 Hect. mit 477111 Ctr.

England 25606 Hect. mit 384090 Ctr.

Oesterreich 7711 Hect. m. 92532 Ctr.

Rest Europa 11119 Hect. mit 153951 Ctr.

auf der ganzen Welt: 98824 Hect. mit 1310684 Ctr. Mittelernte und 1309500 Ctr. jährl. Consum.

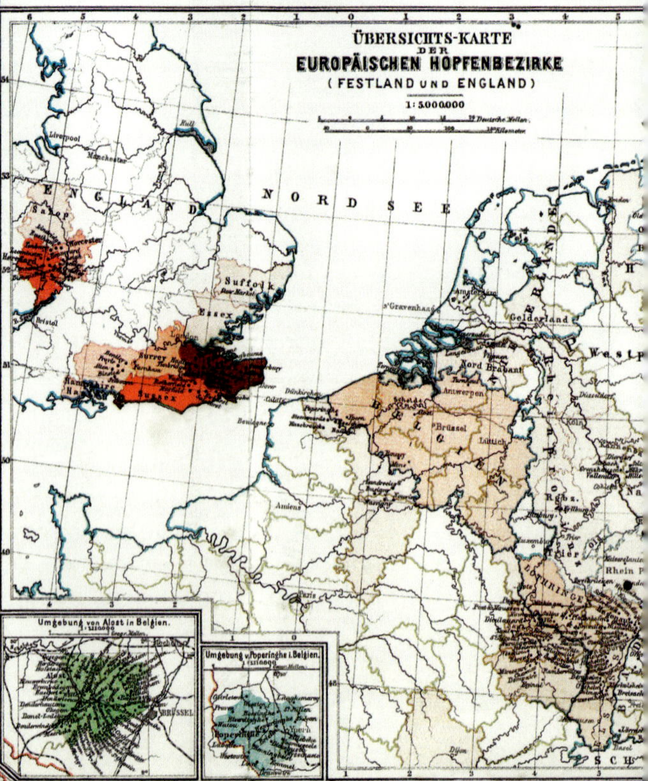

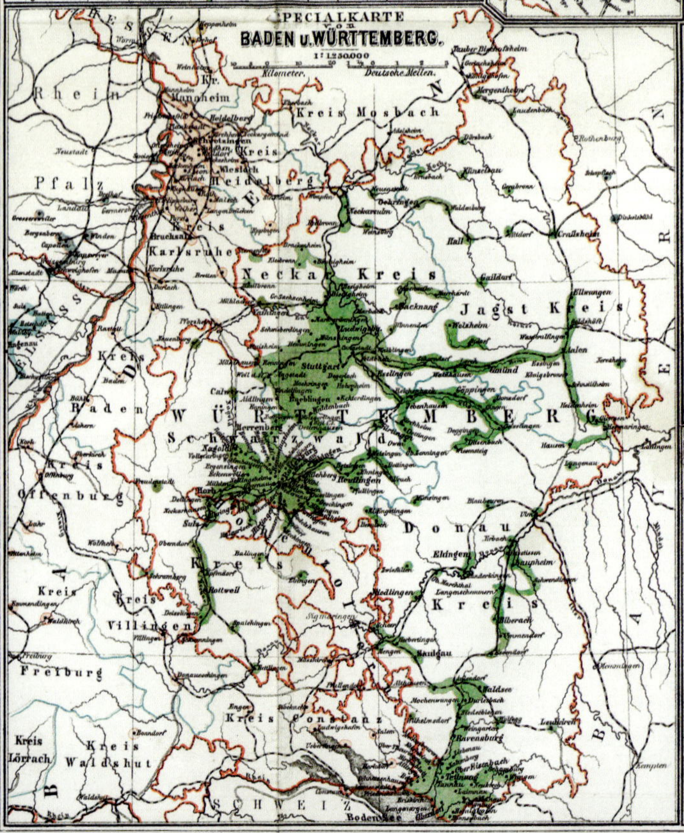

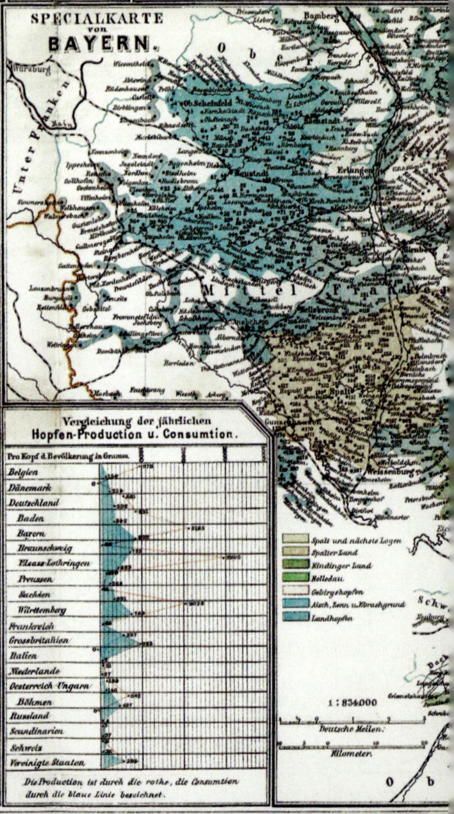

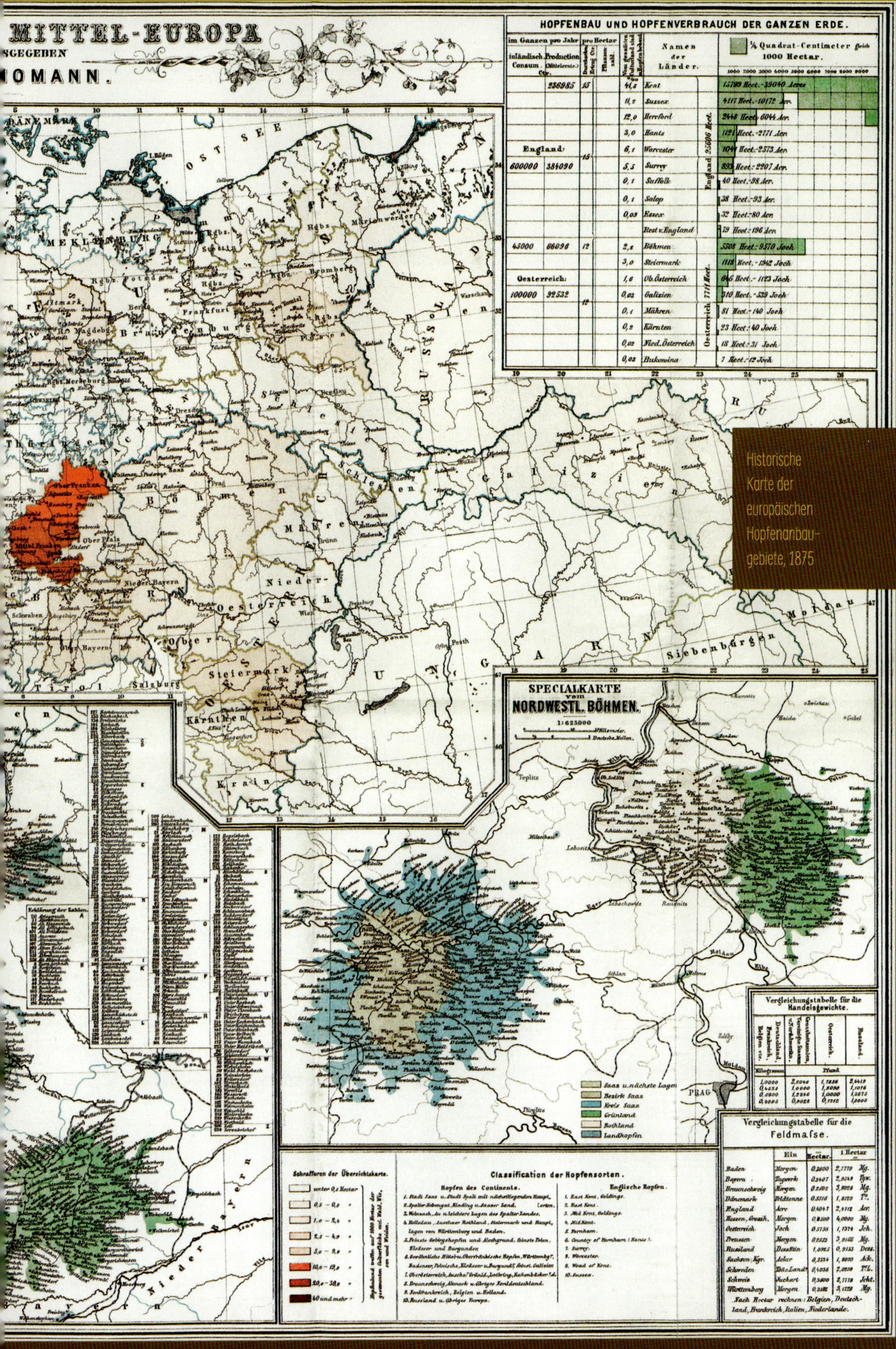

Historische Karte der europäischen Hopfenanbaugebiete, 1875

Als zweites Hopfenhandelszentrum neben Nürnberg etablierte sich das nur 50 Kilometer nördlich gelegene Bamberg. Dort hatten sich die Hopfenhändler anfangs in der Altstadt niedergelassen, zogen dann aber vermehrt in ein damaliges Neubaugebiet, das heutige Hainviertel, wo deren zahlreiche Gründerzeit-Villen immer noch zu besichtigen sind. Hinter den Prachtbauten lagen meist die Hopfenlager und Darren. Auch in der Bischofsstadt wurde ein erheblicher Teil des Steueraufkommens durch die jüdischen Hopfenhändler erwirtschaftet.

Doch nicht nur den Städten kam der Gewinn aus dieser lukrativen Handelssparte zugute, auch die Kaufleute selbst verbuchten einen deutlichen Zuwachs auf ihren Konten. Auf der Suche nach Investitionsmöglichkeiten gründeten sie Banken und naheliegenderweise auch Mälzereien und Brauereien, wie beispielsweise die erste Bamberger Exportbierbrauerei Frankenbräu AG, die in kurzer Zeit zur größten und modernsten Brauerei Bambergs aufstieg und nach einem Besuch von Prinz Rupprecht von Bayern im Jahr 1900 als »Bamberger Hofbräu AG« firmieren durfte. Mit den damaligen 100 000 Hektolitern Jahresproduktion übertraf die Hofbräu AG selbst den heutigen Ausstoß sämtlicher neun innerstädtischer Brauereien Bambergs.

Zur selben Zeit gründete der aus Franken stammende jüdische Bankier Joseph Schülein im Münchener Stadtteil Haidhausen mit seinem Bruder Julius nach dem Kauf der insolventen Fügerbräu die Unionsbrauerei Schülein & Cie. Nach umfangreichen Investitionen gelang es dem Betrieb, schnell eine bedeutsame Rolle in der bayerischen Hauptstadt zu spielen. 1905 fusionierte Schülein schließlich mit der kriselnden Kindl-Bräu und wurde zum »König von Haidhausen« gekrönt.

Nach durch den Krieg bedingten Abtretungen ertragreicher Getreidegebiete vor allem im Osten widmeten sich viele vormalige Hopfenbauern wieder dem Getreideanbau, um die Versorgung der Bevölkerung sicherzustellen, wie beispielsweise zwischen Bamberg und Höchstadt an der Aisch. Insgesamt schrumpfte die deutsche Hopfenanbaufläche auf 11 500 Hektar. Zum Schutz der noch bestehenden Anbaugebiete wurde 1929 das Hopfenherkunftsgesetz erlassen, das klar regelte, wo Hopfen angebaut werden durfte und wie er durch Siegel und Plomben vor Fälschungen geschützt werden konnte.

Die Brauereien erholten sich ebenfalls nur langsam von den Folgen des Krieges. Zudem brach ihnen aufgrund der Prohibition in den USA ein wichtiger Absatzmarkt weg und in der Hallertau wütete die verheerende Hopfen-Pilzkrankheit Peronospora. Dadurch in Schwierigkeiten geraten, musste Münchens größte Brauerei Löwenbräu einer Fusion mit Schüleins Unionsbrauerei zustimmen. Das frische Kapital und die Immobilien der jüdischen Brauer sanierten das traditionsreiche Großunternehmen, dessen Vorstand auch Josephs Sohn Hermann Schülein angehörte, der 1924 schließlich zum Generaldirektor aufstieg. Mit über einer Million verkauften Hektolitern wurde Löwenbräu zur größten Biermarke des

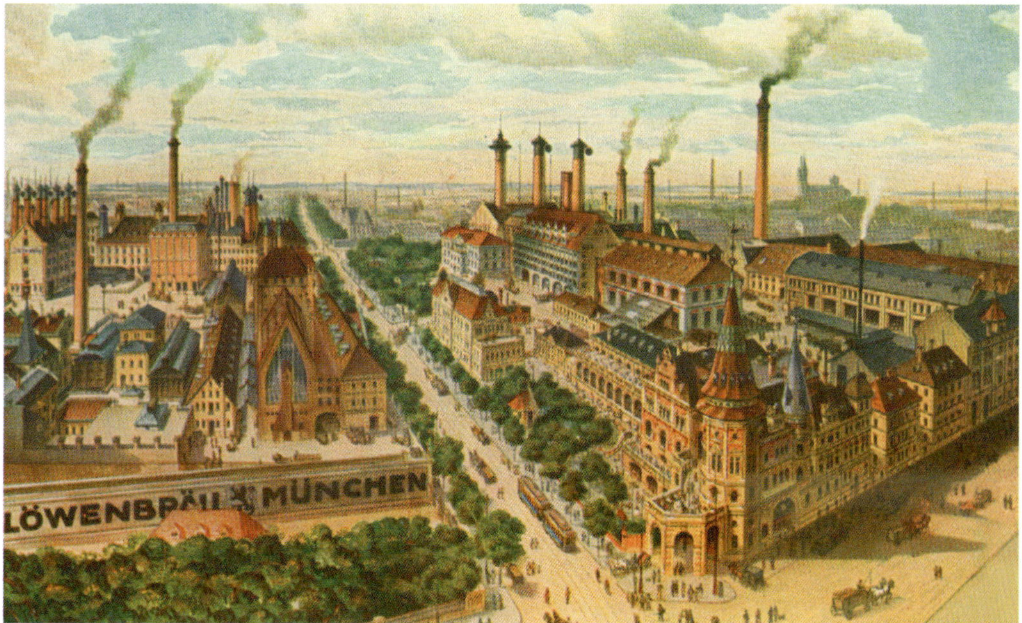

Die Münchener Löwen-Brauerei am Ende des 19. Jahrhunderts, zeitgenössische Postkarte

Deutschen Reiches und begann auch wieder, international zu exportieren. Angesichts der antisemitischen NS-Repressalien und seines Zwangsrücktrittes als Direktor emigrierte Hermann Schülein 1936 in die USA, wurde Direktor der Liebmann Brewery in Brooklyn und konnte mit dem von ihm kreierten Bier namens »Rheingold Extra Dry« an alte Erfolge anknüpfen. Sein Vater verlegte sich hingegen auf die Weiterentwicklung der Schlossbrauerei Kaltenberg, die er 1916 gekauft hatte. Dorthin zog er sich nach der »Machtergreifung« der Nationalsozialisten zurück und starb am 9. September 1938, die Brauerei wurde »arisiert«. Nach der Rückgabe an die Familie erwarben die Wittelsbacher 1955 das Schloss und betreiben dort heute die König-Ludwig-Brauerei.

Erneute Zerstörungen und Landverluste infolge des Zweiten Weltkrieges ließen die Hopfenanbaugebiete durch weitere Anbauwechsel auf eine Fläche von knapp 5200 Hektar schrumpfen. Gegenwärtig gibt es in Deutschland sechs größere Hopfenanbaugebiete auf insgesamt knapp 18 600 Hektar. Trotz der wesentlich geringeren Fläche gegenüber 1885 lag die Ernte 2016 bei einem Rekordwert von über 850 000 Zentnern und übertraf damit den Spitzenwert des 19. Jahrhunderts deutlich. Der weltgrößte Hopfenhändler mit 30% Marktanteil sitzt weiterhin in Nürnberg, die Joh. Barth & Sohn GmbH & Co. KG, gefolgt von Hopsteiner aus Mainburg im Herzen der Hallertau. Beide Unternehmen können auf eine über 170-jährige Geschichte zurückblicken und haben Niederlassungen in der ganzen Welt. Gut 85% der Hopfenanbaufläche entfallen in Deutschland auf die Hallertau, gefolgt vom Elbe-Saale-Hopfen (7,5%), Tettnang am

Bodensee (7%) und Spalt (2%). Die deutsche Hopfenernte macht dabei etwa ein Drittel der Weltproduktion aus. Etwa auf gleichem Niveau rangieren die Hopfenpflanzer in den USA, wo das »Grüne Gold« hauptsächlich im Yakima Valley im Bundesstaat Washington kultiviert wird, wo ca. 80% des amerikanischen Hopfens geerntet werden. Weitere wichtige Hopfenländer sind Tschechien, China, Polen, Slowenien und das Vereinigte Königreich. Als kleinere Exportländer mit sehr aromatischen Züchtungen haben sich zudem Südafrika, Australien und Neuseeland hervorgetan.

Vom Handwerk zum Großbetrieb

»Heute erzähle ich dir eine ganz besondere Gutenachtgeschichte«, sagte Alfred Münzmeister und lächelte seinen Enkel an: »Vor zehn Jahren, im Juni 1922, war ich durch Zufall Gast in der Kugleralm in Deisenhofen. Da hatte ich beruflich zu tun, weil die Wirtschaft neue Fenster bekommen sollte. Ich hörte den Wirt, Franz Xaver Kugler, schon am frühen Morgen ein lautes Geschrei anfangen. Als er Luft holte, ging ich vorsichtig hin und fragte, ob ich helfen könne. Nein, meinte er, denn sein Lieferant habe wohl eine Null vergessen und ihm nur eine lächerliche Menge Bier geschickt. Und das, obwohl er jede Woche immer gleich bestelle. Jetzt habe er große Sorge. Denn wie immer würden sich am Nachmittag viele Radfahrer auf dem eigens für sie eingerichteten Weg von München zur Kugleralm aufmachen und dann in seinem Biergarten landen. Aber wie sollte er deren Durst stillen – ohne Bier? Da fragte ich ihn, ob er nicht etwas anderes zu trinken da hätte. Ihm fiel nur die Zitronenlimonade ein, die ihm vor einem Monat ein junges Bürschlein aufgeschwatzt hatte. Über 5000 Flaschen – und niemand wollte das Zeug trinken. Deswegen würde das ihm auch nichts nützen. Da holte ich eine Flasche Limonade aus dem Keller, goss sie in einen Maßkrug und füllte das Ganze mit Bier auf. Staunend folgte Xaver meinem Tun, nahm schließlich den Krug, als ich ihn ihm entgegenstreckte, probierte und hatte auf einmal ein Grinsen im Gesicht. ›Herr Münzmeister, das ist eine geniale Idee, so schlage ich zwei Fliegen mit einer Klappe!‹« Auch der Großvater lächelte, als er die letzten Worte sprach und zu seinem Enkel hinsah. Doch der war schon eingeschlafen. Ob er sich wohl morgen früh noch an die Geschichte des »Radlers« erinnern würde?

Der Pub »Cock and Magpie« in der Londoner Drury Lane, Kupferstich von 1840

Der Startschuss für die Entwicklung des industriellen Brauens ertönte – wie sollte es anders sein – in England, und zwar, als das Parlament mit dem »Beerhouse Act« von 1830 den Bierhandel liberalisierte. Jeder Betreiber eines Pubs, der sich die zwei Guineen (2,10 Pfund) für eine erweiterte Lizenz leisten konnte, durfte in seinen Räumlichkeiten eigenes Bier brauen. Zu den zu dieser Zeit bestehenden 51 000 offiziellen Pubs, Refugien vor allem für die gehobene Bürgerschaft, kamen schnell 46 000 weitere hinzu, deren Besitzer die Gelegenheit beim Schopf ergriffen. Damit durchbrachen sie die bisherige Marktdominanz der etablierten Brauereien, vor allem derer aus London, die viele der Pubs direkt besaßen oder unter Vertrag hatten, und sorgten für ein wiedererwachendes Qualitätsbewusstsein bei Brauern und Verbrauchern.

Denn hohe Rohstoffpreise und Zölle infolge der napoleonischen Kriege hatten dafür gesorgt, dass teils abenteuerliche Zutaten in die britischen Biere gelangt waren. Selbst von massiven Opium-Gaben ist in einigen Quellen die Rede. Die neue Konkurrenz zwang die etablierten Brauereien, wieder zu den bewährten Rezepturen zurückzukehren.

Zudem versprach sich der Gesetzgeber durch den Beerhouse Act eine Absenkung der seinerzeitig sehr hohen Bierpreise. Denn während ein Gastwirt, der Bier von einer Brauerei kaufte, Malz- und Biersteuer bezahlen musste, entfiel zumindest die Biersteuer für die Kneipenwirte, die neuerdings selbst brauten. Steigende Getreidepreise aufgrund schlechter Ernten gaben ihnen aber eine gute Argumentationshilfe, um die Preise nicht erheblich zu senken. Dennoch verdoppelte sich die britische Bierproduktion innerhalb eines Jahres von 11,5 Millionen auf 24,5 Millionen Hektoliter.

Die vielen neuen Gaststätten wurden die Heimat der Arbeiterklasse und auch anderer Schichten: Nicht selten in Nebenzimmern oder Hinterhöfen gelegen, boten sie eine gute Gelegenheit für Spieler, Gelegenheitsarbeiter, Prostituierte, Kleinkriminelle und Hehler, ihrem jeweiligen Geschäft nachzugehen. Ab 1850 stiegen die Durchschnittseinkommen – und mit ihnen der Pro-Kopf-Bierkonsum. Die Bevölkerung investierte aber auch in ihre Häuser und Wohnungen, kaufte neue Möbel und lernte häusliche Gemütlichkeit schätzen. Diese Ansprüche stellte sie nun ebenso an die Pubs und so sank deren Zahl ab 1870 zugunsten brauereigebundener Schankstätten. Um 1900 wurden in den Pubs nur noch knapp vier Prozent der britischen Bierproduktion von mittlerweile 57 Millionen Hektolitern hergestellt. Dennoch hatte der Beerhouse Act dafür gesorgt, dass das Bier auch in den unteren Bevölkerungsschichten angekommen war.

Mit der steigenden Nachfrage sowohl durch das enorme Bevölkerungswachstum als auch durch die Erweiterung der Konsumentenkreise wuchsen auch die Ansprüche an die Produzenten. Die vielen technologischen Fortschritte des 18. und 19. Jahrhunderts spielten ihnen dabei in die Hände. Um 1758 hatte sich die Verwendung von Hausenblase, der Schwimmblase von Stören aus dem Kaspischen und Schwarzen Meer, zur Klärung des Bieres etabliert. Ein Gramm pro Hektoliter Bier reichte, um die Trubstoffe ausflocken und auf den Boden des Gefäßes sinken zu lassen. Ebenfalls um 1760 datiert die Erfindung des modernen Thermometers, das dank der einheitlichen Temperaturskalen zur Überwachung der einzelnen Schritte des Brauprozesses genutzt werden konnte und seit 1784 zur Standardausrüstung jeder englischen Brauerei gehörte. Etwa um dieselbe Zeit erfand Thomas Thomson das erste Saccharometer, eine Sonderform des Hydrometers, mit der die Brauer den Stammwürzegehalt ihres Sudes messen konnten. Die dritte wichtige Erfindung aus dieser Zeit war um 1780 schließlich die Temperaturregulation während der Gärung.

Damit konnten die britischen Brauer die Bierherstellung weitgehend überwachen und kontrollieren. Die im frühen 18. Jahrhundert erfundene Dampfmaschine hielt nach den Verbesserungen durch James Watt schnell Einzug in den wichtigsten Industriezweig des Landes, die Textilwirtschaft, und der Weg in die Brauereien war nicht weit. Die beiden ersten Londoner Dampfmaschinen standen 1784 in Brauereien und auch das Transportwesen profitierte von der neuen Kraftquelle. Diese ersetzte zuerst die Brauereipferde, die neben dem Lastentransport vor allem beim Betrieb der Schrotmühlen zum Einsatz kamen und mit Futter, Ställen und Fürsorge sehr zeit- und kapitalintensiv waren. Größere Brauereien hatten nicht selten 150 oder mehr Pferde im Einsatz. Über Transmissionsriemen, eine von den Wind- und Wassermühlen bekannte Form der Kraftübertragung, war es nun ein Leichtes, die neue Dampfkraft überall in der Brauerei verfügbar und damit die Pferde arbeitslos zu machen.

Als 1830 die erste englische Eisenbahnlinie auf der Strecke zwischen Manchester und Liverpool eröffnet wurde, transportierte sie anfangs nur Passagiere. Doch auch die Brauer entdeckten bald diese neue Transportmöglichkeit sowie die aufkommenden Dampfschiffe, um sich ab 1850 zusätzliche Märkte in jedem Winkel des Empires zu erschließen. Die Industrialisierung stand zudem im Zeichen der Landflucht und so wuchs beispielsweise die Einwohnerzahl von Manchester von 20 000 um 1750 auf über 300 000 Bewohner ein Jahrhundert später an, deren Durst ebenfalls gestillt werden musste, und so wurde die Bierindustrie zu einem Eckpfeiler der britischen Wirtschaft.

Historische Eisenbahnkarte Deutschlands, 1849

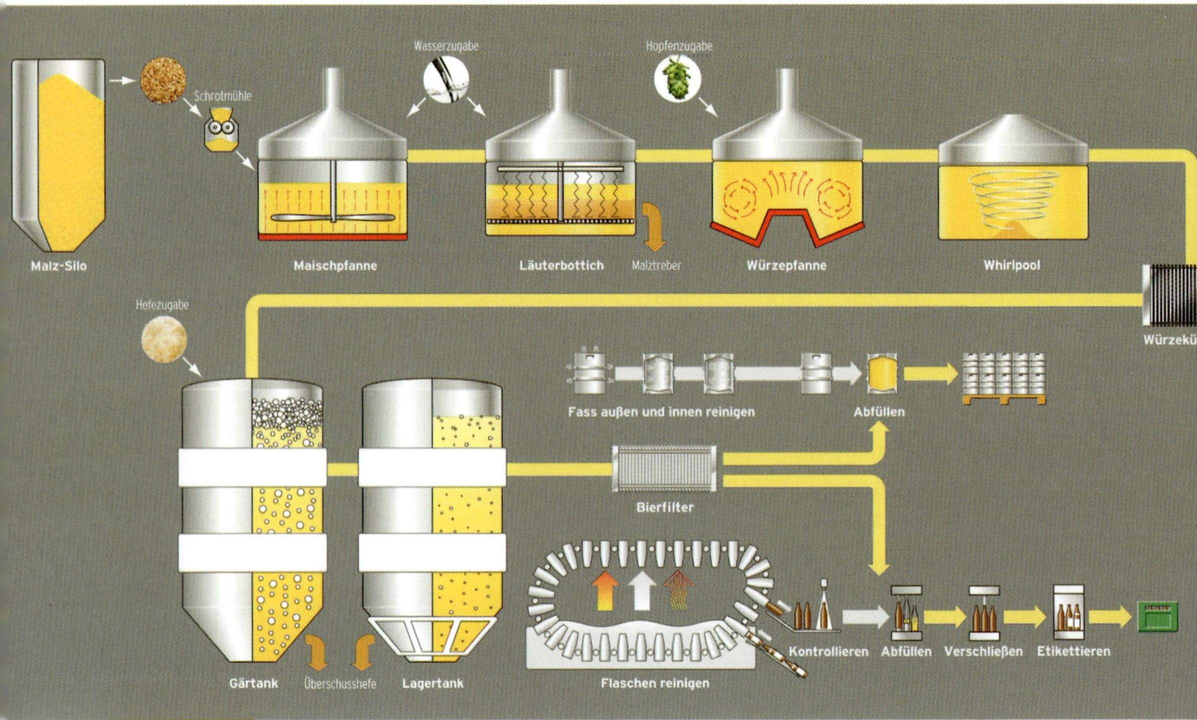

Schematische Darstellung des industriellen Brauprozesses vom Sudhaus bis zur Abfüllung

Die amerikanischen Brauer starteten etwas verspätet in die neue Zeit. Denn in den Vereinigten Staaten war das Bier zwar verbreitet, aber der Pro-Kopf-Konsum um 1850 mit zehn Litern noch recht bescheiden. In England betrug er bereits das Fünffache. Dementsprechend wurden in den USA 1850 gerade einmal 850 000 Hektoliter Bier gebraut. Doch auch hier hielten um 1850 Industrialisierung und Bevölkerungswachstum Einzug und der Durchschnittsverbrauch erreichte bis 1914 immerhin 75 Liter. Die immer größere Produktivität in der Landwirtschaft setzte – wie auch in Europa – mehr und mehr Arbeitskräfte für die Industrie frei. In nur zehn Jahren stieg die Bierproduktion 1860 auf knapp 4,5 Millionen Hektoliter und erreichte 1914 einen vorläufigen Spitzenwert von 77,5 Millionen, der die 57 Millionen Hektoliter der britischen Brauwirtschaft bei Weitem übertraf.

In Deutschland nahm die Industrialisierung erst nach der Reichsgründung wirklich Fahrt auf, obwohl bereits 1785 die erste Dampfmaschine in Preußen ihren Betrieb aufgenommen hatte, welcher 1822 der erste Brauerei-Einsatz folgte. Im Unterschied zu Großbritannien erfasste die Industrialisierung hier nicht nur die Textil-, sondern vor allem die Montanindustrie und den Eisenbahnbau. Ab den 1850er-Jahren wurde die Steinkohle zum wichtigsten Rohstoff und das stetig erweiterte Schienennetz begünstigte den Warentransport, auch zu den Häfen und ins benachbarte Ausland. Auch beim Bier gab es einen großen, aber sehr bedeutenden Unterschied zum Vereinigten Königreich. Da die deutschen Exportbrauereien, genauso wie auch der Großteil der US-Hersteller, fast alle auf die untergärige Produktion setzten, konnten sie auch in England eine zunehmende Käuferschaft für sich gewinnen, da sie auch dort den Geschmack der Kunden getroffen hatten. Mit der Gründung des Deutschen Zollvereins waren 1834 die größten Handelsschranken zwischen 25 Staaten mit über 25 Millionen Einwohnern gefallen. Dies öffnete den Markt vor allem für die Brauwirtschaft, sowohl für Im- als auch Exporte. Mit der »Norddeutschen Biersteuergemeinschaft«, der anfangs nur Preußen, Sachsen und Thüringen angehörten, sollte zudem für alle deutschen Brauer Steuergerechtigkeit geschaffen werden. Gerade Sachsen kam hier eine wichtige Rolle zu. Das kleine Königreich hatte nach den Befreiungskriegen einen Großteil seines Gebietes und seiner Finanzkraft verloren, da es, anders als Bayern, Napoleon bis zuletzt die Treue gehalten hatte. Die sächsischen Brauereien waren aufgrund dieser Entwicklung der Konkurrenz relativ ungeschützt ausgesetzt. Waren es bis 1850 die bayerischen Brauereien, die auf den sächsischen Markt drängten, kamen ab der Mitte des 19. Jahrhunderts auch noch die böhmischen Betriebe und kurz nach der Reichsgründung 1871 die neuen Berliner Aktienbrauereien hinzu. Leipzig beispielsweise importierte vor der Gründung des Zollvereins 1830 insgesamt 1700 Hektoliter bayerisches Bier, fünf Jahre später waren es bereits 10 100 Hektoliter. Umgekehrt vermerkten die bayerischen Behörden den ersten Bierimport aus Sachsen erst im Jahre 1845 – und zwar von Plauen nach Hof.

Das Pilsener Brauhaus um 1892

Aus dieser grundsätzlich eher ungünstigen Situation erwuchs dem sächsischen Biergewerbe dennoch eine unerwartete Chance. Denn dadurch, dass die Bürger der sächsischen Städte sehr lange an ihrem eigenhändigen – obergärigen – Brauen festgehalten hatten, war es kaum zur Gründung von Zünften gekommen. Beim Aufkommen des bayerischen Brauens gab es deshalb kaum Widerstände, da die untergärigen Lagerbierbrauereien von der sächsischen Regierung als Industriebetriebe ohne Zunftzwang eingestuft wurden. Damit bedurfte es lediglich einer staatlichen Konzession für die Errichtung einer Aktienbrauerei, die in der Regel schnell und unproblematisch erteilt wurde. Dies nutzten viele clevere Investoren aus und es kam ab 1850 zu einem regelrechten Gründungsboom sächsischer Aktienbrauereien, die schnell zum führenden regionalen Industriezweig, dem Bergbau, aufschlossen.

Alleine im Dresdner Hauptamtsbezirk existierten 1861 bereits 173 Brauereien, die fast 50 000 Hektoliter Bier herstellten. In den folgenden fünf Jahren erreichte die Produktion bereits annähernd 270 000 Hektoliter. Damit übertrafen die Sachsen bereits die Exportproduktion der Erlanger Brauereien. Die Franken hatten zu diesem Zeitpunkt die führende Rolle beim Brauen des untergärigen Bieres inne, waren aber in der Regel familiengeführte Unternehmen. Somit fehlte ihnen im Gegensatz zu den Aktienbrauereien das Kapital für schnelle

Zeitgenössische Postkarte der Ersten Kulmbacher Actien-Exportbier-Brauerei

wachstumsbedingte Erweiterungen und technologische Neuinvestitionen. Die Sachsen hatten also auf einmal einen Wettbewerbsvorteil gegenüber ihren südlichen Nachbarn. So nimmt es nicht wunder, dass sächsisches Kapital 1872 zur Gründung der Ersten Kulmbacher Actien-Exportbier-Brauerei führte – auch in Bayern hatte die Gewerbefreiheit nach der Reichsgründung Einzug gehalten – und der Deutsche Brauer-Bund ein Jahr vorher in Dresden entstanden war. Eine Übersicht zur Rentabilität der Aktienbrauereigesellschaften Ende der 1870er-Jahre listet an der Spitze die Dresdner Felsenkellerbrauerei mit einer Dividende von 25%, gefolgt von der Schlossbrauerei Chemnitz mit 23% und der Vereinsbrauerei zu Leipzig mit 18%.

Ein anderes Beispiel ist Hamburg, wo erst 1865 die Gewerbefreiheit eingeführt wurde und selbst 15 Jahre später noch beschauliche 600 Gewerbebetriebe 18 000 Arbeiter beschäftigten. 1914 waren es jedoch bereits 5000 Industriebetriebe mit 115 000 Beschäftigten. Hamburg war nach New York und London die drittgrößte Handelsmetropole der Welt und zählte über eine Million Einwohner, die entsprechend durstig waren. Der Pro-Kopf-Verbrauch stieg innerhalb zweier Jahrzehnte aufgrund sinkender Preise, größerer Marktdurchdringung und steigender Kaufkraft von 47 Liter 1869 auf über 80 Liter Bier per anno. Ab 1835 entstand an der Elbe schon lange vor Erfindung der Kältemaschine untergäriges Bier mithilfe von Gletschereis aus Skandinavien und Hamburg wurde so wieder zum großen Brauhaus wie in den alten hanseatischen Zeiten. 1892 produzierten die 20 Großbrauereien der Stadt 800 000 Hektoliter untergäriges Bier, 270 000 Hektoliter obergäriges Bier und 15 000 Hektoliter Weißbier, Porter und Ale. Nur zehn Prozent davon gingen in den Export, der Rest landete in den Hamburger Kehlen, was einem weiteren Anstieg des durchschnittlichen Pro-Kopf-Konsums auf etwas mehr als 97 Liter pro Jahr gleichkam.

Nach der Reichsgründung kam es also im gesamten Kaiserreich zu einem Gründerboom, vor allem im Brauereiwesen, unterstützt von den französischen Reparationszahlungen, die fünf Milliarden Goldfrancs in die deutsche Wirtschaft gepumpt hatten. Der milde Winter 1883/84 sorgte zudem für eine Verknappung von Natureis und überzeugte die letzten Zweifler von der Notwendigkeit des Umstiegs auf Kunsteis, womit das ganzjährige untergärige Brauen überall möglich wurde. Die Brauereien entwickelten sich so innerhalb kürzester Zeit mit einem Anteil von über 60% im Jahr 1906 zum bedeutendsten Bereich der Ernährungsindustrie. In derselben Zeit setzte sich auch endgültig das untergärige Brauverfahren durch. Lagen 1870 ober- und untergärige Biere noch in etwa gleichauf, verließen 1912 zu über 90% untergärige Biere die deutschen Brauereien. Die Menge an verkaufsfertig produziertem Bier stieg von 30 auf über 70 Millionen Hektoliter an und das Deutsche Reich steigerte seine Steuereinnahmen aus der Bierwirtschaft von 40 auf 232 Millionen Mark – dies entsprach mehr als drei Prozent seines Bruttosozialproduktes.

Prohibition und Mäßigung

Eine ernüchternde Bilanz: ein Toter, acht Rückfällige und vier scheinbar Geheilte. Max Hertrich sammelte die Unterlagen des Professors zur Archivierung ein. Natürlich ging der davon aus, dass die Probanden ungeeignet waren oder andere Einflüsse seine Therapie negativ beeinflusst hätten. Aber vielleicht war es auch einfach keine gute Idee gewesen, bei Trunksüchtigen Gleiches mit Gleichem zu bekämpfen. Am Anfang waren es 13 Saufbolde gewesen. Der Professor sperrte sie ein und ließ sie so viel trinken, wie sie wollten. Jedes Getränk vermischte er mit einem Drittel Branntwein. Auch Wasser, Kaffee und Tee. Selbst der Nahrung ließ der Mediziner immer ein Drittel Schnaps beimengen. Irgendwann würden sie keine Lust mehr auf das Zeug haben, so war er sicher gewesen. Und so war es auch gekommen. Die Patienten verfielen einem Dauerrausch und ekelten sich bald vor Alkohol in jeder Form. Sie flehten um branntweinfreie Nahrung. Sechs Wochen später, inzwischen war ein 32-jähriger Proband verstorben, hatte der Professor die restlichen zwölf als geheilt entlassen. Doch nur vier von ihnen hatten es geschafft, dem Branntwein zu entsagen. Dafür traf man sie nun des Öfteren in den Schänken an, wo sie sich mit Bier betranken.

Übermäßiger Alkoholkonsum – dieses Phänomen begleitet die Menschheit, wie wir in den vorangegangenen Kapiteln immer wieder gesehen haben, schon seit den Tagen der Steinzeit. Doch erst im 19. Jahrhundert war die Lebenserwartung so weit gestiegen und die Arbeitswelt hatte sich derart verändert, dass die Menschen beginnen konnten, sich Gedanken über ihren Lebensstil zu machen. Zuvor war Alkohol oft einfach die billigste, schnellste oder verfügbarste Art der Ernährung gewesen. Zudem war er von Kulten und Religionsgemeinschaften als berauschendes und reinigendes, teils sogar medizinisches Getränk verehrt worden.

Doch in der ersten Hälfte des 19. Jahrhunderts tauchte in Europa und Nordamerika ein neues Wort auf: die Branntweinpest. Den Autoren ging es vor allem um die schädlichen Auswirkungen der Destillate, die in der Regel günstiger als Bier waren und wesentlich verheerendere Nebenwirkungen hatten – teils wegen der unsauberen Herstellung, teils wegen des hohen Alkoholgehaltes. Hauptverantwortlich für das allgegenwärtige Angebot an Spirituosen war ein Gewächs, das die Europäer aus Amerika mitgebracht hatten: die Kartoffel. Der Knolle – erst als fünfzackig blühende Zierpflanze eingeführt und wegen ihres faden Geschmacks verachtet – kam eine entscheidende Rolle im Kampf gegen die Hungersnöte in der Alten Welt zu. Ihre Kultivierung gab jedem Bauern mit einem kleinen Stückchen Land die Möglichkeit, sich und seine Familie zu versorgen. Die Bevölkerung Irlands beispielsweise wuchs seit der flächendeckenden Einführung der Kartoffel im 17. Jahrhundert innerhalb von 200 Jahren von 500 000 auf sieben Millionen Einwohner an.

Im 18. Jahrhundert war die Kartoffel auf dem gesamten Kontinent angekommen, Friedrich II. von Preußen verfügte sogar, dass zehn Prozent der Anbaufläche für die Knolle genutzt werden mussten. Doch die neue Monokultur hatte auch eine Schattenseite. Zu Beginn des 19. Jahrhunderts schleppten Handelsschiffe mehrere Kartoffelkrankheiten ein, die schwere Hungersnöte – insbesondere in Irland – verursachten. Dennoch betrat mit dem amerikanischen Gewächs ein zuverlässiger und günstiger Stärkelieferant die europäische Bühne, der sich bestens als Grundlage für Destillate eignete. Ende des 18. Jahrhunderts erkannten die ersten Mediziner, dass die »Trunksucht« kein Laster willensschwacher Subjekte war, sondern eine Krankheit, die es zu bekämpfen galt. »Säufer« wurden anfangs weggeschlossen, später systematisch erfasst und gebrandmarkt, sodass ihnen die Wirte keinen Tropfen mehr ausschenken durften.

Die Bewohner der Schnapsgasse, Kupferstich zur Branntweinpest von William Hogarth, 1751

Eine weitere Erkenntnis war, dass der Hang zur Trunkenheit mit steigendem Wohlstand abnahm. Viele Alkoholiker jedoch überschuldeten sich schnell und gerieten auf die schiefe Bahn. So gründeten sich ab 1813 in den USA und Europa die ersten Mäßigungsvereine, deren Mitglieder erst dem Branntwein, ab 1836 aber auch Bier, Cider und Wein entsagten und ab 1851 auch den Kampf gegen deren Herstellung, Ausschank und Verkauf aufnahmen. 1833 hatten ca. 6000 amerikanische Vereinigungen bereits über 1,3 Millionen Mitglieder, was in etwa 13% der Gesamtbevölkerung der Vereinigten Staaten entsprach. Sechs Jahre später erschien in Oldenburg die Zeitschrift »Der Branntwein-Feind«, die die Thesen der verschiedenen deutschsprachigen Mäßigungsvereine zusammenfasste und einem breiten Publikum zugänglich machte, und in England veranstaltete die »Trustees of Temperance Society« ab 1840 in großen Sälen »Tea Parties« mit bis zu 1000 Teilnehmern, um junge Menschen beiderlei Geschlechts vom Wirtshausbesuch abzuhalten.

Waren anfangs ausschließlich Männer in den Temperanzvereinen organisiert, nahm sich jedoch bald auch die aufkommende Frauenbewegung des Themas an und gründete 1873 in Ohio die »Woman's Christian Temperance Union«, die 1911 über eine halbe Million Mitglieder in 56 Ländern der Welt hatte. Der »Bund deutscher Frauenvereine« führte 1896 eine »Mäßigkeitskommission«, die später in »Kommission zur Bekämpfung des Alkoholismus« umbenannt wurde, ein, die auch im Deutschen Reich die Anliegen der weiblichen Selbstbestimmung mit dem Thema Mäßigung (lat. Temperanz) verband. Gerade für die Frauen in den sich entwickelnden Industriestaaten war das Alkoholproblem besonders offensichtlich. Ihre Männer standen in der Regel sechs Tage in der Woche von vier Uhr morgens bis acht Uhr abends ohne Pause an den Maschinen. Als Nahrung galten bei schwerer Arbeit auch Schnaps und Bier und nach der Arbeit verschwanden sie erst einmal in der Kneipe, bevor sie schließlich völlig entkräftet und berauscht im kargen Ehebett landeten – eine Situation, die auch so manche Frau regelmäßig zur Flasche greifen ließ. Die Lebenserwartung lag weit unter 40 Jahren und so ist es gewissermaßen ein Wunder, dass die Industriestaaten trotz dieser Verhältnisse eine rasche Bevölkerungszunahme verzeichnen konnten. Die Frauen setzten beim Kampf gegen den Alkohol auch ihre Weiblichkeit ein und versagten

Die Verelendung einer Familie durch den Alkohol, Kupferstich von George Cruikshank, 1847

unter dem Wahlspruch »Lips that touch Liquor shall not touch ours!« betrunkenen Männern konsequent das Ehebett und sonstige Annehmlichkeiten. In kleineren Gruppen zogen sie auch durch die Bars und grüßten die Barmänner mit den Worten: »Good morning, destroyer of men's souls!« Nicht selten wurden die Aktivistinnen verhaftet und zu hohen Geldstrafen verurteilt, was wiederum große Proteste wegen der Behandlung der Frauen im Allgemeinen nach sich zog. Das Frauenwahlrecht sollte in den USA schließlich parallel zur Prohibition eingeführt werden.

Während es in Europa bei lokal begrenzten Alkoholverboten oder Teilverboten wie der schon thematisierten Untersagung des Spirituosenausschanks in belgischen Kneipen blieb und auch Kanada nur zwischen 1918 und 1920 landesweit den Alkohol verbot, kam es in den USA schließlich zur Prohibition. Schon 1846 hatten die Staaten an der Ostküste entsprechende Gesetze verabschiedet und 1880 schrieb sich Kansas als erster Bundesstaat das Alkoholverbot in seine Verfassung. Georgia, Oklahoma, Mississippi, North Carolina, Tennessee, West Virgina und sechs weitere Bundesstaaten folgten bis zum Ausbruch des Ersten Weltkrieges. Schon vor dem Inkrafttreten der landesweiten Prohibition am 17. Januar 1920 lebte also bereits knapp die Hälfte der Amerikaner, 50 Millionen in 32 Bundesstaaten, unter einem Alkoholverbot.

1917 verabschiedete der US-Kongress eine Resolution, die Herstellung, Verkauf, Transport, Im- und Export alkoholischer Getränke landesweit verbot. Nachdem der letzte Bundesstaat diese Anfang 1919 unterzeichnet hatte, konnte diese dank des 18. Zusatzartikels schließlich trotz des Vetos von Präsident Woodrow Wilson ein Jahr später in Kraft treten. Als alkoholische Getränke galten analog dem Steuerrecht alle Flüssigkeiten, die mehr als ein halbes Prozent Alkohol enthielten. Obwohl diese Grenze völlig willkürlich festgelegt und durch keinerlei wissenschaftliche oder medizinische Erkenntnisse begründet wurde, hat sie sich bis heute gehalten und selbst in Deutschland ist erst ein darüber liegender Alkoholgehalt kennzeichnungspflichtig.

Mit der Verabschiedung des Prohibitionsgesetzes sank die Zahl der Brauereien in den USA von 1237 im Jahr 1917, als der Kongress das Gesetz auf den Weg brachte, über 478, als es drei Jahre später umgesetzt wurde, auf schließlich 186 im Jahr 1930. Während 1917 noch über 70 Millionen Hektoliter Bier gebraut wurden, verringerte sich die Produktion 1920 auf zehn Millionen Hektoliter »Near beer« mit weniger als 0,5% Alkohol. Diese Zahl halbierte sich bis 1926 und ab 1930 war kaum noch eine nennenswerte Produktion zu verzeichnen. Nicht wenige Brauereien verlegten sich schließlich auf die Herstellung von Limonade, um den Betrieb nicht komplett einstellen zu müssen. Ein weiterer Nebeneffekt war die Schließung aller Destillerien, auch wenn sie lediglich Ethanol als Treibstoff für die Automobile herstellten. Dadurch stieg die US-Autoindustrie von diesem ursprünglich ausschließlich genutzten Kraftstoff auf Benzin und Diesel um – ein Nebeneffekt, der nicht folgenlos bleiben sollte.

US-Bundesbeamte vernichten geschmuggelten Alkohol, 1924

Tatsächlich sank der Alkoholkonsum infolge der Prohibition erheblich, aber im Gegenzug stieg die Kriminalität stark an. Nachdem der Alkoholkonsum keineswegs verboten war, blühte der Schwarzhandel entsprechend auf. Nur 2300 schlecht bezahlte Beamte kontrollierten die Einhaltung des Gesetzes und waren völlig überfordert. Ihnen gegenüber stand die Organisierte Kriminalität, die durch die großen Gewinne mit dem verbotenen Produkt eine komplette Infrastruktur mit Personal, Immobilien und Dienstleistungen um ihr Geschäft aufbauen konnte. Zudem schmuggelten Al Capone & Co. mit präparierten Lastwagen und durch Tunnel Alkohol aus Mexiko und Kanada und mit Schiffen aus der Karibik ins Land, als Verkaufsplätze etablierten sich illegale Kneipen, die »Speakeasys« (Flüsterstuben), in denen neben Spirituosen auch Bier ausgeschenkt wurde. Allein die Stadt New York verzeichnete Anfang der 1920er-Jahre 32 000 solcher Kneipen, die versteckt in Hinterhöfen, Kellern und Nebenzimmern lagen. Vor der Prohibition hatte es lediglich 16 000 legale Pubs mit Alkoholausschank in der Stadt gegeben.

Nachdem hochprozentiger Alkohol leichter zu schmuggeln war, verdoppelte sich dessen Konsum im Vergleich zu der Zeit vor 1920, wobei die Qualität wegen der gewünschten maximalen Ausbeute, die Vor- und Nachlauf zum fertigen Brand zulaufen ließ, oft zu wünschen übrig ließ, weswegen die Barkeeper in den Speakeasys den Schnaps auf Eis servierten – und so den »Whisky on the Rocks« kreierten. Methanolvergiftungen waren an der Tagesordnung und unvernünftige Konsumenten griffen gar zu Alkohol, der ursprünglich für medizinische oder industrielle Zwecke vorgesehen und mit giftigen Zusatzstoffen versetzt war, nun aber besonders günstig auf den Markt drängte.

Die insgesamt eher negativen Auswirkungen des Alkoholverbotes, die Weltwirtschaftskrise und die wirtschaftspolitisch betonte Präsidentschaftskandidatur von Franklin D. Roosevelt führten schließlich dazu, dass Präsident Herbert Hoover 1932 am Ende seiner Amtszeit den 21. Zusatzartikel verabschiedete, mit dem die Prohibition nach der Unterzeichnung durch Utah als letztem Bundesstaat zum 5. Dezember 1933 schließlich nach 13 Jahren aufgehoben wurde. Schon zuvor hatte Roosevelt bei seinem Amtsantritt Biere bis 3,2% erlaubt. Einige Bundesstaaten behielten das Alkoholverbot dennoch bei, als letzter Staat strich es 1966 Mississippi aus seinen Gesetzesbüchern. Noch heute finden sich vor allem in den südlichen

Staaten vereinzelte »dry Counties«, in denen Alkohol weder verkauft noch ausgeschenkt wird. In einigen Bundesstaaten darf Alkohol nur in staatlichen Läden verkauft werden und das Mitbringen alkoholischer Getränke aus anderen Bundesstaaten gilt als Straftat. Alkohol muss in der Öffentlichkeit meist blickdicht verpackt sein und darf dort auch nicht getrunken werden. In den Indianerreservaten gilt nach wie vor ein komplettes Alkoholverbot, da viele Ureinwohner genetisch bedingt Alkohol schlecht vertragen. Ihre Wurzeln liegen in Ostasien, wo bei den Menschen das Abbauenzym Alkoholdehydrogenase wesentlich geringer ausgebildet ist als bei den Europäern. Diese nutzten das bei ihrer Ankunft in der Neuen Welt aus und machten viele Ureinwohner vom »Feuerwasser« abhängig, was einen großen Anteil an deren Verelendung hatte – und auch heute noch hat.

1933 tagte auch die US Brewer's Association wieder, nachdem sie knapp 17 Jahre zuvor auf der letzten Versammlung unter der Präsidentschaft von Gustave Pabst noch versucht hatte, bei Politik und Verbrauchern Respekt für die Brauindustrie und ihre Produkte einzufordern. Zu diesem Zeitpunkt gab es nur noch 31 aktive Brauereien in den gesamten Vereinigten Staaten. Die Steuerbehörden rechneten mit Steuermehreinnahmen von 800 Millionen Dollar, sobald das Bier wieder zu fließen begann. Und schon Roosevelts kleine Reform zeigte Wirkung: Alleine in den sechs Monaten, in denen wieder Bier mit 3,2% Alkohol legal hergestellt wurde, tranken die Amerikaner hiervon 16,65 Millionen Hektoliter, wodurch der Fiskus fast 85 Millionen Dollar einnahm.

Die Anheuser-Busch-Brauerei in St. Louis, Missouri in den 1930er-Jahren

Doch wie sollten die US-Brauer nach 14 Jahren Zwangspause wieder in den Markt einsteigen? Bis auf wenige Großunternehmen wie Anheuser-Busch und Pabst waren die meisten Betriebe regional aufgestellt gewesen. Zudem hatte sich in den Jahren der Prohibition in der restlichen Welt die Brautechnologie weiterentwickelt. Pabst und Schlitz setzten sofort auf den neuen, in den Vereinigten Staaten entwickelten Trend, Bier in Getränkedosen abzufüllen, während andere Brauer skeptisch blieben. Insgesamt erholte sich das Brauwesen nur langsam, aber beständig. 1941 gab es bereits wieder über 500 US-Brauereien, von denen 187 ihr Bier in Dosen verkauften. Ähnlich wie auch auf der anderen Seite des Atlantiks, allerdings mit ca. 20 Jahren Verspätung, sank auch in den USA langsam der Marktanteil an Fassbier. Waren es vor der Prohibition noch 85% gewesen, betrug er 1937 nur noch 63%. Die Menschen tranken also weniger in den Kneipen, sondern mehr und mehr zu Hause und nahmen ihr Bier auch gerne unterwegs mit.

Die dreifache Zäsur – schwere Zeiten für Brauer in Deutschland

»Von wegen Abstinenzler!« Franz Hemmrich schaute von seiner Zeitung auf und seine Frau an: »Der Führer trinkt angeblich keinen Alkohol, steht hier in dem Artikel – so ein Witz!« Marga blickte verwundert zurück: »Na, das weiß doch jeder, der ist halt ein echtes Vorbild, raucht auch nicht und isst kein Fleisch.« Franz schüttelte den Kopf. »Marga, als ich vor fünfzehn Jahren Dienst in der Festungshaftanstalt Landsberg geschoben habe, da war der doch da eingesessen. Und ich hab über seine Einkäufe Buch führen müssen«, seine Frau stand auf und goss sich eine weitere Tasse Kaffee ein. »Ich kann mich genau erinnern«, fuhr der pensionierte Justizwachtmeister fort, »der Hitler hat am Tag zwei Flaschen Bier getrunken, manchmal sogar mehr.« Ungläubig schüttelte Marga den Kopf. »Das kann gar nicht sein, der Führer trinkt nicht.« Franz lachte auf: »Vielleicht heute nicht mehr, aber damals auf jeden Fall, ich weiß noch, wie er seinem Freund Emil Maurice immer wieder eine volle Flasche zugesteckt hat, und die anderen waren leer.« Seine Frau blickte ihn ernst an: »Davon darfst du niemandem erzählen, sonst kommen wir in Teufels Küche. Versprichst du mir das?« Mit einem Grummeln bestätigte Franz, schüttelte trotzdem wieder den Kopf und las weiter in der Zeitung. Der nächste Artikel berichtete »vom heldenhaften Sieg der deutschen Truppen über die polnischen Aggressoren«.

Durch die kriegsbedingte Abwesenheit der Männer mussten Frauen in Berufen tätig werden, die ihnen bislang verschlossen waren: Bierfahrerin einer Berliner Brauerei, 1916.

Nachdem das erste Jahrzehnt des 20. Jahrhunderts in den Industrienationen von Prosperität und Aufschwung geprägt war, mussten die europäischen Brauer nach vielen Friedensjahrzehnten, in denen gerade die Brauindustrie gewaltige technologische und logistische Fortschritte gemacht hatte, 1914 den Auswirkungen der Kriegswirtschaft ins Auge blicken. Dies traf besonders die exportorientierten deutschen Brauereien hart, hatten sie doch in der Vergangenheit teils große Marktanteile in den USA und anderen Ländern erobert. Auch wenn die Vereinigten Staaten noch kein Feindesland waren, behinderte doch die britische Seeblockade den Handel und die Versorgung der Mittelmächte in gewaltigem Ausmaß.

Demzufolge hatte die Versorgung der Bevölkerung und der Soldaten die oberste Priorität im Deutschen Reich. Hopfengärten mussten Ackerland weichen und statt Braugerste standen nun Weizen und Roggen auf den Feldern. Die Brauer erhielten immer geringere Malzzuteilungen, was die Stammwürze des Bieres auf unter drei Prozent sinken ließ. Zudem war es schwierig, Ersatz für die zum Kriegsdienst eingezogenen Mitarbeiter zu finden. Die Münchner Löwenbrauerei beispielsweise hatte vor dem Kriegsbeginn 783 Mitarbeiter. Im ersten Kriegsjahr mussten davon 344 an die Front, bis Kriegsende sogar 495. Für sie standen 118 Frauen »ihren Mann« in der Brauerei. Zu Kriegsende waren 10–15% der eingezogenen Mitarbeiter gefallen, weitere arbeitsunfähig oder zumindest nur eingeschränkt belastbar. Während sich die Deutschen noch Gedanken machten, wie sie die Reparationsforderungen der Siegermächte erfüllen sollten, stellte die steigende Geldentwertung, die in der Hyperinflation von 1923 gipfelte, die Brauer vor erneute, existentielle Probleme. Erst ab 1921 war es ihnen wieder möglich, Bier mit zwölf Prozent Stammwürze zu brauen, nun kostete die Maß auf einmal 98,6 Milliarden Reichsmark und die Brauereien hatten 18-stellige Bilanzen in den Büchern stehen. Erst 1927 hatte sich die Brauwirtschaft von diesem ökonomischen Desaster wieder erholt, die alten Produktionsrekorde der Vorkriegszeit lagen jedoch noch in weiter Ferne. Hatten die deutschen Brauereien 1913 noch 940 000 Hektoliter exportiert, waren es 1933 gerade einmal 238 000.

Mit der »Machtergreifung« der Nationalsozialisten änderte sich das politische Klima auch für die Brauereien. Einerseits gab es viele jüdische Brauereibesitzer und Rohstoffhändler, die zunehmend enteignet, später vertrieben oder ermordet wurden, andererseits sah die NS-Ideologie den Alkoholismus als nationales Problem, das bekämpft werden musste. Hier zeigte sich eine große Ambivalenz zwischen dem propagierten Nüchternheitsprinzip und den Saufgelagen der NS-Schergen. Die Fähigkeit, andere unter den Tisch trinken zu können, wurde durchaus bewundert und auch die studentischen Sauf-Rituale galten als traditioneller Ritus. Im Merkblatt für die Teilnehmer des Reichsparteitags 1934 ist jedoch vermerkt: »Ein Nationalsozialist wird nicht betrunken!«

Die NS-Ärzte wiederum waren auf der Suche nach einem Erbfehler, der zu Alkoholismus führt – und den man dann systematisch hätte ausmerzen können. Die Idee war allerdings nicht wirklich neu, schon in den Schriften der Mäßigungsvereine äußerte der Berliner Arzt Alfred Ploetz 1895 den Gedanken, dass der Alkohol »untüchtige Nachkommen« erzeuge und »je mehr Untüchtige durch ihn erzeugt werden, desto mehr müssen im Kampf ums Dasein wieder ausgejätet werden, wenn die Rasse auf ihrer Höhe erhalten werden soll«. Der Guttempler Reinhold Kobelt meinte 1937 gar, dass bei schwerem Alkoholismus »eine geistige und ethische Minderwertigkeit vorliegt, sodass Nachwuchs von diesen Personen aus mehrfachen Gründen nicht erwünscht ist«. Für diese Kreise entsprach Hitler als Vegetarier, Nichtraucher und Abstinenzler dem absoluten Ideal eines nationalen Führers, auch wenn seine Parteiveranstaltungen so gut wie immer in einschlägigen Bierschankstätten stattgefunden hatten.

Ernsthafte Maßnahmen gegen den Alkoholkonsum blieben dann aber wegen der Rüstungsanstrengungen aus und auch im Zweiten Weltkrieg mussten die Brauereien gut ein Drittel ihrer Belegschaft an die Wehrmacht abgeben, von denen ca. zehn Prozent nicht wieder zurückkehrten. Aufgrund von Rohstoffmangel und Änderungen in der Landwirtschaft wurde schon bald nach Kriegsbeginn die Versorgung der Brauereien reduziert. Schon 1942 hatte das deutsche Bier in der Regel nur noch 3,5% Stammwürze und damit einen Alkoholgehalt, der zwischen ein bis zwei Prozent lag.

Während die Brauereien selbst im Ersten Weltkrieg und in der nachfolgenden Inflation und Weltwirtschaftskrise kaum in Mitleidenschaft gezogen wurden, lag ein Großteil von ihnen 1945 in Trümmern. Noch funktionierendes Gerät wurde zudem in der östlichen Besatzungszone als Reparationsgut demontiert und in die Sowjetunion transportiert. In den ersten Nachkriegsjahren durfte überhaupt nicht gebraut werden, und wenn, dann nur für die Angehörigen der Besatzungstruppen. Die ersten Biere für den deutschen Markt hatten 1948 nur 1,8% Stammwürze. Erst nach der Währungsreform normalisierte sich in den Westzonen der Biermarkt wieder und ab 1949 konnte wieder »normales« Bier mit zwölf Prozent Stammwürze gesotten werden. Der Ausstoß betrug 1949/50 ca. 16,7 Millionen, im nächsten Braujahr sogar 21,8 Millionen Hektoliter, wovon bereits wieder 340 000 Hektoliter exportiert wurden – mehr als 1933! Der Bierdurst der Bevölkerung erholte sich allerdings nur langsam. Tranken die Westdeutschen 1938 durchschnittlich noch 70 Liter Bier pro Kopf und Jahr, waren es 1951 nur noch 47 Liter, allerdings mit steigender Tendenz. Um die Wirtschaft wieder an ein Friedensniveau heranzuführen, verfügten die Alliierten zudem einen festgesetzten Bierpreis, der 1950 bei 78 Pfennig für eine Maß Dunkles und 80 Pfennig für eine Maß Helles lag. Dafür musste ein Bauer eineinhalb Stunden arbeiten, ein Bauarbeiter 30 Minuten.

Im Osten Deutschlands wurden die übrig gebliebenen Brauereien nach dem Krieg enteignet und zu großen Einheiten, den Volkseigenen Betrieben (VEB), zusammengefasst, die sich vom ersten Nachkriegsbier mit zwei bis drei Prozent Stammwürze langsam wieder an die Vorkriegswerte herantasteten. Die Kleinstbetriebe durften als private Familienunternehmen bis 1972 mit einer Steuerlast von 98% (!) weiterarbeiten, wurden aber dann ebenfalls verstaatlicht. Bierproduktion und -preis unterlagen der Planwirtschaft und statt jährlicher Preiserhöhungen senkte der Staat jedes Jahr zum Tag der Arbeit am 1. Mai die Stammwürze immer weiter ab, um Rohstoffe zu sparen. Kurz vor der Wende lag sie bei 9,9%. Rohstoffmangel führte zu sehr »kreativen« Rezepturen. Zugelassen waren Zusatzstoffe wie Gerstenrohfrucht, Reisgrieß, Maisgrieß, Zucker, Stärkecouleur, Natriumsacharin, Pepsinkonzentrat, Milchsäure, Salz, Tannin, Kieselgelpräparate und Ascorbinsäure. Demensprechend gab es große Qualitäts- und Haltbarkeitsprobleme. Das rächte sich nach der Wiedervereinigung, als die westdeutschen »Fernsehbiere« auf den ostdeutschen Markt drängten und die ehemaligen DDR-Brauereien in den Augen der Verbraucher plötzlich keine Rolle mehr spielten. Noch heute arbeiten die Brauereien in Ostdeutschland daran, ihr Image wieder aufzupolieren. An deren Spitze steht die größte deutsche Brauereigruppe, die seit 2002 unter »Radeberger« firmiert und damit eine alte Traditionsmarke und einen DDR-Exportschlager auf ihr Schild gehoben hat.

Biertrinkende deutsche Soldaten nach einem Gefecht an der französischen Atlantikküste, August 1942

Die Craft-Beer-Revolution

und ihre Folgen

Was für ein langer Tag – Andreas klappte erschöpft seinen Laptop zu. Viele Stunden, die er mit echten und simulierten Hacker-Angriffen verbracht hatte, lagen hinter ihm. Als würde sein Computer ein Echo werfen, hörte er überall um sich herum dasselbe Geräusch. Den anderen ging es wohl ähnlich. Doch irgendwie war es hier anders als sonst, wo er immer einer der Ersten war, die sich zurückzogen. Offensichtlich war für viele Teilnehmer dieses Hacker-Kongresses das abendliche Rahmenprogramm wirklich wichtig. Keine nächtlichen Sitzungen vor dem Bildschirm, kein letzter Versuch, noch eine Firewall zu knacken. Hier in Brüssel gab es noch eine zweite, mindestens genauso wichtige Sache: Bier! Deshalb hatten die Organisatoren wohl auch einen bekannten Hobbybrauer eingeladen, damit dieser von Bier-Nerd zu Computer-Nerd sprach, denn schließlich hatten die Apple-Gründer ihren ersten Verein auch »Homebrew Computer Club« genannt. Andreas stand auf, packte seine Tasche und ging nach oben in den ersten Stock, wo schon zahlreiche Gläser auf den Tischen standen und zwei beeindruckende Töpfe in der Ecke dampften. Die Temperatursteuerung könnte man eigentlich optimieren, dachte er, als er sah, dass das rote Heizungslämpchen nervös flackerte. Aber dann schweifte sein Blick über die großen Champagnerflaschen mit Bier, die fein säuberlich aufgereiht hinter den Braugefäßen zu sehen waren. Nun gut, heute würde er sich mal auf diese ganz andere Welt einlassen. Was Andreas Bogk nicht wusste: Dieser Abend würde sein ganzes Leben verändern.

Auch wenn Bier und seine Herstellung im Laufe der letzten 13 000 Jahre viele entscheidende Veränderungen durchlaufen haben, ist doch gerade die Entwicklung nach dem Zweiten Weltkrieg eine besonders interessante Zeit. Im Krieg hatte Bier noch seine Rolle als Grundnahrungsmittel erfüllt – die Versorgung von Truppe und Bevölkerung hatte in fast allen Krieg führenden Ländern höchste Priorität. Danach aber entwickelte es sich mehr und mehr zum allzeit verfügbaren Konsumprodukt, bei dem weniger der Geschmack, sondern letztendlich nur noch der Preis und die Rendite zählten. Mit der »Campaign for Real Ale« (CAMRA) in England, den Craft-Brauern in den USA und den virtuosen Bierkünstlern Italiens entstand jedoch eine Gegenbewegung, die sich die Herstellung charakter- und aromastarker Biere auf ihre Fahnen schrieb, die mittlerweile die gesamte Branche verändert hat. Diese Entwicklung fand in Deutschland vor dem Hintergrund des Regionalisierungstrends statt. Während in den 1950er-Jahren werktags Omas selbst gemachte Marmelade auf dem Frühstückstisch stand und am Sonntag stolz der gekaufte Brotaufstrich präsentiert wurde, hatte sich schon eine Generation später die Situation verkehrt. Ähnliches war beim Thema Bier zu beobachten. Der Siegeszug der großen »Fernsehmarken«, die TV-Werbepartner von Bundesliga und Formel 1 wurden, schien in den 1960er- bis 1980er-Jahren jedoch unaufhaltsam. Doch spätestens nach der Wiedervereinigung besannen sich die Verbraucher auf ihre regionalen Marken, und Gasthausbrauereien schossen wie Pilze aus dem Boden.

Den Gipfel dieser Entwicklung stellen mit Sicherheit die Craft-Brauer dar, welche die Bierwelt gehörig durcheinandergewirbelt haben und eine Internationalisierung der Bierstile nach sich gezogen haben: Konnte man sich in den 1990er-Jahren noch sicher sein, dass ein IPA aus England oder den USA, ein Weizen aus Deutschland oder ein Dubbel aus Belgien stammte, so gleicht die heutige Brauereiwelt dem oft zitierten globalen Dorf. Doch Craft-Bier besteht nicht nur aus Bierstilen, sondern vor allem aus der Nähe zum Kunden. Im Gegensatz zu den Fernsehbildern von Quellwasser, Segelschiffen und Leuchttürmen standen den Bierfreunden hier echte Enthusiasten gegenüber. Stundenlange Gespräche über ihren persönlichen Werdegang, die Geschichten hinter ihren Bieren und die verwendeten Rohstoffe fesselten Brauereibesucher und soziale Medien sorgten für nachhaltigen Kontakt und weitergehende Interaktion. So bildeten sich vier grundlegende Wesensmerkmale der Craft-Brauer heraus, die sie von den Großbrauern unterschieden:

- *Die Craft-Brauer sahen sich – national und international – als große Gemeinschaft. Sie unterstützten sich gegenseitig im Kampf gegen die »Großen« und den manchmal ordentlich wiehernden Amtsschimmel in vielen Behörden.*
- *Der persönliche Kontakt zwischen Brauer und Kunde war das wichtigste Verkaufsinstrument. Dabei waren die Craft-Brauer nicht nur in ihren eigenen Gaststätten anzutreffen, sondern auch bei Kollegen, mit denen sie auch oft Gemeinschaftssude fertigten.*
- *Innovation, Kreativität und Handwerk waren die wichtigsten Eigenschaften für die Craft-Brauer, die auch immer persönlich Hand an ihren Sud legten. Regelmäßige Neu- und Weiterentwicklungen von Bieren und Braumethoden erweiterten die Angebotspalette und sorgten für neuen Gesprächsstoff.*
- *Craft-Brauer wollten keine Angebots-, sondern Nachfragebrauer sein. Im Gegensatz zu den Großbrauereien, die auch heute noch Hunderte Millionen Euro dafür aufwenden, den Konsumenten zu erklären, warum sie ihre Biere trinken sollen, wollten die Craft-Brauer auf Kundenwünsche reagieren und ihr Sortiment der Nachfrage anpassen.*

Craft war und ist also nicht nur eine Art, Bier herzustellen, sondern vor allem ein Lebensgefühl. Allerdings eines, von dem sich heute viele Brauereien bereits wieder entfernt haben. Einerseits werden mehr und mehr Craft-Brauereien von Konzernen aufgekauft und dienen damit auch deren Interessen – womit sich die Szene schwertut. Andererseits entstehen auch zwischen den einzelnen Craft-Brauereien Gräben und deren Marktanteile sind plötzlich heiß umkämpft. Auch mit dem persönlichen Kontakt tun sich die Craft-Brauer schwer, vor allem wenn sie erfolgreich sind und Produktionsmengen von mehr als 100 000 Hektolitern Bier erreicht haben. Spätestens dann ist es zudem nicht einfach, ständig neue Biere auf den Markt zu bringen und dabei noch mit dem Holzpaddel in der Hand zu arbeiten. Gleichwohl ist noch viel von diesem Lebensgefühl erhalten geblieben und wird heute in Tausenden Brauereien auf der ganzen Welt gelebt – nicht nur bei Neugründungen, sondern auch bei traditionellen Brauereien, die das neue Bierbewusstsein als Chance für sich entdeckt haben.

CAMRA: neues britisches Bierbewusstsein

»Packen Sie alles ein!« James Steward zeigte auf das Regal an der Rückwand des kleinen Getränkeladens. »Alles, wirklich?«, fragte der Besitzer. »Ja, jede Dose«, gab James zurück und winkte dem Chauffeur, damit er ihm helfen konnte. »Prince Philip wird sich freuen!« Mit den 15 Dosen hatte James jetzt mindestens 200 Boddingtons Draught Bitter eingesammelt. Das würde Seiner Königlichen Hoheit sicher einige Zeit reichen. Erleichtert schaute er auf seine Karte. Es war nur noch ein Kreuz darauf, ein kleiner Getränkehändler in der Moreland Street. »Aber was machen Sie denn mit dem ganzen Bier«, der Bierverkäufer stapelte die Dosen auf dem Tresen, »Ihr Wagen sieht nicht so aus, als würden Sie eine wilde Party feiern.« Er zeigte auf den Bentley, der statt eines Kennzeichens nur das Wappen der Windsors hinter der Windschutzscheibe trug. »Prince Philip ist zu Ohren gekommen, dass Boddingtons geschlossen werden soll«, erklärte James dem Ladenbesitzer, »und weil das Draught Bitter sein Lieblingsbier ist, hat er mir aufgetragen, alle Dosen zu kaufen, die ich in London noch finden kann.«

England und seine Pubs – das war über viele Jahrhunderte eine innige Liebesbeziehung. Doch was lange Zeit die große Stärke des britischen

Biermarktes war – die unabhängigen Pubbesitzer, die für ihren Bierkeller und die dortige Reifung und Lagerung des Bieres verantwortlich waren –, erwies sich im 20. Jahrhundert zunehmend als Schwäche. Denn durch diese Umstände endete die Zuständigkeit der Brauereien für ihr Bier an der Eingangstür des jeweiligen Pubs. Und je mehr die Gastwirte dies nur noch als schnellen Umsatzbringer, aber nicht mehr als liebevoll gehegten Schatz ansahen, desto schlechter entwickelte sich die Qualität in deren Keller. Es gab mitunter keinerlei Kühlung für das Bier, das unfiltriert in Holzfässern kam und im Wirtskeller weiter reifte (cask conditioned). Unhygienische Zustände, oberflächlich gewartete Leitungen und schlichte Unwissenheit über die Vorgänge in den nachgärenden Fässern ließen bald auch die Verbraucher an ihrem Lieblingsgetränk zweifeln.

Tradition und Moderne: der Pub »The Queens Arms« in Birmingham

Waren bereits während des Ersten Weltkrieges für die Brauereien die Steuern erhöht und die Rohstoffversorgung reduziert worden, griff die Regierung zu Beginn des Zweiten Weltkrieges zu noch drastischeren Maßnahmen – in jeder Hinsicht. Die englische Stadtbevölkerung schickte ihre Kinder aufs Land, nähte Verdunklungsvorhänge, grub ihre Gärten zu Gemüsebeeten um und tötete ihre Haustiere, über 400 000 Hunde und Katzen – es drohte schließlich die erste Invasion seit 1688! Derlei Panik wurde unter anderem auch durch die Schließung der Pubs an Sonntagen und die Vervierfachung der Biersteuern bis 1940 verstärkt. Selbst die Etiketten auf den Flaschen sparten die Briten aufgrund der Papierrationierung ein. Am Ende des Krieges kostete Bier in England doppelt so viel wie zuvor und 1300 Pubs waren durch Bomben zerstört, ebenso wie zahlreiche Brauereien in den südlichen Hafenstädten.

Dem Krieg folgte 1946 eine Hungersnot und der Ausstoß der verbliebenen Brauer wurde auf 85% der Vorkriegsmenge reduziert – bei maximal 7,5% Stammwürze. Dadurch setzte sich das »Mild Ale« als nahezu einziger Bierstil durch, wohingegen das fast 200 Jahre den Markt bestimmende Porter fast zur Gänze verschwand. Erst 1950 konsolidierte sich der britische Biermarkt wieder – mit ca. 550 Brauereien und einem im Vergleich zu 1910 um 30% schwächer eingebrauten Bier. Zusammen mit der weiter sinkenden Qualität des in den Pubs ausgeschenkten Gerstensafts verschrieben sich immer mehr Verbraucher dem Flaschenbier. 1959 hatte es bereits einen Marktanteil von 36%, viele große Brauereien füllten aber bis zu 70% ihrer Produktion in Flaschen oder Dosen ab.

Um die Qualität zu sichern, führten die Großbrauer Anfang der 1970er-Jahre den bereits um 1930 entwickelten »Keg«-Prozess ein, bei dem das Bier komplett filtriert, pasteurisiert und in Standard-Fässer, die metallenen Kegs, abgefüllt wurde. Die Wirtsleute versetzten dieses Bier zusätzlich mit Kohlensäure, wie es mittlerweile fast auf der gesamten Welt Standard ist. Innerhalb weniger Jahre hatte sich das Keg-Bier durchgesetzt und ein Großteil der Pubs war Eigentum großer Brauereien, die damit ihren Absatz sicherten. Die Haltbarkeit des Bieres steigerte sich durch diesen Herstellungsprozess von drei Tagen auf vier Monate! Damit war den Wirten das lästige Kellermanagement nahezu abgenommen und die Gäste konnten auch bei einer Reise in eine entfernte Stadt dieselbe Bierqualität vorfinden wie zu Hause. Das kam sehr gut an und insbesondere die jungen Menschen nahmen das neue Bier gerne an, um sich auch von dem in ihren Augen fragwürdigen Getränk der Väter abzugrenzen.

Diese Entwicklung förderte auch ein neues Medium – das Fernsehen. Professionelle Bierwerbung gehörte zur ersten kommerziellen Fernsehwerbung im Vereinigten Königreich. Dadurch entstanden auf einmal Biermarken, die landesweit konsumiert wurden, und das Keg-Bier verdrängte das bisherige Ale zu einem großen Teil vom Markt, während die Anzahl der Brauereien kontinuierlich sank. In Norwich beispielsweise blieb von über 100 Pubs am Ende nur noch ein einziger übrig, der klassisches Ale ausschenkte. Am Ende des Prozesses hatten sich in England sechs große Konzerne durchgesetzt, von denen jeder große Produktionsstätten nahe der Autobahnen in Betrieb genommen hatte, um schnell das gesamte Land beliefern zu können: Bass, Allied Breweries, Whitbread, Grand Met, Courage und Scottish & Newcastle.

1971 machten vier Freunde aus Manchester eine Reise nach Irland, welche die britische Bierlandschaft nachhaltig verändern sollte. Dort nämlich tranken sie wie in ihrer Jugend das traditionelle Ale in den Pubs, was sie auf die Idee brachte, sich um das Bier in ihrer Heimat zu kümmern. In Kruger's Bar in Dunquin gründeten Michael Hardman, Graham Lees, Jim Makin und Bill Mellor am 16. März die »Campaign for the Revitalisation of Ale« – kurz CAMRA.

Über die Pubs rekrutierten sie nach und nach eine breite Anhängerschaft. Mitgliedsausweise kosteten fünf Pence und die Mitgliederzeitung »What's Brewing« ging im Juni des Folgejahres in Druck. Zu Beginn der Bewegung stand eher der Konsum guten Bieres im Vordergrund, weswegen der Vorstand schließlich beschloss, während der Sitzungen den Konsum von Alkohol zu verbieten – nicht ohne das Verbot schon

Mobiler Ale-Ausschank in den 1950er-Jahren

Die CAMRA-Gründer (v.l.) Jim Makin, Bill Mellor, Graham Lees und Michael Hardman 1981 bei der Feier zum zehnjährigen Jubiläum der Kampagne

in der ersten Sitzung nach einer heftigen Debatte für ein »Versöhnungsbier« wieder aufzuweichen. Dennoch wurden die Treffen nun effektiver und führten zu klaren Forderungen. Im Frühjahr 1973 hatte die CAMRA bereits über 4000 Mitglieder und beschloss auf ihrer zweiten Generalversammlung am 17. März die Umbenennung in »Campaign for Real Ale« bei gleichbleibender Abkürzung.

Der Zulauf hielt ungemindert an, teilweise traten der Organisation über 350 Mitglieder an einem Tag bei und bald hatte die CAMRA ein eigenes Hauptquartier mit angestelltem Sekretär. 1974 veröffentlichte der Verein seinen ersten »Good Beer Guide«, ein knapp 100-seitiges Adressbuch mit Pubs, in denen Real Ale serviert wurde, das bis heute zur Standardausrüstung eines britischen Bierfreundes gehört. Die Empfehlungen waren überaus deutlich, gerade bei den etwa 80% der Pubs im Besitz von Großbrauereien. In der ersten Auflage war beispielsweise in Bezug auf die Biermarke Watney zu lesen, dass deren Pubs »gemieden werden sollten wie die Pest«, was die Autoren auf Anraten der Verlagsanwälte in künftigen Auflagen ein wenig abmilderten. Dennoch sah sich die Brauerei gezwungen, zu drastischen Maßnahmen zu greifen. Bisher hatte sie alle Pubs in »ihrer« Farbe, einem intensiven Rotton, streichen lassen. Nach dem Erfolg des »Good Beer Guides« waren nun landesweit Scharen von Malern unterwegs, um die Watney-Pubs in andere Farben

zu tauchen. Somit war dem »Good Beer Guide« die Aufmerksamkeit der Brauereikonzerne sicher, deren Pubs nicht gerade oft gute Bewertungen erhielten. Ein Mittel der Auseinandersetzung seitens der Großbetriebe war es, den CAMRA-Autoren jedweden Bier-Sachverstand abzusprechen. Für die Brauindustrie war ein Bier dann gut, wenn es von gleichbleibender Qualität war. In den Augen der CAMRA war die Qualität in der Tat gleichbleibend, aber eben gleichbleibend schlecht. Diese Diskussion brachten die Aktivisten vor allem in die Presse, die das emotionale Thema nur zu gerne aufgriff und so half, den Erfolg der Campaign weiter zu steigern. Die Konzerne reagierten und versuchten, mit Bestechungen Anti-CAMRA-Artikel in den Zeitungen zu lancieren. Doch der Schuss ging nach hinten los, die Presse veröffentlichte dieses Ansinnen, worauf es zu einer wahren Schlacht von aufeinanderfolgenden Gegendarstellungen beider Seiten kam, die CAMRA nur noch weiter in das Blickfeld der Öffentlichkeit rückte. In zahlreichen Städten kam es zu Pro-Bier-Demonstrationen, über die das Fernsehen das ganze Land informierte. Derlei Aktivitäten zeigten Wirkung: Die Verkaufszahlen der Keg-Biere stagnierten, die öffentliche Meinung drehte sich zugunsten der CAMRA und die Pubs nahmen wieder mehr Real Ale in ihr Sortiment auf.

Doch CAMRA stand auch in der Kritik. Schließlich setzte sie sich vor allem für die Bewahrung einer überkommenen Bierkultur ein, die weder den hygienischen noch den wirtschaftlichen Standards der Moderne genügte. Sobald man den Horizont über einen kleinen Pub in einem Dorf in Cornwall oder Wales hinaus erweiterte und auf den europäischen oder internationalen Wettbewerb blickte, gab es keinen Platz mehr für das alte »cask conditioned« Bier – viele Pubs konnten dem Wettbewerb und der Entwicklung einfach nicht mehr standhalten.

Der nächste Schritt in der Entwicklung von CAMRA war eine Bier-Messe in den Hallen der ehrwürdigen »Corn Exchange« in Cambridge. Vier Tage lang präsentierten im Juli 1974 insgesamt 15 Brauereien ihre Biere bei freiem Eintritt und zu fairen Preisen. Die über 6000 Besucher verkosteten interessanterweise auch eigens importiertes Schumacher Alt aus Düsseldorf. 1975 verbuchte die CAMRA schließlich über 30 000 Mitglieder und bezeichnete sich als erfolgreichste Verbraucherbewegung Europas. Um dies zu feiern, richtete der Verein ein landesweites »Beer Festival« im Londoner Covent Garden im September mit 45 ausgeschenkten Real Ales aus. Auch diese Veranstaltung hatte überwältigenden Erfolg, der auch für die Konkurrenz deutlich zu spüren war. Direkt neben dem Eingang zum Bierfest, wo Tausende Schlange standen, lag ein Watney-Pub, der menschenleer blieb.

Im Zuge der Veröffentlichung von Michael Jacksons »World Guide to Beer«, in dem ein Kapitel dem Porter als »lost, but not forgotten« gewidmet war, brachten zwei englische Brauereien 1978 wieder ein Porter auf den Markt. Dem folgte eine erste Welle von Neu- und Wiedergründungen diverser Brauereien. Nun begann auch die Politik, CAMRA als Interessen-

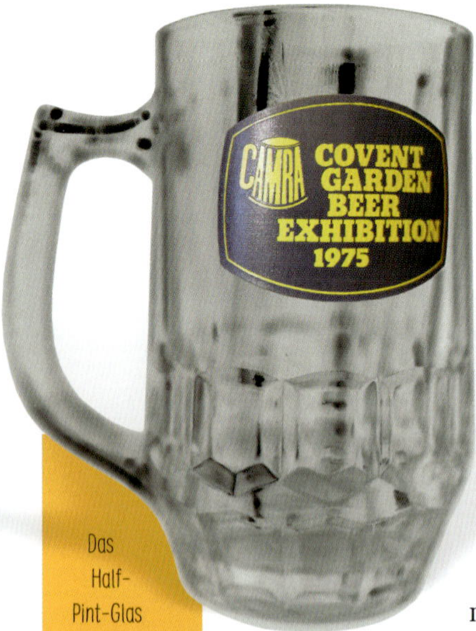

Das Half-Pint-Glas zum ersten Beer Festival in London 1975 war dreierlei: Eintrittskarte, Probenglas und Sammlerstück

vertretung wahrzunehmen. Wichtige Punkte auf deren Agenda waren die seit dem Zweiten Weltkrieg unveränderten Schankzeiten der Pubs und die fehlenden Angaben des Alkoholgehaltes auf den Etiketten. Als sich die großen Brauereien Letzterem verweigerten, veröffentlichte die CAMRA die Stammwürzegehalte kurzerhand in ihrem Guide. Beeindruckt von den Erfolgen der Bewegung brachte mit Ind Coope (Allied Breweries) schließlich die erste der großen sechs britischen Industriebrauereien ein Real Ale heraus – das Ind Coope's Burton Ale.

Ein cleverer Schachzug war, eine eigene Brauereibesichtigung für die CAMRA-Mitglieder zu organisieren, an deren Ende die Verkostung des neuen Burton Ale stand. Damit war das Eis gebrochen und weitere Großbrauereien folgten mit neuen Real Ales – auch Watney. Nachdem sie keine Holzfässer mehr hatten, entwickelten sie ein Ventil, das auch bei Edelstahlfässern einen Austausch mit der Umgebungsluft zuließ. Doch nicht alle dieser Versuche funktionierten und so kauften sich die Industriebrauereien vielfach bei kleineren Real-Ale-Produzenten ein, um auf dem Markt präsent sein zu können. Gleichzeitig nahm sich auch die Regierung des Themas an, da die großen Brauereien bis nach Kriegsende so viele Pubs erworben hatten, dass sie in vielen Regionen quasi über ein Bier-Monopol verfügten. Eine Idee der Legislative war, eine »Pub-Rotation« einzuführen, die die Großbrauereien verpflichtet hätte, in ihren Regionen die Biersorten »durchzuwechseln«. Die Initiative konnte sich zwar nicht durchsetzen, aber die Brauindustrie führte in über der Hälfte ihrer Pubs das Real Ale freiwillig wieder ein. Im Sommer 1979 stellte Watney schließlich die Produktion der von der CAMRA am meisten kritisierte Marke, das »Watneys Red«, ein.

Für viele Mitglieder war damit das Ziel der CAMRA erreicht, die Mitgliederzahlen sanken von über 30 000 auf etwa 12 000 und 1983 läutete die Presse das Ende der Bewegung ein. Zwei Jahre später stand sogar die Organisation des großen Bierfestivals infrage. Parallel setzte sich nun das Keg-Lager, also nach deutsch-amerikanischem Vorbild untergärig gebrautes Helles, immer stärker auf dem britischen Biermarkt durch. 1989 setzte die Regierung die »Monopolies and Mergers Commission« ein, um die Entwicklung in der Brauwirtschaft zu untersuchen. Dabei setzte sie auch auf die Expertise der CAMRA – und das Ergebnispapier enthielt nahezu alle bislang von den Bier-Enthusiasten angemahnten Missstände: steigende Bierpreise, höhere Preise für Lagerbier im Vergleich zu den Ales, Kontrolle der Preise im Getränkehandel, Abhängigkeit der Pächter, Einschränkung der Biervielfalt für die Verbraucher, bewusste Ausgrenzung kleinerer Hersteller auch bei Cider und Erfrischungsgetränken, Vergabe von Darlehen gegen langfristige Abnahmegarantien, Einschränkung unabhängiger Händler sowie Weitergabe der Brauereibindung und weitere Einschränkungen beim Verkauf von Pubs.

Der Staat reagierte mit den »Beer Orders«, was unter anderem bedeutete, dass alle Brauereien, die mehr als 2000 Pubs kontrollierten, bis November 1992 die Hälfte der darüber liegenden Anzahl aus den Verträgen entlassen mussten. Zudem durften alle Gastwirte mindestens eine Marke Real Ale aus anderen Quellen beziehen, um ihr Sortiment zu ergänzen. Leichtbiere, alkoholfreie Biere und andere Getränke durften überhaupt nicht mehr konzessioniert werden. Dies führte zu einer umfangreichen Umstrukturierung im britischen Biermarkt, aber nicht zu den gewünschten Ergebnissen. Die ca. 31 000 Pubs gingen von den Händen der Brauereien in die großer Pub-Companies über und während 1989 die sechs großen einheimischen Brauereien 75% des Marktes kontrollierten, waren sie zum Ende des Jahres 2003 samt und sonders aus der nationalen Top Ten verschwunden. Dafür kontrollierten nun internationale Konzerne 84% des Marktes, wovon allein vier einen Anteil von 76% hatten. Einerseits machte nun Lagerbier weit mehr als die Hälfte der verkauften Biere aus, andererseits hatten sich über 300 neue Kleinbrauereien gegründet, um die Pubs mit Real Ale zu versorgen.

Das 40. Great British Beer Festival 2017 in den Londoner Olympia-Hallen

Damit herrschten auf einmal neue Rahmenbedingungen auf dem britischen Biermarkt – auch für die CAMRA. 1991 lud sie den Geschäftsführer der einst verhassten Whitbread-Brauerei als Hauptredner zu ihrer Generalversammlung ein. Angesichts der gemeinsamen Bedrohung änderte sich die gesamte Ausrichtung der Vereinigung. Verbraucherschutz sowie Erhalt der Pub-Kultur wurden neue Schwerpunkte ihrer Arbeit und die Augen richteten sich mehr auf das Verhalten internationaler Konzerne, auch im Ausland. So unterstützte die CAMRA 1994 beispielsweise die tschechischen Brauer von Budweiser, als US-Konzerne das Traditionsunternehmen aufkaufen wollten. Die Presseberichte sorgten auch für weltweite Aufmerksamkeit hinsichtlich CAMRA und deren Anliegen. 2009 verzeichnete die Bewegung weltweit über 100 000 Mitglieder, 2013 waren es 150 000 und gegenwärtig ist die 200 000er-Grenze nicht mehr fern. Das Aushängeschild bleibt nach wie vor das Great British Beer Festival, bei dem CAMRA mit dem Verkauf von über 650 Bieren aus England und dem Rest der Welt den größten Pub des Globus betreibt.

Aus Brauereien werden Giganten

»Das dürfen wir nicht versauen!«, so hatte das Fazit der Besprechung gelautet. Flight Lieutenant Lloyd Berryman setzte seine Mütze auf und trat hinaus auf das Flugfeld. Stolz betrachtete er dort seine Spitfire, mit der er in den letzten Tagen und Nächten fast ständig unterwegs gewesen war. Sieben Tage dauerte die Invasion in der Normandie nun schon an und die aktuellen Nachrichten waren beunruhigend. Keith Hudson, Lloyds Wing Commander, grüßte kurz und ging zu seinem Flugzeug, das ein paar Meter weiter seitlich stand. Unter beiden Maschinen machten sich die Mechaniker zu schaffen. Welch ein skurriles Bild: Unter jeder Maschine lag der 340-Liter-Tank, der normalerweise zur Erweiterung der Flugreichweite mit Sprit gefüllt wurde. Doch nun stand jeweils ein Mechaniker daneben und hielt grinsend einen Schlauch in die Öffnung, an dessen anderem Ende ein großes Bierfass befestigt war. »Joy Juice XXX« stand mit Kreide auf dem Tank geschrieben. »Die Deutschen vergiften das Trinkwasser«, hatte der Air Marshal bei der Einsatzbesprechung gesagt, »wir müssen unseren Leuten helfen!« Also war der Generalstab auf die Idee gekommen, Bier mit den Zusatztanks der Spitfires zu den französischen Schlachtfeldern zu fliegen. Die letzten Worte des Vorgesetzten hallten besonders lange nach: »Schaut, dass ihr auf eine Höhe von über 10 000 Fuß kommt, dann wird das Bier bei der richtigen Temperatur ankommen.«

Nachdem sich die US-Brauindustrie von der Prohibition erholt hatte, zogen mit dem Beginn des Zweiten Weltkrieges in Europa erneut dunkle Wolken am wirtschaftlichen Horizont der Vereinigten Staaten auf. Schon im Vorfeld hatte sich die amerikanische Bierwelt gespalten. Auf der einen Seite standen die kleinen, regionalen Brauereien, die meist mit Ausrüstung und Rezepturen aus der Zeit vor dem staatlichen Alkoholverbot arbeiteten, während auf der anderen Seite Großbetriebe standen, die nach neusten Methoden produzierten und nationale Werbekampagnen schalteten. Eine genaue Abgrenzung der Begriffe Ale und Lager sowie eine Produktdefinition anhand eines Mindestalkoholgehaltes waren gescheitert, sodass alle Brauer in der Bezeichnung ihrer Erzeugnisse frei waren. Damit fiel auch die Unterscheidung durch den Verbraucher schwer und gerade die kleineren Brauereien verschwanden wieder vom Markt. Hatten 1934 noch 765 Betrie-

Vier GIs der 79. Infanteriedivision lassen sich nach der Eroberung von Mantes-la-Jolie auf der Terrasse eines Hotels ihr Bier schmecken, 19. August 1944.

be in den USA Bier hergestellt, waren es 1940 nur noch 590. 21 davon hatten überregionale Bedeutung und kontrollierten zusammen knapp ein Drittel des Marktes. Trotz ihrer großen Differenzen schlossen sich 1941 die »American Brewers Association«, die vor allem das Sprachrohr der kleineren Brauereien war, und die »Brewing Industry Inc.«, in der sich die Großbrauereien versammelten, zur »American Brewing Industry« zusammen, um gemeinsam ihre Interessen zu vertreten.

Mit dem Angriff der Japaner auf Pearl Harbor am 7. Dezember 1941 waren die USA über Nacht zur aktiven Kriegspartei geworden. Der Staat erhöhte infolgedessen die Steuern auf zahlreiche Güter, und Bier hatte mit Abgaben von acht Dollar pro Fass (119 l) den vierthöchsten Besteuerungssatz im ganzen Land. Im ersten Kriegsjahr führte die Brauwirtschaft über 400 Millionen Dollar an den Staat ab und bot ihren über 60 000 Beschäftigten die Zeichnung von Kriegsanleihen an. Mit dem Fall von Singapur im Februar 1942 war das Land vom Nachschub an Zinn abgeschnitten und Bierdosen wurden als Rohstoffreserve eingesammelt. Selbst Kronkorken wurden zur Mangelware, Plakate mit dem Slogan »Save the Caps to beat the Japs« hingen in den Pubs. Um einer Teuerung vorzugreifen, wurden die Bierpreise auf dem Stand vom März 1942 eingefroren.

Obwohl die kleineren Brauereien besser mit der Rohstoffknappheit zurechtkamen als die Großbetriebe, profitierten Letztere vor allem von den staatlichen Aufträgen zur Versorgung der Armee. Anheuser-Busch beispielsweise lieferte zwischen Januar 1943 und Mai 1944 über 200 000 Hektoliter Fassbier und 7,6 Millionen Kästen Bier an das Militär. Das Bier für die Soldaten durfte maximal 3,2% Alkohol enthalten. Dies war einerseits die Folge eines Gesetzes aus dem Krieg mit Spanien von 1901, das den Ausschank jedweder berauschender Getränke in militärischen Einrichtungen verbot, andererseits hatte der Staat in der Zeit nach Aufhebung der Prohibition einen Alkoholgehalt von 3,2% als ungefährlich eingestuft. Diese Regelung hatte zur Folge, dass viele junge Männer, die als Soldaten gedient hatten, Bier als Getränk zu schätzen lernten, und damit nach dem Krieg ein größerer Absatzmarkt vorhanden war. Der Pro-Kopf-Konsum stieg von 47 Litern pro Jahr 1939 auf 71 Liter bei Kriegsende.

Nachdem Deutschland und Japan schließlich kapituliert hatten, hofften die amerikanischen Brauer auf ein baldiges Ende der hohen Biersteuern und der Preisbindung, doch der Koreakrieg 1950 sorgte für einen Fortbestand, die Steuer auf ein Fass (Barell) erhöhte sich sogar auf neun Dollar. Zu dieser Zeit trugen die Steuern auf Alkohol 5,7 Milliarden Dollar zum Staatshaushalt bei. Mit dem Kriegsende in Fernost 1953 fielen schließlich nahezu alle Restriktionen, lediglich die Biersteuer blieb – als patriotischer Beitrag der Brauindustrie zum Wohle des Landes. Der Durst der Amerikaner stabilisierte sich bei 68 Litern pro Kopf und Jahr, wovon sie 65% in Dosen und Flaschen kauften. Die zehn größten Brauereien des Landes hatten einen Marktanteil von 40%, von denen die Joseph Schlitz Brewing Company mit mehr als sechs Millionen Hektolitern den größten Produktionsausstoß verzeichnete, gefolgt von Anheuser-Busch.

Der Konkurrenzdruck unter den sich immer mehr von Familienunternehmen in Konzerne wandelnden Brauereien sorgte dafür, dass sie immer mehr kleinere Brauereien und Biermarken aufkauften. Erste Kartellrechtsverfahren wegen möglicher Monopolbildung fanden bereits gegen Ende der 1950er-Jahre statt. Nachdem Anheuser-Busch 1957 seinen größten Konkurrenten Schlitz übernehmen konnte, sicherte sich das Unternehmen bis in die heutige Zeit die marktbeherrschende Führungsposition. Zudem stiegen Mitte der 1960er-Jahre auch andere Getränkekonzerne wie Pepsi Cola und die Kaffeefirma »Chock full o'Nuts« in den lukrativen Biermarkt ein, der dank der Baby-Boomer, jener Generation der zwischen 1946 und 1964 Geborenen, stetig wuchs. Ab 1966 war diese Alterskohorte für über die Hälfte des Bierabsatzes in den Vereinigten Staaten verantwortlich.

In den 20 Jahren nach dem Ende des Zweiten Weltkrieges hatte sich auch das Bier entsprechend verändert. Mais und Reis, die schon seit 1870 verwendet wurden, hatten sich als günstige Stärkelieferanten durchgesetzt und die Hopfengabe wurde für eine bessere »Drinkability« reduziert. Amerikanische Lagerbiere waren sehr hell, enthielten viel Kohlensäure und hatten eine große, weiße Schaumkrone, die auch das Bild des Bieres in der Werbung bestimmte. Ales hingegen spielten spätestens seit dem Niedergang der letzten großen Ale-Brauerei Ballantine ab 1969 keine größere Rolle mehr auf dem Markt. Als der zweitgrößte Tabakkonzern Phillip Morris 1969/70 Miller Brewing übernahm, war dies die erste US-Brauerei, in der die Familie keinerlei Anteile mehr besaß – eine reine Konzernbrauerei war entstanden. Nun veränderte sich auch das Gesicht der Bierwerbung. Bier und

Zigaretten gehörten nun zusammen. Diese Strategie sollte Erfolg haben: Im Jahr 2000 gehörte zum mittlerweile größten Tabakkonzern Phillip Morris auch der größte Lebensmittelhersteller, Kraft Foods, und die zweitgrößte Brauerei, Miller. In neun von zehn US-Haushalten fanden somit Produkte von Phillip Morris Eingang. Lediglich das größte Ziel der Miller-Manager sollte sich nicht erfüllen: die Übernahme von Anheuser-Bush. Wie wir heute wissen, kam es genau andersherum.

Doch zurück in die 1970er-Jahre: Nach der »Vernunftehe« von Bier und Zigaretten knüpfte das Miller-Marketing noch die Verbindung von Bier und Sport. Dafür führte die Brauerei 1975 das »Miller Lite« auf dem US-Markt ein. Dessen Vorgänger war »Gablinger's Diet Beer« der New Yorker Rheingold-Brauerei aus dem Jahre 1967, dessen Rezept an Millers Konkurrenten Meister Brau aus Chicago weitergegeben wurde. 1972 übernahm Miller diesen Rivalen und präsentierte der Öffentlichkeit 1973 »Lite Beer from Miller«, das der Konzern 1975 landesweit vermarktete. Das Leichtbier nach Pilsner Brauart mit 4,2% Alkohol eroberte schnell den Markt und verdrängte die Produkte vieler anderer Brauereien wie Schlitz und Pabst. Lediglich Anheuser-Busch reagierte frühzeitig mit seinem »Bud Light« und konnte damit seine Position ebenfalls weiter ausbauen. Unter den vielen Sportlern, welche die beiden großen Brauereien für ihre Werbekampagnen nutzten, war auch der Baseballspieler Mickey Mantle, der 1995 an den Folgen seines Alkoholismus sterben sollte.

1978 gab es schließlich in den USA nur noch 89 aktive Brauereien und der Staat sah sich zum Handeln gezwungen. Brauereien mit einer Jahresproduktion von unter zwei Millionen Barrel (2,38 Mio. hl) wurden auf die ersten 60 000 Barrel zwei Dollar Steuerermäßigung gewährt. Im selben Jahr unterzeichnete Jimmy Carter ein Gesetz, das zum ersten Mal seit 1935 wieder die private Bierherstellung erlaubte. Jeder Bürger über 18 Jahre durfte nun jährlich 100 Gallonen (378,5 l) brauen. Außerdem schaffte er die hohen Lizenzkosten von bis zu 500 000 Dollar ab, die bis dahin bei der Eröffnung einer neuen Brauerei zu entrichten waren. Ein Schritt, der ungeahnte Folgen haben sollte, wie sich später noch zeigen wird.

Anfang der 1980er-Jahre hatte die Brauwirtschaft schließlich einen finanziellen Höhepunkt erreicht: Der Pro-Kopf-Konsum betrug in den USA 90 Liter, im Vereinigten Königreich 120 Liter und in Deutschland und Belgien 140 Liter. Der Flaschen- und Dosenanteil lag bei 90% und ein helles Lagerbier nach dem Vorbild des »Miller Lite« hatte sich als Standardprodukt der Großbrauereien durchgesetzt. Überall auf der Welt waren Brauerei-

Der Miller-Lite-Rennwagen während des »Kobalt 400« der NASCAR in Las Vegas 2012

Produktionsstraße der chinesischen Bejing-Yangjing-Großbrauerei

konzerne entstanden, die allerdings meist nationale Unternehmen waren. Lediglich Heineken und Foster's hatten bereits in größerem Stile expandiert. Manche Firmen kontrollierten in ihren Herkunftsländern fast 100% des Marktes, wie beispielsweise South African Breweries (SAB). Nach der heimischen Marktbeherrschung machten sich die Braukonzerne anschließend auf die Suche nach weiterem Profit in anderen Ländern.

Während bei den etablierten Biernationen die Expansionsmöglichkeiten begrenzt waren, eröffnete der Fall des Eisernen Vorhangs 1989 bisher ungeahnte Möglichkeiten und die großen Braukonzerne gingen auf Einkaufstour. Unter ihnen war auch die südafrikanische SAB, die überall in Osteuropa Brauereien übernahm. Der größte Coup war sicherlich der Erwerb der tschechischen Traditionsbrauerei Pilsner Urquell, die SAB dem deutschen Konkurrenten Krombacher in letzter Sekunde mit einem Gebot von knapp 700 Millionen Dollar entriss. 2002 fusionierte SAB mit der amerikanischen Miller Brewing Company zu SABMiller. Dieser so entstandene Konzern wiederum »schluckte« 2011 den australischen Mitbewerber Foster's.

Als weiterer Global Player entwickelte sich ab 1990 der belgische Konzern Interbrew, der innerhalb von zehn Jahren Brauereien in 23 Ländern aufkaufte und seinen heimischen Marktanteil auf unter acht Prozent sinken ließ. Zur gleichen Zeit teilten vier Konzerne – SAB, Castel, Heineken und Guinness – den afrikanischen Markt unter sich auf, während sich von Brasilien aus eine Brauerei namens AmBev aufmachte, in den Nachbarländern Venezuela und Argentinien Konkurrenten aufzukaufen. Mit der De-facto-Übernahme des größten Konkurrenten Quilmes wurde AmBev 2003 schließlich zum Global Player, der im Folgejahr mit der belgischen Interbrew zu InBev verschmolz, 2008 die größte US-Brauerei Anheuser-Busch erwarb und damit zum Weltmarktführer AB-InBev wurde. Mit der Übernahme von SABMiller, der globalen Nummer zwei, entstand am 13. Oktober 2015 schließlich der mit Abstand größte Braukonzern des Planeten, aus dessen Sudhäusern aktuell jedes dritte auf der Welt getrunkene Bier stammt.

Als einer der letzten unerschlossenen Märkte entpuppte sich China, das nach mehreren Jahren mit hundertprozentigen Wachstumsraten seines Biermarktes 2014 zum größten Bierhersteller der Welt aufgestiegen ist. Dort tummeln sich neben den einheimischen Brauereien auch deutsche, niederländische, belgische und französische Firmen, die Großkonzerne stehen in den Startlöchern bzw. halten bereits Beteiligungen. Allerdings zählen bereits auch drei chinesische Unternehmen zu den zehn größten Brauereien der Welt, darunter die Tsingtao Brewery Co., die 1903 als Germania-Brauerei dort in der damaligen deutschen Kolonie Kiautschou gegründet wurde. Indien, das China wohl bald hinsichtlich seiner Bevölkerungszahl überholen wird, könnte ebenfalls einer der Biermärkte der Zukunft werden. Allerdings herrscht dort noch in einigen Bundesstaaten Prohibition, Einkauf und Konsum von Bier unterliegen generell Beschränkungen, hohe Importzölle erschweren ausländischen Brauereien das Geschäft und die Inder trinken lieber Spirituosen als Bier. Trotzdem haben sich auch hier die Großkonzerne platziert, um dem Lokalmatador, der United Breweries Group mit Sitz in Bangalore, dessen Bier unter der Marke »Kingfisher« bekannt ist, seine Marktanteile von noch gut 50% abzujagen.

Jimmy und die Hopfenschädel

Zum ersten Mal seit Jahren drückte er wieder die Schulbank – Fritz Maytag wusste nicht so recht, ob er lachen oder weinen sollte. Er versuchte es positiv zu sehen, bot ihm das Seminar doch auch eine Chance. Innerhalb von zwei Wochen würde er alles über Brauen, Rohstoffe, Enzyme und sogar das Gabelstaplerfahren lernen. Zusammen mit 24 anderen, meist viel jüngeren Männern saß er also in der United States Brewer's Academy und wartete auf die erste Unterrichtsstunde. Neben ihm drehte ein Lockenschopf seinen Kopf und schaute Fritz an. »Wer bist du denn?«, fragte er unvermittelt und musterte Maytag vom Kopf bis zu den Füßen. Nachdem Fritz sich vorgestellt hatte, wollte er nun ebenfalls wissen, mit wem er es zu tun hatte. »Ich bin Dick, Dick Yuengling. Wir haben eine kleine Brauerei zu Hause, aber uns geht es nicht gut. Schlechte Zeit für kleine Brauereien.« Natürlich kannte Maytag das Yuengling-Bier, aber als klein hatte er die Brauerei nie empfunden. »Wie viel Bier macht ihr denn im Jahr?«, fragte er also. »Keine 60 000 Hektoliter mehr«, antwortete Dick. »Hm, was sagst du dann zu meinen 5000?«, fragte Fritz zurück und schaute in die verblüfften Augen seines Gegenübers.

Schon bevor Jimmy Carter das Hausbrauen nach 43 Jahren 1978 erneut legalisierte, hatten viele Amerikaner in ihren Kellern und Kochtöpfen mehr oder weniger heimlich mit Bäckerhefe Bier gesiedet. Mit dem Erlass des Präsidenten war nun der Weg geebnet, in den einzelnen Bundesstaaten das Brauen zu Hause wieder zu genehmigen – zuletzt waren dies

Alabama und Mississippi 2013. Damit hatte das beliebte Staatsoberhaupt den Weg für eine Bewegung geebnet, die ausgehend von den USA bald die Welt erfassen sollte: das *Craft Brewing*.

Mit dem Begriff artikulierten die US-Haus- und Mikrobrauer vor allem die Idee, ein Bier jenseits des Einheitsgeschmackes der Erzeugnisse von nur noch wenigen US-Großbrauereien herzustellen. Spätestens mit der Einführung des ersten »Lite«-Bieres von Miller stand in den Regalen der Getränkemärkte fast nur noch »Near Water Beer«, wie die Amerikaner es spöttisch nannten. In Anlehnung an das meistkonsumierte Getränk der Welt – Wasser – und den wissenschaftlich ermittelten Mainstreamgeschmack hatten die großen Brauereien wie Miller und Anheuser-Busch den perfekten Durstlöscher geschaffen – das Aroma blieb beim Herstellungsprozess allerdings weitestgehend auf der Strecke. Neben der Sensorik war den Craft-Brauern aber auch die Biererzeugung wichtig. Denn jenseits des industriell gefertigten Mainstream-Bieres fanden sich nur noch wenige Exoten wie das »Yuengling Porter«, das »Ballantine India Pale Ale« und das »Augsburger«, ein kräftiges deutsches Bier von Huber Brewing. Bei ihren Rezepturen erinnerten sich die Hausbrauer an diese besonderen Biere und ihre eigenen familiären Wurzeln. Die lagen entweder in Großbritannien oder Deutschland. Allerdings ließen sich die englischen Stile wegen der dafür verwendeten obergärigen Hefe, die ohne zusätzliche Kühlung auskam, wesentlich leichter brauen als die untergärigen deutschen Biere. Deswegen standen also erst einmal Pale Ale, IPA, Stout und Porter auf dem Programm der Craft- und Heimbrauer.

Als einer der Gründerväter der Craft-Bewegung wird Charlie Papazian gesehen, der heute der Präsident der amerikanischen Brewer's Association ist. Papazian hatte während des Studiums einen Hausbrauer kennengelernt, daraufhin selbst erste Versuche unternommen und 1972 die Universität von Virginia in Charlottesville als frischgebackener Bachelor der Nuklearwissenschaften verlassen. Wie viele andere Intellektuelle seiner Zeit fühlte er sich in der Welt an der Ostküste nicht wohl und zog nach Colorado, um dort in einem Kindergarten Vorschulunterricht zu geben. Nach der Arbeit zog es ihn an seine Brautöpfe und schon 1976 veröffentlichte er mit »Joy of Brewing« sein erstes Buch zum Thema mit insgesamt 78 Seiten. Im Jahr der Legalisierung gründete Papazian die American Homebrewers Association, bei der Interessierte für 2,50 Dollar sein Buch erstehen oder für vier Dollar im Jahr Mitglied werden konnten – ein vergünstigtes Buch inbegriffen. Insbesondere der Stil, mit dem Charlie Papazian seine Leser in die Thematik des Bierbrauens einführte, begeisterte sein Publikum. »Relax. Don't worry. Have a homebrew. Making quality beer is EASY!« Papazian gründete weitere wichtige Institutionen wie die Association of Brewers (1979), die 2005 mit der altehrwürdigen Brewer's Association of America zur Brewer's Association unter seiner Führung verschmolz, das Institute for Brewing Studies und den Verlag der Association, Brewers Publications (1986).

Außerdem legte er den Grundstein für das Great American Beer Festival (1982) und den wichtigsten Bierwettbewerb der Welt, den World Beer Cup (1996).

Zwei weitere wichtige Pioniere des Craft Brewings sind Jack McAuliffe und Fritz Maytag. McAuliffe war der Sohn eines US-Geheimdienstmitarbeiters, der in Südamerika erst gegen Deutschland spioniert und dann die amerikanischen Interessen in Honduras und Kolumbien vertreten hatte. Als der kleine Jack in die dritte Klasse ging, zog die Familie in die USA und der Vater unterrichtete an der American University in Washington, D.C. 1964 verpflichtete sich der mittlerweile 19-Jährige bei der Marine und diente in Schottland, wo ihn vor allem die lokale Bierkultur begeisterte. Er kaufte sich ein Exemplar der britischen Hausbrauerbibel »The Big Book of Brewing« von Dave Line und begann, auf seiner Stube Bier zu brauen. Das Ergebnis schmeckte sowohl seinen Kameraden als auch den Einheimischen. Nach dem Ende seines Militärdienstes kehrte McAuliffe in die USA zurück, absolvierte eine Ausbildung zum Feinoptiker und erhielt 1971 eine Anstellung in Sunnyvale, Kalifornien. Doch die Faszination des Brauens ließ ihn nicht los. 1975 kündigte er und begann mit 5000 Dollar Startkapital in einer umgebauten Lagerhalle mit selbst gebastelten Utensilien zu brauen. Mit zwei Partnern, Suzy Stern und Jane Zimmermann, gründete McAuliffe schließlich ein Jahr später im Oktober New Albion Brewing, die erste Craft-Brauerei

Der Craft-Pionier und Gründer des Great American Beer Festivals, Charlie Papazian, erhält anlässlich des 35. Jubiläums des Events 2016 eine besondere Ehrung.

der USA. Albion ist der antike Name der britischen Inseln, weswegen der Weltumsegler Francis Drake einst ganz Amerika nördlich Mexikos als »New Albion« bezeichnet hatte. Zudem hatte es 70 Jahre in San Francisco eine Brauerei namens »Albion Brewing Company« gegeben, an deren Tradition McAuliffe anknüpfen wollte. Die Brauanlage hatte er aus ausgemusterten Sirup-Lagertanks eines Limonadenherstellers mit 200 Litern Fassungsvermögen, einer Flaschenwaschmaschine aus der Zeit des Zweiten Weltkrieges und einem Etikettierer von 1910 zusammengeschraubt. New Albion stellte pro Woche 821 Liter Bier her. Die Sorten Pale Ale, Porter und Stout, allesamt nach dem deutschen Reinheitsgebot gebraut und in der Flasche vergoren, machten schnell die Runde und Berichte in der »New York Times« und »Washington Post« folgten. Bier ohne die Zugabe von Enzymen, Maisgries und Stabilisatoren war in den USA der 1970er-Jahre nahezu unbekannt. Nicht zuletzt die durchschlagende Wirkung der im Vergleich zu den Lite Beers wesentlich alkoholstärkeren New-Albion-Biere begeisterte die Kundschaft. Wirklich profitabel wurde das erste amerikanische Craft-Unternehmen allerdings nie und musste im November 1982 seine Pforten schon wieder schließen. McAuliffe war gezwungen, wieder als Optiker zu arbeiten. Trotz seines Fehlschlages inspirierte er die gesamte Bewegung und New Albion wurde zur »most important failed brewery in the industry's history«, wie die Autorin Maureen Ogle schrieb.

Fritz Maytag, wohlhabender Spross einer Dynastie von Waschmaschinenfabrikanten, verzweifelte 1955 nach seinem Abschluss an der Deerfield Academy in Massachusetts ebenfalls an der Engstirnigkeit der Ostküsten-Bevölkerung und brach 1959 zu einem Studium an der Stanford University in Kalifornien auf. Dort studierte er Japanisch, verließ die Universität allerdings 1964 ohne Abschluss. Konfrontiert mit der zu dieser Zeit im Entstehen begriffenen Hippie-Bewegung vor Ort, dachte er über verschiedene Möglichkeiten nach, sein Vermögen in sinnvolle und nachhaltige Projekte wie beispielsweise die Entwicklungshilfe zu investieren. Im August des Folgejahres berichtete ihm ein gut bekannter Cafébesitzer, Fred Kuh, dass die unweit von San Francisco gelegene Anchor Steam Brewing Company zum Verkauf stehe. Kuh war einer der letzten Kunden der 1896 gegründeten Brauerei, die in den Jahren seit 1959 einen stetigen Niedergang des Absatzes und der Qualität hinnehmen musste. Nach einer kurzen Besichtigung hatte Maytag das Braufieber gepackt und er kaufte den bisherigen Mehrheitseigentümern ihren Anteil von 51% ab. Nun war er stolzer Besitzer einer durch und durch maroden, verschuldeten Brauerei mit 700 Hektolitern Jahresausstoß. Kaum einer der Kneipenbesitzer, denen er sein Bier verkaufen wollte, glaubte, dass er wirklich der neue Eigentümer war – die meisten hielten ihn für einen Hochstapler oder Geisteskranken. Die wenigen, die ihm glaubten, versicherten ihm jedoch, dass das saure Anchor-Bier so ziemlich das Letzte sei, was sie ihren Gästen jemals anbieten würden. Desillusioniert kehrte Fritz Maytag in seine Brauerei zurück und beschloss, die Sache selbst in die Hand zu nehmen.

Fritz Maytag inmitten der Belegschaft der Anchor Steam Brewing Company in den 1970er-Jahren

Als kleiner Junge hatte er ein Mikroskop geschenkt bekommen, um das herum er nun ein Labor aufbaute. Mithilfe von Lehrbüchern, seinem Mentor John Borger und der Brewer's Association of America arbeitete er sich in das Bier-Business ein. Beseelt von dem Willen, das beste Bier der Welt zu brauen, kaufte er 1969 auch noch die restlichen 49% der Brauerei, modernisierte die Ausrüstung und importierte seine Rohstoffe aus Europa. Im Gegensatz zu den industriellen Großbrauereien setzte Maytag auf Hopfendolden statt Extrakt und pasteurisierte sein Bier nur 15 Sekunden anstatt der sonst üblichen 15 Minuten. Mit neuem Rezept und verändertem Brauverfahren gelang es ihm, das alte Steam Beer wiederzubeleben. Die heißen Temperaturen in Kalifornien hatten weder Natureis noch kaltes Wasser für die Brauer zu bieten und so waren sie gezwungen, ihr untergäriges Bier bei hohen Temperaturen zu vergären, wobei das Jungbier stark schäumte und so den Namen Dampfbier prägte. Innerhalb weniger Jahre führte Maytag seine Brauerei zu neuer Blüte und wurde einer der Pioniere der Craft-Beer-Bewegung. Dem erfolgreichen Steam Beer stellte er weitere Sorten zur Seite: 1972 das erste US-Porter seit dem Ende des Zweiten Weltkrie-

Sierra-Nevada-Gründer Ken Grossman in seinem Hopfenlager, 2013

ges, 1975 das »Old Foghorn«, das erste Barleywine auf dem amerikanischen Markt überhaupt, und im selben Jahr mit dem »Liberty Ale« auch noch das erste India Pale Ale, wenngleich diese Bezeichnung für Craft-Bier erstmals 1983 von Bert Grant in Yakima genutzt wurde. 2010 verkaufte Maytag seine Anteile und widmet sich heute Blauschimmelkäse und Wein.

Zu Beginn der 1980er-Jahre gab es bereits über zwei Millionen Hausbrauer in den USA, von denen immer mehr aufgrund der Abschaffung der immensen Lizenzkosten Kleinst- und Kleinbrauereien gründeten. Vor allem die intensive Nutzung von Hopfen zeichnete die erste Begeisterungswelle aus, weswegen sich die enthusiastischen Hobbybrauer selbst als »Hopheads« bezeichneten. Dies war in der Jazz-Szene der 1920er-Jahre noch der Begriff für einen Konsumenten verschiedenster Drogen, welche die jungen Bierfreaks nun mit dem Hopfen tauschten. Sie hatten für ihre Brauversuche die Kalthopfung, das Dryhopping, für sich wiederentdeckt und gaben große Mengen Hopfen in das gärende oder lagernde Bier. Nutzten die Brauer des ausgehenden Mittelalters das Hopfenstopfen, wie die Kalthopfung auch gerne genannt wurde, noch zur Aromatisierung missratener Sude und zur Verlängerung der Haltbarkeit, ging es nun vor allem um die Steigerung des Aromas und der Bitterkeit. Die Hausbrauer wetteiferten darum, wer die kräftigste Hopfennote präsentieren konnte.

Als eine der ersten Brauereien ging der von den beiden Hobbybrauern Ken Grossman und Paul Camusi 1979 im kalifornischen Chico gegründete Betrieb »Sierra Nevada« aus der Heimbrauerszene hervor. Sie präsentierten mit ihrem »Pale Ale« 1980 und dem IPA »Celebration« ein Jahr später als zweite Brauerei nach Anchor intensiv hopfengestopfte Biere auf dem US-Markt, für die sie als Erste eine neue Hopfensorte namens Cascade nutzten, deren kräftige Zitrus- und Grapefruitaromen die Kunden begeisterten. Während die Hopfenöle, in denen diese Aromen enthalten sind, normalerweise beim Kochen des Bieres großteils verdunsten, gelangen sie beim Kalthopfen mit voller Intensität ins Bier. Wie bereits erwähnt, folgte Bert Grant 1983 mit seinem »Grant's India Pale Ale«, gestopft mit Cascade- und Galena-Hopfen, über das der berühmte Bierautor Michael Jackson nach seinem ersten Schluck sagte: »I was just stunned by the bitterness of it. I thought, Christ, he's really going to do this. Bert really expects peoply to buy this?«

Zahlreiche weitere Bierfreaks folgten in den nächsten Jahrzehnten und starteten mit eigenen Unternehmen ins Craft-Beer-Business. Bekannte Namen sind: Boston Beer Co. (1984), New Belgium Brewing (1991), Deschutes Brewery (1988), Bell's Brewery (1983), Stone Brewing Co. (1996), Dogfish Head Craft Brewery (1995), Brooklyn Brewery (1988), Firestone Walker Brewing Co. (1996) und Rogue Ales (1988). Im Jahr 2000 erreichte die Gründungswelle mit insgesamt 1566 Brauereien in den USA einen ersten Höhepunkt, 2015 überschritt die Zahl mit 4548 Unternehmen erstmals wieder die alte Höchstmarke von 4131 Betrieben aus dem Jahr 1873. Mittlerweile gibt es über 5000 Craft-Brauereien in den USA, Tendenz weiter steigend. Der Begriff ist in den USA seit Kurzem auch klar definiert:

Eine Craft-Brauerei muss klein und unabhängig sein sowie mit traditionellen Methoden arbeiten. *Klein* bedeutet, dass die Brauerei weniger als sechs Millionen Barrel Bier (7,14 Mio. hl) pro Jahr herstellt. Mit deutschen Maßstäben ist das schwer zu fassen, denn nur drei Braukonzerne übertreffen in Deutschland diese Zahl: die Radeberger Gruppe (11,5 Mio. hl), Anheuser-Bush InBev (10,7 Mio. hl) und die Oettinger Brauerei (9,2 Mio. hl). Diesen Branchenriesen folgen die Bitburger Braugruppe (7 Mio. hl) und Krombacher (6 Mio. hl). *Unabhängig* meint im Falle der US-Definition, dass weniger als ein Viertel der Anteile in Händen einer industriellen Nicht-Craft-Brauerei sind. Und *traditionell* schließlich bedeutet, dass der Großteil der Biere einer Craft-Brauerei seine Aromen aus der Verwendung traditioneller oder innovativer Rohstoffe und ihrer Vergärung erhalten soll. Neben diesen drei obligatorischen Punkten sollen sich die Craft-Brauereien durch Innovation, Handwerkskunst und Wohltätigkeit auszeichnen.

Zwischen den Craft-Brauereien unterscheidet die Brewer's Association noch zwischen »Microbreweries«, Brauereien, die weniger als 17 600 Hektoliter pro Jahr herstellen und mindestens drei Viertel ihres Biers im Handel verkaufen, »Brewpubs«, Gasthausbrauereien, die mehr als ein Viertel ihrer Biere im Haus verkaufen, und »Regional Craft Breweries«, unabhängige Unternehmen, die einen Großteil ihrer Biere auf traditionelle oder innovative Weise herstellen. Von den aktuell 5301 US-Brauereien gehören 5234 dem Craft-Segment an, die sich in 3132 Microbreweries, 1916 Brewpubs und 186 Regional Craft Breweries untergliedern. Zusammen haben sie einen Marktanteil von 12,3%. Diametral dazu sind 51 Großbrauereien und 16 weitere positioniert, von denen alleine Anheuser-Busch einen Marktanteil von knapp der Hälfte sein eigen nennt.

In der jüngeren Vergangenheit wurden allerdings zahl- und ruhmreiche Craft-Brauereien von großen Konzernen aufgekauft oder zu einem erheblichen Teil übernommen. Anheuser-Busch InBev kaufte beispielsweise 10 Barrel Brewing, Elysian Brewing, Goose Island und Birra del Borgo. SABMiller, nunmehr auch Teil von AB InBev, übernahm die Meantime Brewing Company und Blue Moon, während Heineken sich die renommierte Brauerei Lagunitas einverleibte. Der letzte harte Schlag für die Craft-Bier-Enthusiasten war die Nachricht, dass das Urgestein Anchor Brewing künftig Teil des japanischen Konzerns Sapporo Breweries sein wird. Eine Entwicklung, die einerseits zeigt, dass auch die Craft-Brauereien mittlerweile in der wirtschaftlichen Realität angekommen sind, andererseits aber auch deren Bedeutung für den Markt unterstreicht. Nach allen Analysen von Branchenkennern wird sich der Ausverkauf der Craft-Brauereien in den USA in den nächsten Jahren noch weiter intensivieren.

Der Pionier Sierra Nevada ist allerdings noch eigenständig und mit ca. 1,5 Millionen Hektolitern Jahresproduktion mittlerweile die siebtgrößte Brauerei der Vereinigten Staaten. 2009 präsentierte die Firma mit dem »Hop Torpedo« ein neues Gerät, das das Hopfenstopfen revolutionierte. Die Brauer füllen das zylindrische Gefäß mit 36 Kilogramm Hopfen und pumpen anschließend das Bier vom Gärtank bei 20° C immer wieder durch den Torpedo hindurch. Damit können nahezu sämtliche Aromen der Hopfenöle ins Bier gelangen. Das erste Bier, das so gebraut wurde, war das »Torpedo Extra IPA«, das auch heute noch als Meilenstein der hopfenaromatischen Biere gilt. In Erinnerung an ihre einstigen Vorbilder Charlie Papazian, Jack McAuliffe und Fritz Maytag sowie Fred Eckhardt, den ersten national bekannten Bierautor, präsentierte Sierra Nevada 2010 zu seinem 30. Jahrestag der Öffentlichkeit vier Biere, die jeweils mit einem der »Gründerväter« gebraut wurden – das Craft-Bier feierte zum ersten Mal seine Geschichte.

Auf der Suche nach neuen Aromahopfen

»Noch drei Tage, dann ist es endlich so weit«, dachte Fridolin und machte sich auf den Weg von der Sammelstelle zu seinem Schlafquartier. In den letzten Wochen hatte er jeden Tag von Sonnenaufgang bis zum Untergang hart gearbeitet. Die kleinen Blechsechsecke seines Lohns klimperten in seiner Hosentasche. In drei Tagen, am Ende der Hopfenernte, würde er seine Metzenzeichen in echtes Geld umtauschen können – endlich. Heute hatte er wieder elf Metzen geschafft, genau wie gestern. Er freute sich schon auf die leuchtenden Augen seiner Sonja – denn mit dem Geld konnte er bei ihrem Vater endlich um ihre Hand anhalten. Zwei Tage noch Reben von den Stangen holen und anschließend die Dolden in einen Sack zupfen. Die wanderten dann Sackladung für Sackladung in den Blecheimer, den alle den »Metzen« nannten. Jeder volle Metzen brachte eine Münze, das Metzenzeichen, das am Ende bares Geld bedeutete. Fridolins Hände klebten vom Hopfenöl und waren schwarz verfärbt. Doch das ließ sich abwaschen und noch vor Weihnachten würde er ein stolzer Ehemann sein – dafür hatten sich die Strapazen dann sicher gelohnt.

Spätestens nachdem die Briten zu Beginn des 18. Jahrhunderts Hopfen zum alleinigen Biergewürz erklärt hatten, wurde das Gewächs zum Wirtschaftsfaktor. Denn die wenigen Pflanzungen auf der Insel konnten den Bedarf bei Weitem nicht decken und so entwickelte sich der Hopfenimport von Böhmen, Bayern und den Niederlanden in das Vereinigte Königreich. Die Engländer schufen sogar Wettbüros, in denen man auf die Hopfensteuer des folgenden Jahres setzen konnte. Der beginnende Welthandel spülte billiges Getreide aus Amerika und Russland nach Europa. Deswegen und aufgrund des Wegfalls der Dreifelderwirtschaft wechselten Landwirte vermehrt vom Getreideanbau auf den lukrativen Hopfen, der wie Wein Jahrzehnte als Wurzelstock im Boden verbleibt. Auf den Hopfensäcken mussten europaweit Herkunft, Erntedatum und Pflanzer vermerkt werden, eine Tradition, die 1538 im fränkischen Spalt mit dem Hopfensiegel begonnen hatte. Die Anbauflächen wuchsen, bis einerseits die Pasteurisation ab 1870 den Hopfen als Konservierungsmittel überflüssig machte und andererseits die untergärigen Biere die stärker gehopften obergärigen Sorten wie Pale Ale und IPA verdrängten.

Auch in den Hopfengärten hielten Neuerungen Einzug, um den Ernteertrag zu erhöhen. Neben flexibleren Gestängen, Drähten statt Schnüren und ersten Pflückmaschinen wurde vor allem die Krankheitsprophylaxe immer wichtiger. Bereits im 18. Jahrhundert hatte man festgestellt, dass Tabaklauge gegen Blattläuse und Taubenmist gegen Mehltau hilft. In den großflächigeren Anbaugebieten traten ab dem Ende des 19. Jahrhunderts Schädlinge und Krankheiten häufiger auf, sodass ab 1890 verschiedene Formen von Spritzen Einzug hielten, um die jeweiligen Mittel schnell und effizient aufbringen zu können. Als 1926 der Falsche Mehltau (Peronospora) den gesamten deutschen Hopfenanbau bedrohte, rettete die Kupferkalkbrühe von Wacker aus München die Bauern buchstäblich in letzter Sekunde vor dem Totalausfall.

Die Brauereien, deren Produktion durch den Mehltau bedroht gewesen war, beschlossen, nach dem Vorbild einer Abteilung am englischen

Hopfenanbau- und ernte im frühen 19. Jahrhundert, zeitgenössische Illustration

Wye-College ein deutsches Forschungsinstitut für Hopfen einzurichten, und gründeten 1926 die Gesellschaft für Hopfenforschung. Diese erwarb das Gut Hüll in der Hallertau und entwickelte sich ab 1972 unter finanzieller Mithilfe des Landes Bayern zur bedeutendsten Hopfenforschungseinrichtung der Welt. Deren Ziel war die Züchtung von schädlingsresistenten Hopfensorten sowie die Erhöhung der Inhaltsstoffe in den Hopfendolden. Die Finanziers bewiesen einen langen Atem, denn bis 1962, als die ersten Sorten »Hüller Start« und »Hüller Anfang« auf den Markt gebracht wurden, hatten die Wissenschaftler nahezu keine nennenswerten Ergebnisse vorzuweisen.

Erst ab den späten 1970er-Jahren gelang schließlich mit den Aromasorten Perle (1978), Hallertauer Tradition (1993), Spalter Select (1993), Saphir (2001), Opal (2001) und Smaragd (2006) sowie den Bittersorten Hallertauer Magnum (1993), Taurus (1995), Merkur (2001) und Herkules (2006) der Durchbruch. Während bei den Bitterhopfen vor allem auf den Gehalt von sogenannten Alphasäuren Wert gelegt wird, deren harzige Struktur dem Bier die Bitterkeit verleihen, geht es bei den Aromahopfen um die ätherischen Öle der Pflanze, die dem Getränk bei später Hopfengabe oder durch Kalthopfung unter anderem fruchtige, florale oder kräutrige Aromen verleihen. Die Züchtung einer neuen Hopfensorte kann dabei vom ersten Samen bis zur Marktreife gut 20 Jahre dauern, da Hopfen eine zweihäusige Pflanze ist. Dies bedeutet, dass bei jeder natürlichen Vermehrung eine neue Pflanze mit neuen Eigenschaften entsteht, weswegen sich eine erfolgreiche Züchtung ausschließlich mit Stecklingen durchführen lässt.

Jedes Jahr kreieren die Forscher in Hüll aus dem vorhandenen, nahezu vollständigen Hopfengenpool ihrer Felder ca. 100 neue Kreuzungen, von denen ca. 100 000 Sämlinge im Gewächshaus neue Pflanzen ausbilden. Lediglich die weiblichen Gewächse sind dabei von Belang, weil nur sie die begehrten Hopfendolden tragen. In den darauffolgenden Jahren werden die Jungpflanzen verschiedenen Schädlingen und Klimabedingungen ausgesetzt, wobei sich nur die wenigsten durchsetzen. Nun messen die Wissenschaftler Inhaltsstoffe, Lagerstabilität und Ertragsmenge der Dolden der verbliebenen ca. 20 Pflanzen. Etwa zehn Jahre nach der ersten Aussaat der 100 000 Samen bleiben dann zwischen fünf und zehn Hopfenpflanzen übrig, mit denen die Bauern erste Anbauversuche starten. Nachdem auch erste Brauversuche geglückt sind, kann dann die Sortenanmeldung in die Wege geleitet werden.

In den deutschen Hopfengärten wachsen zu gut 70% Züchtungen aus Hüll, darunter auch ganz neue Sorten mit spannenden Aromen wie Mandarina Bavaria (2014 – Mandarine, Grapefruit), Huell Melon (2014 – Honigmelone, Aprikose, Erdbeere), Hallertau Blanc (2014 – Mango, Stachelbeere, Weißwein), Callista (2016 – Aprikose, Maracuja) oder Ariana (2016 – Johannisbeere, Brombeere). Die Hüller Hopfen erfreuen sich auch weltweit großer Beliebtheit und stehen in der Tradition des ersten fruchtigen Aromahopfens Cascade, der 1956 in Oregon erstmals gesät, 1971 als Sorte eingetragen und 1976 für das erste Craft-Bier der New Albion Brewing Company verwendet wurde.

Hopfengarten in der Hallertau

Nachdem die Hopfendolden erntefrisch nur wenige Tage zum Brauen geeignet sind – anschließend oxidieren sie und bilden ein unangenehmes Aroma –, gingen die Brauer zu Beginn des 19. Jahrhunderts dazu über, sie mit Heißluft zu trocknen, anfangs über Holzfeuer, später unter Verwendung von Koks oder Kohle. Zusätzliches Schwefeln erhöhte ab 1858 die Haltbarkeit auf mehrere Jahre. Die getrockneten Dolden mussten anschließend mit den Füßen in Hopfensäcke getreten werden, später erledigten motorbetriebene Pressen diese Arbeit. Ab den 1960er-Jahren setzten sich die Hopfenpellets durch – gehäckselte und gepresste Dolden. Diese Form der Verarbeitung ermöglichte es erstmals, die genaue Menge an Inhaltsstoffen zu berechnen, die mit dem Hopfen ins Bier gelangte. Während Pellets heute die gebräuchlichste Form der Hopfengabe in den deutschen Brauereien sind, nutzen größere Brauereien den 1968 als Bierzutat genehmigten Hopfenextrakt. Für seine Gewinnung werden die Bitterstoffe mittels CO_2 oder Ethanol aus den Hopfenpellets gelöst und als reines Harz in Dosen abgefüllt. Hopfenextrakt – im Gegensatz zu vielen Behauptungen ebenso wie Dolden und Pellets ein Naturprodukt – eignet sich in der Regel vor allem für die Bitterung beim Würzekochen und bietet durch geringen Platzbedarf und lange Lagerfähigkeit entscheidende Vorteile, allerdings auf Kosten des weitestgehenden Verlustes der Aromen ätherischer Hopfenöle.

Gut ein Drittel des weltweit angebauten Hopfens kommt heute aus Deutschland. Davon entfallen gut 83% auf die Hallertau, 7,5% auf den Elbe-Saale-Hopfen aus Sachsen und Thüringen und knapp 7% auf Tettnang am Bodensee. Kleinere Anbauflächen gibt es noch um die mittelfränkischen Städte Spalt (2%) und Hersbruck (0,5%) sowie in Bitburg (0,1%). Der nörd-

lichste deutsche Hopfen wächst auf Sylt und verleiht einem Bier namens »Sylter Hopfen« sein Aroma. Ein weiteres Drittel der Welthopfenernte wächst in den USA, dort vor allem im Yakima Valley und in benachbarten Regionen in Oregon, Washington und Idaho. Lediglich 5% der US-Ernte kommen aus anderen Bundesstaaten. Das drittgrößte Hopfenland der Welt ist Tschechien, dicht gefolgt von China – beide um 6%. Und auch auf der Südhalbkugel gibt es mittlerweile bedeutende Hopfenanbaugebiete in Australien, Südafrika und Neuseeland mit jeweils ca. 1%.

Hopfen in konzentrierter Form: Pellets

Von den Hopfenernten sind bis zu 90% bereits im Vorfeld durch langfristige Verträge der Anbauer mit den Brauereien verkauft, was insbesondere in schlechten Erntejahren dazu führt, dass es auf dem freien Markt fast keinen Hopfen mehr zu kaufen gibt. Keine einfache Situation, besonders für die kleinen Brauereien, zumal diese insbesondere aufgrund ihrer hopfenaromatischen Biersorten wie Pale Ale und India Pale Ale auf eine große Menge Aromahopfen angewiesen sind. Die steigende Weltanbaufläche sorgt hier langfristig sicher für Entspannung. Im Welthopfenhandel gibt es übrigens zwei Global Player, die Barth-Haas Group mit Sitz in Nürnberg und Hopsteiner, ebenfalls aus der Frankenmetropole. Beide Firmen sind sowohl im Hopfenanbau als auch -handel tätig. Daneben spielen auch die Hopfenverwertungsgenossenschaft der Hallertau in Wolnzach und die YCH HOPS (Yakima Chief – Hopunion LLC) aus Yakima als internationale Vertreter und Verwerter ihrer Mitglieder und deren Produkte eine große Rolle.

Geschmack ohne Rausch: alkoholfreies Bier

»Eine große Pizza Barbecue Chicken bitte«, Matthew Hoggs lächelte den Kellner an, »das ist meine erste Pizza seit mehr als 15 Jahren.« Die Pizza sollte nicht nur ein Genuss, sondern auch das wichtigste Experiment in Matthews Leben sein. Denn im Alter von elf Jahren hatten die Ärzte bei ihm das Eigenbrauer-Syndrom diagnostiziert. Hierbei verarbeiten körpereigene Hefepilze Kohlenhydrate aus der Nahrung zu Alkohol – wie im Gärkeller einer Brauerei. Eine Scheibe Brot hat die gleiche Wirkung wie ein Glas Wein, drei oder vier die einer ganzen Flasche. Hilfe gab es nicht, nur eine spezielle Diät mit Wasser, Fleisch, Fisch und Gemüse. An die hatte sich Matthew in den letzten 15 Jahren streng gehalten in der Hoffnung, die Hefepilze auszuhungern. Heute war nun der große Tag. Waren die Pilze abgestorben? Konnte er wieder normal essen? Der Kellner kam mit der Pizza zurück. Gierig biss Matthew in das erste Stück seit seinem 19. Geburtstag. Eine Viertelstunde später war der Teller leer – er hatte die Menge Kohlenhydrate gegessen, aus denen sein Körper normalerweise die Alkoholmenge von zweieinhalb Flaschen Wein entstehen ließ. Wirklich gut fühlte er sich nicht, aber das Messgerät, in das er geblasen hatte, zeigte einen Blutalkoholwert von 0,0 Promille an. Zufrieden kehrte Matthew nach Hause zurück und ging schlafen. Am nächsten Morgen fühlte er sich schlecht und hatte Kopfweh – die Untersuchung beim Arzt bestätigte die Wahrnehmung. Leider waren die Hefepilze noch aktiv, die strenge Diät würde also weitergehen, doch immerhin hatte er mal wieder eine Pizza gegessen.

Die ersten Versuche, ein alkoholfreies Bier herzustellen, sind in Deutschland aus dem Jahr 1895 überliefert. Doch weder Geschmack noch Stabilität (Haltbarkeit und Klarheit) dieser mit gestoppter Gärung entstandenen Biere konnten überzeugen. 1919 stellten US-Brauer infolge der Prohibition ihr erstes Bier mit 0,5% Alkohol vor – nach den neuen Gesetzen galt dies als alkoholfrei. Doch nach dem Ende des Alkoholverbotes verschwanden auch diese Biere wieder vom Markt. Gegen Ende der 1930er-Jahre präsentierte schließlich die Schweizer Brauerei Gurten Bier AG aus Bern mit ihrem »Ex-Bier« das erste mittels Vakuumdestillation hergestellte alkoholfreie Bier, das aber wegen des Krieges und seiner Folgen kaum Verbreitung fand. 1962 startete Hans Hürlimann, Inhaber der gleichnamigen Brauerei in Zürich, ein eigenes Forschungsprojekt, das er aus Angst vor der Konkurrenz streng geheim hielt. Die aktuellen Unterlagen mussten stets in einem Banksafe verwahrt werden. Drei Jahre später führte er schließlich mithilfe seines Forschungsdirektors Steiner, eines Hefe-Spezialisten, sein erstes alkoholfreies Bier namens »Oro« auf dem Schweizer Markt ein. Bei der Herstellung ließ eine spezielle Hefe kaum Alkohol entstehen, sodass der Alkoholgehalt unter 0,5% lag. Schon zwei Jahre später war Hürlimann auf dem gesamten Schweizer Markt präsent, 1968 folgte Deutschland, 1969 Österreich, 1970 Frankreich, 1971 England und 1972 die USA. Allerdings kam der Name des Biers nicht gut bei den Kunden an, weswegen ihn die Brauerei 1972 in »Birell« änderte.

Währenddessen ließ die Entwicklung alkoholfreier Biere in Deutschland weiter auf sich warten, obwohl es einen handfesten Grund dafür gegeben hätte: Denn 1973 wurde die 20 Jahre zuvor eingeführte Promillegrenze für westdeutsche Autofahrer von 1,5 auf 0,8 Promille Blutalkohol herabgesetzt. Seit 2001 werden Fahrzeuglenkern nur noch 0,5 Promille zugestanden. Wer diesen Grenzwert am Steuer überschreitet, begeht auch ohne weiteres Vorkommnis eine Ordnungswidrigkeit, im Zweifelsfall ist der Führerschein passé. Viele osteuropäische Länder gingen sogar darüber hinaus und führten eine 0,0-Promille-Grenze ein. Diese Entwicklung blieb auch dem Arbeiter- und Bauernstaat auf

Parkender Trabant in der Leipziger Straße in Ost-Berlin, 1989

Ulrich Wappler an der Umpumpanlage

deutschem Boden nicht verborgen und der Wirtschaftsrat der DDR, wo ebenfalls eine 0,0-Promille-Grenze galt, dachte darüber nach, mit einem Bier für Autofahrer einen zusätzlichen Devisenbringer in das Sortiment der Autobahnraststätten aufzunehmen. Insbesondere am Hermsdorfer Kreuz, dem Dreh- und Angelpunkt des Transitverkehrs, sollte das neue Getränk zu kaufen sein.

Doch die Einführung war gar nicht so einfach. Schließlich liefen die DDR-Brauereien seit Staatsgründung mit Überlast, worunter die Qualität der Produkte deutlich litt. Ende der 1960er-Jahre ergab sich schließlich eine Gelegenheit. Tanks aus einer alten stillgelegten Brauerei wurden zur Berliner Engelhardt-Brauerei gebracht, um deren Kapazität zu erweitern. Um den dortigen Braumeister Ulrich Wappler wurde ein vierköpfiges Kollektiv gebildet, das die Aufgabe hatte, das erste deutsche alkoholfreie Bier mit maximal 0,5% Alkohol zu entwickeln. Ulrich Wappler stammte aus dem sächsischen Wernesgrün und wuchs mit dem Bierdunst in der Nase auf. Schließlich gab es in dem kleinen Ort zwei große Braudynastien, die Günnels (Grenzquell) links des Wernesbaches und die Männels (Wernesgrüner) rechts davon. Wappler ging 1950 am linken Ufer in die Lehre und wechselte anschließend nach Berlin, erst zur Bürgerbräu, dann 1954 zur Engelhardt-Brauerei mit einem Intermezzo zwischen 1962–1969 als Versuchsbrauereileiter des Zentrums der Brauindustrie der DDR. Diese ist heute übrigens im Deutschen Technikmuseum in Berlin zu besichtigen. Auch Wapplers Brüder waren beide Braumeister geworden, allerdings schon frühzeitig in den Westen geflohen. Ulrich war wegen seiner Familie geblieben und stellte sich nun der neuen Aufgabe. Über ein halbes Jahr studierte er Patente und Brauliteratur aus aller Welt, der direkte Kontakt mit Braumeistern aus dem Westen war ihm allerdings als Bruder von Republikflüchtlingen untersagt.

Flasche »Autofahrerbier«

Nach vielen Versuchen hatten Ulrich Wappler und seine Kollegen 1972 den ersten erfolgreichen Sud eingebraut und das Patent angemeldet. Das Bier hatte 7% Stammwürze, die Angärung wurde mit Glykol unterkühlt und gebremst, am Ende enthielt es sogar weniger als ein halbes Prozent Alkohol. Perfekt war das Ergebnis noch nicht, umso mehr ärgerte es Wappler, dass einer seiner Kollegen während der ersten Tage der Leipziger Messe den Erfolg ausplauderte und so die DDR-Führung davon Wind bekam. Die befahl umgehend noch während der Messe eine Präsentationsveranstaltung, was dem »AUBI« (Autofahrerbier) von Anfang an einen schlechten Ruf verlieh. Denn das unfertige Ergebnis des Testsudes schmeckte noch stark nach Würze und konnte nicht viele Anhänger gewinnen. Die Kunde von Wapplers »Alkoholfreiem« erreichte auch den Westen Deutschlands, wo bisher lediglich einige größere Brauereien Kooperationen mit Hürlimanns zum Vertrieb von Birell eingegangen waren. 1975 konnte die Hümmer-Brauerei aus Dingolshausen bei Schweinfurt als erste ein eigenes alkoholfreies Bier vorstellen. Im gleichen Jahr folgten die Stuttgarter Sanwald-Brauerei mit ihrem »Pro-Bier« und die St. Martin-Brauerei aus Oberlahnstein mit »St. Martin Fit«. Diese ersten Versuche gerieten aber schnell ins Hintertreffen, als 1977 Henninger mit »Gerstel« und 1978 Binding mit »Clausthaler« auf dem deutschen Markt erschienen. 1981 verkauften die Brauereien der Bundesrepublik ca. 90 000 Hektoliter alkoholfreies Bier, davon 35% Birell, 29% Gerstel und 28% Clausthaler. 1986 präsentierte auch die irische Guinness-Brauerei mit ihrem obergärigen »Kaliber« ein »Alkoholfreies«, um Berufstätigen in der Mittagspause folgenlosen Biergenuss bieten zu können.

Wappler arbeitete unterdessen weiter an seinem Projekt, verbesserte Rezeptur und Herstellungsverfahren und taufte 1988 das AUBI in »Pilot« um. Dieses Bier kam in der DDR wesentlich besser an und löste ein weiteres Problem des Staates. Denn in den Betrieben herrschte Alkoholverbot, aber die Hitzearbeiter in den Stahl- und Bergwerken sowie die Glasbläser wollten auf Bier während ihrer Arbeit nicht verzichten. Wapplers Bier hatte nur 0,5% Alkohol und war damit völlig unbedenklich für den Konsum in den Fabriken. Das AUBI hatte aber auch Interesse im Ausland geweckt und so lieferte die Stralauer Engelhardt-Brauerei ab 1986 »Foxy Light« nach Michigan und »Berolina« nach England. Im Herbst desselben Jahres krönte eine Goldmedaille der Leipziger Messe Ulrich Wapplers Arbeit. Trotz der steigenden Nachfrage – die Jahresproduktion erreichte 1987 insgesamt 11 200 und zwei Jahre später 18 000 Hektoliter – waren keine weiteren Brauereien in der DDR für alkoholfreies Bier zu gewinnen, obwohl der Plan des Staates eine Kapazität von 100 000 Hektolitern dafür vorgesehen hatte. Denn die Bierverkaufspreise waren festgelegt. Während die Brauer ihr Pils für 1,28 Mark und ein jährliches Sonderbier gar für 1,60 Mark pro halben Liter verkaufen konnten, brachte eine Flasche AUBI oder Pilot nur 75 Pfennige. Es waren also durchaus kapitalistische Gründe, die dem alkoholfreien Bier in der DDR eine größere Karriere versagten. Wappler durfte allerdings 1987 noch nach Nordkorea reisen, um dort eine Brauerei auf die Herstellung von alkoholfreiem Bier für die Weltfestspiele der Jugend und Studenten umzustellen. Nach der Wende war er viele Jahre lang Braumeister in einer Gasthausbrauerei am Alexanderplatz, wo er im Auftrag des Vorläufers der heutigen Brauanlagenhersteller Brau-Kon und Beraplan Brauer aus der ganzen Welt ausbildete, später beriet er Brauereien in der Mongolei, der Ukraine und Weißrussland.

1995 begannen US-Hobbybrauer, mit Rezepten für alkoholfreies Bier zu experimentieren, kurz danach brachte Erdinger das erste alkoholfreie Weizen auf den Markt und entdeckte gemeinsam mit der Universität in Weihenstephan dessen isotonische Eigenschaften. Ein neues Sportlergetränk war geboren. Biere bis 0,5% Alkoholgehalt dürfen als alkoholfrei bezeichnet werden. Nachdem beispielsweise Fruchtsäfte durch natürliche Gärung bis zu 1% Alkohol enthalten können, muss der Alkoholgehalt bei allen anderen Getränken außer Bier erst ab 1,2% angegeben werden. Nur komplett alkoholfreie Getränke dürfen die Bezeichnung »ohne Alkohol«

führen. 2006 revolutionierte deshalb die Warsteiner Brauerei das Thema mit dem ersten nullprozentigen Bier, Bitburger folgte ein Jahr später. Auch die Craft-Bier-Welt begann mit mutigen Schritten: 2010 präsentierte BrewDog in England sein alkoholfreies IPA »Nanny State«, sechs Jahre später zogen das Brauhaus Nittenau und die Hamburger Kreativbrauerei Kehrwieder in Deutschland mit ihrem alkoholfreien Gemeinschafts-IPA »üNN« bzw. »Le Chauffeur FreIPA« nach.

Alkoholfreies Bier entsteht heute entweder nach Wapplers Methode der gestoppten Gärung – vor allem alkoholfreies Weißbier – oder bei der Vakuumverdampfung. Hier fließt normal gebrautes Bier durch einen senkrecht stehenden beheizten Zylinder, in dem Unterdruck herrscht. Dadurch sinkt der Siedepunkt und der Alkohol beginnt bereits bei ca. 40° C zu verdampfen. Ab 78° C kann er herausdestilliert werden, wobei allerdings auch aromaprägende Inhaltsstoffe verloren gehen. Das modernste Verfahren ist die Vakuumrektifikation. Hier werden Alkohol und Bier wie im Verstärker einer Brennerei in mehreren Schritten getrennt. Bei Unterdruck strömt normales Bier von unten in die Anlage, wird erwärmt, verdampft und kondensiert an höher gelegenen Böden. Von Stufe zu Stufe erhöht sich der Alkoholgehalt, bis er am Ende abgeleitet werden kann. Die ebenfalls entzogenen Aromen können am Ende dem entalkoholisierten Bier wieder zugesetzt werden. Alkoholfreies Bier macht über 5% des deutschen Biermarktes aus, die Tendenz ist steigend.

Ulrichs Wapplers Methode der mit Glykol gebremsten Angärung der Stammwürze

Craft goes Europe

Drei, zwei, eins, null! Der tonnenschwere Findling bahnte sich krachend seinen Weg durch die aufgestapelten Bierkisten. Stolz stieg Greg Koch aus seinem kleinen Gabelstapler aus – er hatte es geschafft. Seine Botschaft war angekommen. Die Erinnerung an die große Ankündigungsparty seiner Stone-Brauerei in Berlin im Juli 2014 weckte mittlerweile gemischte Gefühle in ihm. Damals war er mit einer Vision nach Deutschland gekommen, die viele auch als Mission verstanden hatten: den Deutschen zeigen, wie richtiges Bier schmecken kann – ohne Rücksicht auf Reinheitsgebot und Traditionen. Doch heute, zwei Jahre später, dämmerte ihm, dass er doch mit einer gehörigen Portion Vorurteilen in das Land seiner Vorfahren gekommen war. So schlecht war das deutsche Bier gar nicht und die Vielfalt war viel größer, als er gedacht hatte. Mit seiner Aktion vor zwei Jahren hatte Greg viele Gefühle verletzt, vor allem die seiner amerikanischen Mitbürger, die nicht verstehen konnten, warum jemand palettenweise deutsches Bier zerstört, das doch den besten Ruf zwischen New York und Seattle hatte. Mittlerweile lief seine Brauerei, nach Urban Chestnut in Wolnzach die zweite Niederlassung einer US-Craft-Brauerei auf deutschem Boden, und jeden Tag verließen viele Dosen Stone-Bier das Anwesen. Heute wollte er zeigen, dass er viel dazugelernt hatte und nun selbst Teil der deutschen Bierlandschaft war. Mit wenigen Schritten erklomm Greg Koch die kleine Bühne im riesigen Biergarten seiner Brauerei in Berlin-Mariendorf. Oben stand ein großes Holzfass mit Stone-Bier. Jubel brandete auf, die Gäste des Grand Openings klatschten und johlten – wie damals. Aber heute zählten sie andersrum, die Schläge des Holzhammers auf den Hahn: Eins, zwei, drei – das Fass war angestochen!

Während die Craft-Brauer in den USA ab den 1970er-Jahren für Furore zu sorgen begannen, erlebten die meisten anderen Nationen der Welt eine immer stärkere Konzentration ihres Biermarktes, der von der Dominanz untergäriger, meist heller Biere geprägt war. Am Ende standen meistens zwei Großkonzerne mit großem Abstand an der Spitze der jeweiligen nationalen Brauereien. Lediglich in Deutschland waren es vier »Große«, die um die Gunst der Konsumenten kämpften, während über die Hälfte der Unternehmen eine Jahresproduktion von unter 5000 Hektolitern aufwiesen. Am Ende ging eine Schere auf mit Großbrauereien einerseits, die über 100 000 Hektoliter pro Jahr brauten, und Kleinbetrieben mit weniger als 20 000 Hektolitern auf der anderen Seite. Der klassische Mittelbau war weggebrochen. Dieser Trend verstärkte sich noch durch eine Gründungswelle traditioneller Gasthausbrauereien mit dem Sortiment Hell/Dunkel/Weizen ab den 1980er-Jahren. Die aggressive Werbestrategie der Großbrauer prägte den Begriff der »Fernsehbiere« und die nicht minder harte Preispolitik ließ bisherige Premiumbiere zu Ramschartikeln werden, die fast nur noch über Aktions-Verkäufe in den Getränkemärkten über die Ladentheke gingen. In allen Ländern Europas war die Anzahl der Brauereien rückläufig, und die Prognosen für die Zukunft sahen düster aus.

Der Bierautor Michael Jackson hatte 1977 die Erstausgabe seines Buches »The World Guide to Beer« veröffentlicht, seine Bücher gelangten auch über den Atlantik und fanden rege Aufnahme in den Reihen der CAMRA-Mitglieder in Großbritannien und später ganz Europa. So erreichte die Idee, in Bier wieder mehr zu sehen als lediglich einen günstigen leicht alkoholischen Durstlöscher, auch eine zunehmende Zahl von Brauern und Hobbybrauern in der Alten Welt. Dennoch kursierten in den USA Witze wie »German Beer is like a dead Rabbit – no Hops!« Die wohl erste europäische »Craft-Brauerei«, die auch heute noch von Bedeutung ist, gründete der Italiener Agostino Arioli in dem 3000-Seelen-Ort Lurago Marinone in der Lombardei. Die italienische Bierwelt hatte – ganz in der Tradition der alten Römer – im 20. Jahrhundert wenig zu bieten, der Pro-Kopf-Verbrauch an

Craft-Bier-Festivals wie hier in Helsinki gehören mittlerweile zu europäischen Standardveranstaltungen.

Bier lag bei einem Liter pro Jahr! Lediglich österreichische Unternehmer hatten zur Zeit der K.u.k.-Monarchie einige lokale Brauereien gegründet, die nach dem Ende des Ersten Weltkrieges in italienischen Besitz übergingen oder Firmenneugründungen als Vorbild dienten. In den 1990er-Jahren dominierten schließlich zwei Großbetriebe den Markt, die ein untergäriges, helles, leicht bitteres Bier herstellten – Peroni und Moretti. Erst 1995 legalisierte das italienische Parlament das Hausbrauen und ermöglichte so die Entstehung neuer Kleinbrauereien. Schon als Schüler hatte Agostino Arioli vom Bierbrauen geträumt und während seines Braumeisterstudiums schließlich entstanden die ersten kreativen, damals noch illegalen Sude in den eigenen vier Wänden. Nach einigen Praktika in deutschen Brauereien und einer Studienreise zur kanadischen Microbrewery Granville Island Brewing in Vancouver nutzte »Ago« die neue Gesetzeslage und eröffnete Anfang April 1996 den ersten Brewpub Italiens mit dem Namen »Nuovo Birrificio Italiano«. In dem 200-Liter-Sudwerk entstand unter anderem das »Tipopils«, ein Pils mit deutschen Rohstoffen, aber intensiven Aromahopfennoten – bis heute das Flaggschiff von Birrificio Italiano. Weitere Kreationen wie das »VuDù«, ein dunkles Weizenbier mit englischem Hopfen, und das »Cinnamon Bitter« in der Tradition britischen Real Ales folgten und legten den Grundstein für die entstehende Bier-Philosophie des ganzen Landes. Im Gegensatz zum US-amerikanischen Craft-Bier zeichnen sich die italienischen Biere vor allem durch hohe Harmonie, Komplexität und Eleganz aus. Eigenschaften, die auch den Bieren des zweiten Vaters des italienischen Craft-Biers, Teo Musso, von dem später noch die Rede sein wird, zu eigen sind.

Als Erster in Deutschland präsentierte Oliver Lemke in Berlin selbst gebrautes Craft-Bier der Öffentlichkeit. Der gelernte Brauingenieur hatte nach seinem Studium Brauereien in der gesamten Welt gebaut und war somit auch intensiv mit der US-Bierszene in Berührung gekommen. Voller Enthusiasmus eröffnete er deshalb im November 1999 unter einem S-Bahn-Bogen am Hackeschen Markt sein Brauhaus Lemke und bot in den ersten sechs Monaten über 50 verschiedene selbst gebraute Biere an. Die Kunden konnten die Spezialitäten sogar abgefüllt als Flaschenbier erwerben. Doch Lemke war seiner Zeit voraus. Aromaintensive Biere interessierten zum Millenium in Berlin noch niemanden und so konnte er die Pleite nur vermeiden, indem er nur ein Jahr später auf eine klassische Gasthausbrauerei mit Hellem, Braunbier und Pils umstellte. Es sollte über ein Jahrzehnt dauern, bis Oliver Lemke sich wieder an aromatischere Biere herantraute und die Palette seiner Berliner Brauerei auch ein hopfengestopftes India Pale Ale umfasste. Der Mut wurde dann aber umgehend mit einer Goldmedaille bei den World Beer Awards 2015 belohnt, viele weitere Auszeichnungen sollten folgen.

Während einer der ersten Craft-Versuche in Berlin also noch scheiterte, wagten sich ein Amerikaner und ein Deutscher im Todesjahr Michael Jacksons 2007 an ein ganz besonderes Experiment. Georg Schneider, Inha-

Oliver Lemke vor den Sudkesseln seines Berliner Brauhauses

ber der Weißbierbrauerei Schneider in Kelheim, wollte die »Wiesn-Weiße« wiederbeleben und entdeckte bei der Rekonstruktion des Rezeptes, dass dieses Bier immer am Ende des Hopfenjahres eingebraut wurde – also mit einem ungefähr ein Jahr alten Hopfen. Dieser wies ein leichtes Zitrusaroma auf, das Schneider in seiner Wiesn-Weiße haben wollte. Nachdem heutzutage aber kaum mehr alter Hopfen zu bekommen ist, erwies sich das Unterfangen als schwierig, bis ein Zufall weiterhalf. Schneider war mit seinem Braumeister Hans-Peter Drexler in den USA und die beiden probierten ein India Pale Ale der Brooklyn Brewery, das ein kräftiges Zitrusaroma hatte. Am nächsten Tag wurden sie bei deren Braumeister, Garrett Oliver, vorstellig und fragten nach dem Geschmacksgeheimnis des Bieres. Die Antwort war denkbar einfach: Oliver verwendete Cascade-Hopfen, eine Sorte, die in Europa bis dato kaum bekannt war. Schneider besorgte sich den Hopfen über viele Umwege und schuf so seine neue Wiesn-Weiße. Zusätzlich hierzu wollten Oliver und Drexler ihr Können messen – mit einem Bier, das die besten Eigenschaften beider Brauereien vereinte und mit derselben Rezeptur, aber unterschiedlichen Ausgangsstoffen gebraut wurde. Bei diesem spannenden »Collaboration Brew« (Gemeinschaftssud) in Kelheim und New York kam ein Weizendoppelbock mit intensiver Kalthopfung wie bei einem India Pale Ale heraus: die »Hopfenweiße«, in Anlehnung an den englischen Begriff Tap (Zapfhahn) bzw. die Taphouses (Kneipen) heute immer noch als »TAP 5« im Sortiment der Weißbierbrauerei. Als die ersten deutschen Konsumenten und Schneiders Kollegen dieses Bier probierten, war das Staunen groß – und die Craft-Botschaft auch hierzulande angekommen.

Ebenfalls 2007 gründeten James Watt und sein bester Freund Martin Dickie im schottischen Fraserburgh die Brauerei BrewDog. Die beiden hatten 2004 Michael Jackson getroffen und sich von ihm inspirieren lassen, Hobbybrauer zu werden. Der »Beer-Hunter« verkostete beim nächsten Treffen die ersten Versuche der Freunde und riet ihnen, ihre Jobs an den sprichwörtlichen Nagel zu hängen und eine Craft-Brauerei zu eröffnen. Aus den 30 000 Pfund Startkapital machten Watt und Dickie in weniger als zehn Jahren die am schnellsten wachsende Brauerei des Vereinigten Königreiches mit heute mehr als 200 000 Hektolitern Jahresproduktion, eigenen Bars in allen Ecken der Welt und einem Firmenwert von über einer Milliarde Pfund.

In Dänemark hatten sich der Gymnasiallehrer Mikkel Borg Bjergsø und sein Jugendfreund, der Journalist Kristian Klarup Keller, schon 2005 zusammengetan, um in ihren jeweiligen Küchen Bier zu brauen. Die Ergebnisse sorgten auf Hobbybrauer-Wettbewerben für Begeisterung und so entschlossen sich die beiden, 2006 das gemeinsame Unternehmen »Mikkeller« zu gründen. Schon ein Jahr später verließ Keller jedoch die Firma und Bjergsø begann, sich als einer der ersten »Gypsy-Brewer« in Brauereien einzumieten, um dort jeweils seine Rezepturen umzusetzen. 2009 gab er seine Stelle als Lehrer auf und wurde der berühmteste »Wanderarbeiter« der Welt. Seine Biere stehen in über 40 Ländern in den Geschäften und seit 2016 ist Bjergsø stolzer Besitzer zweier Brauereien in San Diego und New York.

Teo Musso – eigentlich Matterino Musso – eröffnete schon 1986 als 22-jähriger Bauernsohn in seinem piemontesischen Heimatort Piozzo eine Kneipe namens »Birreria Baladin« (Baladin = Geschichtenerzähler). Dort schenkte er über 200 Sorten Bier aus, vor allem aus Belgien und England. 1994 unternahm der Italiener eine Reise nach Belgien, um der Herstellung seiner Spezialitäten auf den Grund zu gehen, und ein Jahr später stand eine kleine Brauanlage in der ehemaligen Rumpelkammer seines Pubs. Heute braut Musso über 50 verschiedene Biere, die vor allem in der italienischen Spitzengastronomie auf der Karte stehen. Manche Biere werden während der Gärung mit verschiedenen Musikstücken beschallt, was laut Hersteller die Hefe positiv beeinflussen soll. Doch ihm sind nicht nur gute Biere zu verdanken, sondern vor allem ein weiterer Baustein für die Entwicklung des Craft-Bieres in Europa: das TeKu-Glas. Gemeinsam mit Lorenzo Dabove, einem Freund und bekannten italienischen Biersensoriker mit dem Spitznamen »Kuaska«, machte sich Musso auf die Suche nach dem idealen Glas für die Verkostung von 0,1 Liter Bier, sowohl hinsichtlich der Aromen als auch eventueller Braufehler. Musso entwickelte mehrere Prototypen, deren Eigenschaften Dabove verglich. Am Ende hatte er zwei Erfolg versprechende Glasformen, deren Sieger er in einer Blindverkostung von 64 Flaschen des belgischen Trappistenbieres Orval ermittelte. In Zusammenarbeit mit der deutschen Firma Rastal entstand so schließlich ein völlig neues Bierglas, das 2010 auf der BrauBeviale in Nürnberg seine

Premiere feierte und in kürzester Zeit auf dem gesamten Kontinent ein Synonym für Craft-Bier geworden ist. Es gibt kaum ein Bierfestival, auf dem das TeKu-Glas – bestehend aus *Te*o und *Ku*aska – nicht als Allround-Verkostungsglas eingesetzt wird. Nachdem einige andere Firmen leicht veränderte und damit sensorisch deutlich schlechtere Varianten auf den Markt gebracht haben, sollte man beim Kauf auf das TeKu-Logo am Stiel des Glases achten. Einen anderen Weg gehen die Craft-Bier-Gläser von Spiegelau. Der Hersteller hat in monatelanger Entwicklungsarbeit seit 2013 eine Serie von Gläsern herausgebracht, die auf bestimmte Bierstile abgestimmt sind. Neben einem IPA-Glas (2013) stellen die Oberpfälzer auch ein Stout-Glas (2014), ein Witbier-Glas (2015) und ein Barrel-Aged-Glas (2016) her. Gute Gläser sollten auf keinen Fall in einem bieraffinen Haushalt fehlen, denn es ist einfach nur schade, wenn das Aroma eines hochwertigen Biers in einem minderwertigen Glas untergeht.

Doch zurück zur Entwicklung des Craft-Biers in Europa. Während die genannten Pflänzchen bereits vielerorts zu sprießen begannen, traf sich Mitte 2007 die deutsche Brauwelt erstmals zum »Bier-Quer-Denker«-Workshop, veranstaltet vom Institut Romeis und dem Verband Private Brauereien Bayern e.V., um sich mit den »Wegen zu innovativen Bieren« zu beschäftigen. Im Saal der Bamberger Brauerei Keesmann waren über 100 Braumeister und andere Akteure der Bierwelt versammelt, um unter anderem mit Hans-Peter Drexler über seine Hopfenweiße zu diskutieren. Unter den vorgestellten »innovativen« Bieren war auch der »Saphir Bock« der östlich des Chiemsees gelegenen Schönramer Brauerei. So interessant das Bier auch

Matterino »Teo« Musso (r.) und Lorenzo »Kuaska« Dabove prosten sich mit von ihnen entwickelten TeKu-Gläsern zu.

war, sein Braumeister war umso spannender: Eric Toft stammt aus Cheyenne im US-Bundesstaat Wyoming und war eigentlich nach Deutschland gekommen, um sich das nötige Wissen für die Eröffnung einer eigenen Brauerei in den USA anzueignen. Doch es kam anders und er landete nach dem Studium in Weihenstephan als Braumeister und Betriebsleiter in der kleinen oberbayerischen Brauerei. Dort hatte er die traditionellen Biere mit Aromahopfen »gepimpt« und überraschenderweise damit die Herzen der Einheimischen im Sturm erobert. Toft ist auch heute noch in Schönram und hat mittlerweile die dortige Lebensart sowohl optisch (Lederhose) als auch sprachlich (akzentfreies Oberbayrisch) angenommen.

Diese kurzen Einblicke sollten zeigen, wie der Wandel spätestens ab 2007 in der deutschen, aber auch gesamteuropäischen Bierwelt Einzug gehalten hat. Die Einstellung sowohl der Brauer als auch der Verbraucher begann sich damals zu wandeln. Es ging nicht mehr darum, das massenkompatibelste Bier herzustellen, sondern die jeweiligen Besonderheiten und Entstehungsgeschichten in den Vordergrund zu stellen. Die Brauereien fingen an, verschiedenste Bierstile, unabhängig von der jeweiligen Brautradition ihres Landes oder ihrer Region, herzustellen. Die Konsumenten entwickelten eine zunehmende Bereitschaft, etwas mehr Geld auf den Tisch zu legen, wenn das Produkt stimmte. Brauer hatten auf einmal echte Fans und regionales Bier kleiner Brauereien gab Menschen wieder ein Gefühl

Ausschank bei einem finnischen Craft-Beer-Festival

Doemens

Diplom Biersommelier

URKUNDE

Herr Markus Raupach

hat die Ausbildung zum Biersommelier
vom 17. Juni bis 26. Juli 2013 absolviert und
die für den Abschluss erforderlichen schriftlichen und
praktischen Prüfungen erfolgreich abgelegt.

Herr Markus Raupach ist damit durch seine
fundierten Bierkenntnisse in Theorie und Praxis berechtigt,
das Diplom-Biersommelier-Abzeichen zu tragen.

Gräfelfing,
den 26. Juli 2013

Dr. Michael Zepf
Prüfungsausschuss

Gräfelfing,
den 26. Juli 2013

Dr. Wolfgang Stempfl
Prüfungsausschuss

Das Biersommelier-Diplom

von Heimat. Diese Entwicklung führte außerdem dazu, dass Brauen wieder »sexy« wurde. Die nachfolgenden Generationen in den Familienbetrieben bekamen entgegen früherer Tendenzen wieder Lust, das elterliche Unternehmen weiterzuführen, und gingen auf die Braumeisterschule – so ist mittlerweile das Brauereisterben in Deutschland gestoppt. Nach einem Tiefpunkt mit 1273 Brauereien im Jahr 1997 stieg die Zahl bis heute wieder auf über 1400 an. In den meisten Ländern Europas war der Nachholbedarf jedoch deutlich größer. In Großbritannien gab es 1978 noch 75 Brauereien,

Markus Raupach als Trainer der Deutschen Biersommelier-Nationalmannschaft

2006 waren es bereits wieder 745 und heute sind es knapp 2000. Andere klassische Bierländer legten ebenfalls deutlich zu: Belgien (heute 230 Brauereien), Tschechien (400) und die Niederlande (320). Und auch Länder, die bisher keine Rolle auf dem Biermarkt gespielt hatten, verfügen jetzt über eine lebendige Bierszene: Finnland (100), Frankreich (800), Italien (700), Portugal (70), Spanien (430) und Schweden (220). Dabei sind es in den einzelnen Ländern durchaus unterschiedliche Bevölkerungsschichten, die den Weg zum Bier gefunden haben. So ist in Frankreich Bier das Getränk der Jugend, die sich so von den Wein trinkenden Eltern abgrenzen will, in Italien genießen gerade Frauen Bier – und gerne mit vom Wein bekannten hohen Alkoholgehalt. In Deutschland sind die Biertrinker nach wie vor eher älter und männlich, während die Finnen ihr Bier sogar mit in die Familiensauna nehmen. Bei den Bierstilen sind es bei Weitem nicht nur die wiederentdeckten englischen Biere, die in der neuen Bierwelt für Begeisterung sorgen. In allen europäischen Ländern, vor allem im Norden, werden vermeintlich verloren gegangene Bierstile und deren Herstellungsverfahren wiederbelebt. Gute Beispiele sind Sahti (Finnland), Grodziskie/Grätzer (Polen), Keptinis (Litauen), Gruitbier (Niederlande) und viele deutsche Biere wie Broyhan, Gose, Adambier, Lichtenhainer, Berliner Weiße, Mumme etc. Hierbei geht es oftmals nicht nur um die exakte Reproduktion, sondern auch um neue, kreative Rezepturen unter Verwendung der Vorbilder aus alten Zeiten.

Eine deutsch-österreichische Entwicklung ist die Ausbildung zum Biersommelier, die auf den aus dem Ruhrgebiet stammenden Diplom-Braumeister Axel Kiesbye und den Salzburger Johann Pessl zurückgeht. Kiesbye erhielt 2002 eine Anfrage von Pessl, dem Leiter der Praxisbetriebe der Tourismusschule Klessheim, ob es möglich wäre, für seine Schüler einen Bierlehrgang auszuarbeiten, woraus sich die Kurzausbildung zum »Diplom-Biersommelier« entwickelt hat, die dann in Zusammenarbeit mit der Gräfelfinger Brauakademie Doemens 2004 zum ersten Mal durchgeführt wurde. Seitdem haben Kiesbye und seine Partner über 1500 deutschsprachige Biersommeliers ausgebildet und einen Prozess angestoßen, der sich mittlerweile auch in anderen Ländern etabliert hat. In den zwei Wochen der Ausbildung lernen die angehenden Biersommeliers die Grundlagen der Bierherstellung und ihrer Rohstoffe sowie die wichtigsten Bierstile der Welt kennen. Anschließend können sie sich dann je nach persönlichem Interesse weiterbilden und auf bestimmte Bereiche spezialisieren.

Die Craft-Bier-Begeisterung erweiterte den europäischen Biermarkt vor allem um neue Aromen und ein neues Bierbewusstsein, das alle Akteure vom gestandenen Braumeister über den begeisterten Konsumenten bis zum Biersommelier und Hobbybrauer erfasst hat. Für den im Schrumpfen begriffenen Markt war die Möglichkeit, neue, bisher für Bier unerreichbare Kundengruppen zu gewinnen, immens wichtig. Waren es in Frankreich die Jungen und in Italien die Gourmets, gerieten in Deutschland vor allem Weintrinker, Spirituosenliebhaber und Frauen in den Fokus. Mit »HolladieWaldfee«, später umbenannt in »HolladieBierfee«, kreierten vier junge Braumeisterinnen aus Franken 2012 das erste echte »Frauenbier«. Denn anders als das pink gefärbte »Animée« der US-Brauerei Coors ein Jahr zuvor hatten die vier »Bierfeen« ein kreatives Bier mit verschiedensten Malzen, Aromahopfen und mehreren Hefegärungen ersonnen, das nicht nur bei der anvisierten Zielgruppe hervorragend ankam. Ganz im Gegensatz übrigens zur tschechischen Frauenbiermarke »Aurosa«, die 2017 mit großem Marketingbudget präsentiert wurde, sich aber dann als Mogelpackung entpuppte – es handelte sich um ein ganz normales Braunbier, allerdings in einer schicken Flasche.

Es wären noch viele Pioniere der Craft-Bier-Szene Europas zu nennen, doch die Zeit ist schnelllebig und wer heute angesagt ist, kann morgen bereits wieder abgemeldet sein, zumal die Anteile des Craft-Biers am Gesamtmarkt gering bleiben – laut Brauerbund in Deutschland aktuell 0,3% bzw. ca. 300 000 Hektoliter Jahresabsatz. Langfristig erfolgreich werden neben einigen wirklich guten und auch betriebswirtschaftlich orientierten Newcomern wie etwa dem bereits genannten Oliver Lemke (Berlin) vor allem die traditionellen Brauereien sein, die die Zeichen der Zeit erkannt und ihre Bierpalette individualisiert und erweitert haben. Gute Beispiele sind hierfür Schneider (Kelheim), Maisel (Bayreuth), Rittmayer (Hallerndorf) und Riegele (Augsburg). Als Imageträger hat das Craft-Bier aber bereits heute den europäischen Biermarkt und vor allem die Perspektive der Konsumenten auf das Bier erheblich verändert. Bier ist wieder zeitgemäß und in aller Munde. Selbst die Lufthansa, die mittlerweile 1,6 Millionen Liter Bier pro Jahr über den Wolken ausschenkt, setzt auf Craft-Bier und verkauft sogar Verkostungsgläser in ihrem Shop. Die Craft-Bier-Welt treibt insgesamt allerlei bunte Blüten, natürlich auch in Deutschland, die auf den immer zahlreicher werdenden Bierfestivals zu verkosten sind.

Wettbewerbe rund um's Bier

Aufgrund des wiedererwachten Bewusstseins für Bier und seine vielen Variationen, der zahlreichen Hobbybrauer und unzähliger bierbegeisterter Menschen in aller Herren Ländern rückte die Frage nach der jeweiligen Produktqualität schnell in den Mittelpunkt. Nach einigen kleineren Veranstaltungen richtete die amerikanische Brewers Association 1996 den ersten World Beer Cup aus, den sie selbst auch gerne als »Olymp der Bierwettbewerbe« bezeichnet.

Alle zwei Jahre kommen mittlerweile mehr als 250 professionelle Verkoster aus der ganzen Welt in einer US-amerikanischen Stadt zusammen, um über 6500 Biere von knapp 2000 Brauereien aus 55 Ländern zu verkosten (2016). Bewertet werden insgesamt 96 Bierstile. In jeder Kategorie werden eine Gold-, Silber- und Bronzemedaille vergeben. Zusätzlich kämpfen Braumeister und Brauereien noch um die Krone des besten Brauers und der besten Brauerei. Die Juroren verleihen dabei nicht immer alle Medaillen. Es kann durchaus vorkommen, dass nur Gold und Silber vergeben werden oder auch gar kein Bier einer Goldmedaille für würdig erachtet wird. Die Verleihung der begehrten Trophäen findet in zwei Veranstaltungen in den USA und Europa statt.

Die begehrten Trophäen des World Beer Cups

Für Brauereien außerhalb Nordamerikas war es nicht immer leicht, Bierproben ohne Qualitätsverlust in die USA zu senden, denn schließlich reagiert das Produkt empfindlich auf Licht, Temperaturschwankungen und Bewegung. Zudem war so manche Entscheidung der US-Jury, welche Biere z.B. dem »German Style Pilsener« entsprechen, für deutsche Brauereien schwer nachvollziehbar. Daraufhin haben die privaten Brauereien Bayerns einen eigenen Wettbewerb eingerichtet, den European Beer Star, der 2004 zum ersten Mal stattfand. Hier treffen sich jedes Jahr im Vorfeld der wichtigsten Branchenmesse der Welt, der BrauBeviale, die alle vier Jahre zugunsten der drinktec in München aussetzt, mehr als 133 internationale Verkoster aus 26 Ländern, die über 2100 Biere aus

46 Ländern in 60 Kategorien bewerten. Auch hier werden die drei besten Biere jeder Kategorie mit Gold, Silber und Bronze bewertet. Die Preisverleihung findet auf der BrauBeviale bzw. der drinktec im Rahmen einer exklusiven Abendveranstaltung statt, bei der alle Siegerbiere probiert werden können.

Die Verkoster des European Beer Star 2017

Tickets für die Siegerehrungen sind heiß begehrt, denn oftmals reichen Brauereien auch sehr seltene Biere ein, die dann ausschließlich zur Preisverleihung öffentlich verkostet werden können. So hatten die Gäste der »Nacht der Sieger« des European Beer Star 2015 beispielsweise das Glück, einen Schluck des begehrten »Utopias« von Samuel Adams zu verkosten, dessen Flaschen für hohe vierstellige Summen gehandelt werden – wenn sie überhaupt verfügbar sind. Grundsätzlich ist der Gewinn eines Preises beim World Beer Cup oder European Beer Star sowohl gleichbedeutend mit großer Anerkennung als auch wirtschaftlichem Erfolg.

Neben diesen beiden führenden Wettbewerben gibt es noch weitere nationale und internationale Veranstaltungen von teils großer Bedeutung und hohem Ansehen. Seit 2007 finden im Rahmen der britischen World Drinks Awards die World Beer Awards statt, bei denen es pro Kategorie immer nur einen Sieger gibt. Allerdings vergibt die Jury hier zusätzlich Preise für die besten aus bestimmten Ländern eingereichten Biere und so gibt es neben dem »Weltsieger« auch nationale Gewinner. Und auch Belgien hat seit 2012 einen eigenen Wettbewerb, die Brussels Beer Challenge, bei der ebenfalls Biere aus der gesamten Welt verkostet werden. Sollten hier in einer Kategorie mehr als drei Biere auszeichnungswürdig sein, können die Juroren noch ein »Certificate of Excellence« an die Kandidaten verleihen.

Seit 2015 veranstaltet auch der Meininger Verlag mit Sitz in Neustadt an der Weinstraße seinen »Meininger Award«, der – ebenfalls bei internationaler Beteiligung – die Jury jedem Bier eine Punktzahl zuweisen lässt. Diese entscheidet, ob ein Bier prinzipiell würdig ist, eine Platin-, Gold- oder Silberauszeichnung zu erhalten. In jeder Kategorie erhalten maximal 30% der eingereichten Biere einen Preis, aufgrund der vergebenen Punktzahl. Es kann also durchaus mehrere Gewinner derselben Medaillenkategorie geben.

Für alle, die sich selbst als Bierverkoster versuchen wollen, sei der Bewertungsbogen der Deutschen BierAkademie auf deren Website unter www.bierakademie.gmbh empfohlen sowie das Biersommelier-Spiel auf www.bier.gg.

Internationale Bier-Veranstaltungen

JANUAR

GB Manchester Beer & Cider Festival: *www.mancbeerfest.uk*
NZ Great Kiwi Beer Festival, Christchurch: *www.greatkiwibeerfestival.co.nz*
USA Great Alaska Beer and Barley Wine Festival, Anchorage: *www.auroraproductions.net*

FEBRUAR

B Brugs Beer Festival, Brügge: *www.brugsbierfestival.be*
D Braukunst Live!, München: *www.braukunst-live-muenchen.de*
AUS Great Australian Beer Festival, Geelong: *www.gabfgeelong.com.au*
I BeerAttraction, Rimini: *www.beerattraction.it*

MÄRZ

E Barcelona Beer Festival: *www.barcelonabeerfestival.com*
BR Festival Brasileiro da Cerveja, Blumenau: *www.festivaldacerveja.com*

APRIL

NL Streekbierfestival, Utrecht: *www.streekbierfestival.nl*
J Celebrate the Goddess of Brewing, Tokio: *www.beertaster.org*
B De Nacht van de grote Dorst – International Geuze & Kriek Festival, Itterbek: *www.nachtvandegrotedorst.be*
I Beer Craft, Bozen: *www.beercraft.info*
CH Zürich Bierfestival: *www.probier.ch*
SK Salon Piva – Craft beer Festival, Bratislava: *www.salonpiva.beer*
D/A Kleine Brauer, große Biere – Kleinbrauerfestival im Grenzgebiet zwischen Bayern und Österreich: *www.facebook.com/KleineBrauerGrosseBiere*
B Zythos Beer Festival, Löwen: *www.zbf.be*
DK Danske Ølentusiaster, Kopenhagen: *www.ale.dk*

MAI

GB Cambridge Beer Festival: *www.cambridgebeerfestival.com*
A Craft Beer Fest, Wien: *www.craftbierfest.at*
NL Week van het Nederlandse Bier – Dutch Beer Week, Niederlande: *www.weekvanhetnederlandsebier.nl*
PL Festiwal Dobrego Piwa (Fest des guten Bieres), Breslau: *www.festiwaldobregopiwa.pl*
EIR Killarney Beerfest: *www.killarneybeerfestival.com*
D Erlanger Bergkirchweih: *www.berch.info*
B Toer de Gueze: *www.horal.be*
FIN Suuret Oluet – Pienet Panimot (Kleine Brauereien – Große Biere), Tampere: *www.suuretoluet.fi*
D Fränkisches Bierfest, Nürnberg: *www.bierfest-franken.de*
USA Philly Beer Week, Philadelphia: *www.phillylovesbeer.org*

JUNI

I Arrogant Sour Festival (Sauerbier-Festival), Reggio Emilia: *www.arrogantsourfestival.it*
J Beerfes (Great Japan Beer Festival), Tokio: *www.beerfes.jp*
CH Bärner Bierfestival, Bern: *www.probier.ch*
CDN Mondial de la bière, Montréal: *www.festivalmondialbiere.qc.ca*
CZ Pivo na Hrad – Kleinbrauerfestival an der Prager Burg: *www.pivonahrad.cz*
FIN Suuret Oluet – Pienet Panimot (Kleine Brauereien – Große Biere), Lahti: *www.suuretoluet.fi*
F Mondial de la bière Europe, Paris: *www.mondialdelabiereparis.com*

JULI

GB Scottish Real Ale Festival, Edinburgh: *www.sraf.camra.org.uk*
D Annafest, Forchheim: *www.forchheim.de*
J Beerfes (Great Japan Beer Festival), Osaka: *www.beerfes.jp*
PL Artbeerfest Caminha: *www.facebook.com/Artbeerfest*
SLO Pivo in Cvetje (Bier und Blumen), Laško: *www.pivo-cvetje.si*
FIN Suuret Oluet – Pienet Panimot (Kleine Brauereien – Große Biere), Helsinki: *www.suuretoluet.fi*
USA Oregon Brewers Festival: *www.oregonbrewfest.com*

AUGUST

GB Great British Beer Festival, London: *www.gbbf.org.uk*
D Internationales Berliner Bierfestival: *www.bierfestival-berlin.de*
NZ Beervana, Wellington: *www.beervana.co.nz*
CH Basler Biermarkt: *www.baslerbiermarkt.ch*
FIN Suuret Oluet – Pienet Panimot (Kleine Brauereien – Große Biere), Turku: *www.suuretoluet.fi*
CHN Qingdao International Beer Festival: *www.qdbeerfest.com*
GB Peterborough Beer Festival: *www.peterborough-camra.org.uk*
D Bamberger Sandkerwa: *www.sandkerwa.de*

SEPTEMBER

N Bergen Ølfestival (Bergener Bierfestival): *www.bergenolfestival.no*
B Belgian Beer Weekend, Brüssel: *www.weekenddelabiere.be*
CH Craft Beer Festival, Zürich: *www.craftbeerfestivalzurich.ch*
CND Great Canadian Beer Festival, Victoria: *www.gcbf.com*
D Münchener Oktoberfest: *www.oktoberfest.de*
PL Warszawski Festiwal Piwa (Warschauer Bierfest): *www.warszawskifestiwalpiwa.pl*
J Beerfes (Great Japan Beer Festival), Yokohama: *www.beerfes.jp*
Parallel findet der International Beer Cup statt: *www.beertaster.org*
USA Great American Beer Festival, Denver: *www.greatamericanbeerfestival.com*
EIR Irish Craft Beer Festival, Dublin: *www.irishcraftbeerfestival.ie*
A Craft-Bier-Fest, Linz: *www.craftbierfest.at*
CZ Slunce ve Skle (Sonne im Glas), Pilsen: *www.slunceveskle.cz*
NL Borefts Beer Festival, Bodegraven: *www.brouwerijdemolen.nl*
USA Fresh Hop Ale Festival Yakima: *www.freshhopalefestival.com*

OKTOBER

I EurHop!, Rom: *www.eurhop.com*
BR Oktoberfest, Blumenau: *www.oktoberfest-brazil.com*
BR Mondial de la bière, Rio de Janeiro: *www.festivalmondialbiere.qc.ca*
NL Pint Bockbierfestival, Amsterdam: *www.pintbbf.nl*
GB Nottingham Beer Festival: *www.beerfestival.nottinghamcamra.org*

NOVEMBER

NL Streekbierfestival, Utrecht: *www.streekbierfestival.nl*
PL Poznańskie Targi Piwne (Posener Biermesse): *www.targipiwne.pl*
USA Festival of Wood and Barrel Aged Beer (FoBAB), Chicago: *www.fobab.com*
ZA Cape Town Festival of Beer: *www.capetownfestivalofbeers.co.za*
A Craft-Bier-Fest, Wien: *www.craftbierfest.at*

DEZEMBER

B Kerstbier Festival, Essen: *www.kerstbierfestival.be*

Deutsche Bierstile

ALTBIER: Ursprüngliches, dunkles obergäriges Bier, vergoren mit besonderer Hefe aus dem Rheinland. Röstaromen, rote Beerentöne und eine deutliche Bitterkeit mit ca. 5% Alkohol. In Düsseldorf werden die stärkeren Versionen *Stikke* (stikum = geheim) mit 6% und *Doppelstikke* mit 8,5% gebraut.

BERLINER WEISSE: Das Berliner Bier in der ersten Hälfte des 19. Jahrhunderts! Helle Farbe, komplexes Spiel aus Süße und Säure durch zahlreiche Hefestämme, dazu prickelnd frisch mit ca. 3,5% Alkohol – am besten ohne Sirup zu genießen!

BOCKBIER: Deutsches, damals ausschließlich obergäriges Starkbier aus der Hansezeit und -region. Heute vor allem meist untergärig in Süddeutschland gebraut. Normales Bockbier hat mindestens 16% Stammwürze, das kräftigere *Doppelbock* gar 18%. Die hellen Varianten glänzen durch Honignoten, während die dunklen Vertreter eher mit Röstaromen bis hin zu Schokolade und Kaffee brillieren. Weizenbockbiere zeichnen sich hingegen durch einen kräftigen Bananenton, manchmal auch Gewürznelke aus, bei dunklen Weizenbockbieren gesellen sich noch Röstaromen dazu. Beim Rauchbockbier dominieren naturgemäß die Raucharomen. Eine Besonderheit stellt der *Eisbock* dar, wobei das Bier bei unter -20° C tiefgefroren wird und sich so das Wasser vom Alkohol und den Aromen abtrennen lässt. Das stärkste Bier der Welt, der Schorschbock aus dem fränkischen Gunzenhausen, hat einen Alkoholgehalt von 57,5%.

DUNKEL: Der bayerische Klassiker bis zum Anfang des 20. Jahrhunderts und Gegenstück zum *Weißbier*. Karamell- und Röstaromen bis hin zu Schokolade und Kaffee, ca. 5% Alkohol. In der böhmischen Variante etwas leichter und mit einer schwachen bis starken Butternote.

EXPORT: Helles, gut ausbalanciertes Vollbier, um 1875 erstmals in Dortmund gebraut. Aufgrund des dortigen sehr mineralienhaltigen Wassers mit einer kräftigen Bitternote, etwas stärker eingebraut für den »Export« über die Stadtgrenzen hinaus, ca. 5,5% Alkohol. In Bayern finden sich auch dunkle Exportbiere, die lediglich kräftiger eingebraute *Dunkle* sind.

GOSE: Leicht säuerliches, unter Verwendung von Salz und Koriander gebrautes Bier, dessen mittelalterliche Ursprünge am Flüsschen Gose bei Goslar liegen. Am beliebtesten ist und war Gose allerdings in Leipzig, wo sie noch bzw. wieder in der historischen, tropfenförmigen Flasche mit ca. 5% Alkohol erhältlich ist. In Goslar als helle und dunkle Gose erhältlich.

HELLES: Strohblonde, perfekt ausbalancierte Antwort der Münchner Brauereien auf das *Pils* – erstmals 1894 von Spaten gebraut. Allrounder in Biergärten und Restaurants sowie Lieblingsbier der Oberbayern.

INTERNATIONAL LAGER: Weltweit adaptierte Variante des bayerischen *Hellen*, die sich durch sehr zurückhaltende Aromatik und dezente Bitterkeit bei 5% Alkohol auszeichnet. Das »Light Lager« aus den USA, von den Biertrinkern gerne als »Near Water Beer« bezeichnet, liegt bei ca. 3,5% Alkohol und wird meist mit Mais, Reis und anderen »Adjuncts« (unvermälztem Getreide oder Sirup) gebraut.

KELLERBIER: Fränkisches Alltagsbier, »Keller« steht als Synonym für »Lager« und meint untergäriges Bier. Kellerbier hat sowohl von der Farbe (hell bis dunkelbraun), der Bitterkeit (kräftig bis kaum wahrnehmbar) als auch dem Kohlensäuregehalt her eine große Schwankungsbreite. In der Regel war es das Bier, das mit den jeweils am Ort vorhandenen Rohstoffen am besten hergestellt werden konnte. Meist unfiltriert, eher malzbetont, mit geringer Kohlensäure und von brauner Farbe, hat es meist um 5,5% Alkohol. Alternativbezeichnungen sind *Zwickel* und *Ungespundetes*.

KÖLSCH/WIESS: Sehr helles Kölner Gegenstück zum englischen *Pale Ale*. Ebenfalls obergärig und mit Gerstenmalz, aber mit weniger Hopfenbitterkeit, dafür fruchtigen Hefenoten, ca. 5%. Im EU-Raum ist Kölsch eine markenrechtlich geschützte Herkunftsangabe. Die historische Wurzel liegt bei dem seit dem Mittelalter Wiess (Weiße) genannten schwächeren *Weizenbier*, das mit ca. 3,5% Alkohol in der Domstadt gebraut wurde und wird.

MÄRZEN: Von Münchner Brauern Mitte des 19. Jahrhunderts nach den Erfahrungen einer Englandreise entwickeltes, hellbraunes, gut balanciertes Bier mit ca. 5,5% Alkohol. Heute oft etwas dunkler oder gar als »dunkles Märzen« mit Röstmalz eingebraut. 1872 von der Spaten-Brauerei als ihr Oktoberfestbier präsentiert, seit 1878 filtriert und heute ein eigener Bierstil, ist es jedes Jahr der Garant für ein rauschendes Fest auf der Theresienwiese. Der Name rührt daher, dass im gleichnamigen Monat eingebraut wurde, um dann in Holzfässern bis zum Ausschank im September zu lagern.

PILSNER: 1842 von Josef Groll in Pilsen kreierter Bierstil, der in kürzester Zeit die globale Bierlandschaft revolutioniert hat. In Norddeutschland kräftig, bitter und sehr hell, im Süden dezenter, aber dafür dunklerer. Das Pilsner Original ist noch stärker malzbetont und kann eine leicht buttrige Note aufweisen. Der Alkoholgehalt beträgt jeweils ca. 5%.

RAUCHBIER: Vor der Erfindung der rauchfreien Mälzerei im 19. Jahrhundert hatte nahezu jedes Bier in Mitteleuropa eine Rauchnote. Rauchbier kann hell, braun oder dunkel sein, neben den meistverbreiteten Varianten mit ca. 5% Alkohol gibt es das Rauchbier auch als *Märzen*, *Bock* und *Doppelbock* mit bis zu 8%.

SCHWARZBIER: Etwas hellere Schwester des *Dunkel*, in Thüringen mit wenig, in Bayern mit gar keinen Röstnoten im Geschmack, ca. 5% Alkohol.

WEISSBIER/WEIZEN: Das wohl ursprünglichste Bier Deutschlands, gebraut mit mindestens 51% Weizenmalz und mit über 50% Marktanteil der führende Bierstil in Bayern. Bananen- und/oder Nelkenaromen, leichte Säure und viel Kohlensäure, ca. 5% Alkohol. Als dunkles Weizen zusätzlich mit leichten Röstaromen.

WIENER LAGER: Während nach der gemeinsamen Reise von Gabriel Sedlmayr (Spaten-Brauerei) und Anton Dreher (Wien) nach England in München das helle *Märzen* entstand, entwickelte Dreher eine dunklere Variante, die heute als Wiener Lager bekannt ist und in Österreich eine große Karriere gemacht hat. Malzbetont, hell- bis dunkelbraun, erkennbare Hopfenbitterkeit, ca. 5% Alkohol. Interessanterweise entwickelte sich neben dem Vielvölkerstaat an der Donau auch Mexiko wegen einer Vielzahl österreichischer Auswanderer zu einer Heimstatt dieses Bieres.

Englische Bierstile

BARLEY WINE (GB)/BARLEYWINE (USA): Das Starkbier (Strong Ale) der englischen Bierwelt mit Wurzeln, die bis in das 11. Jahrhundert reichen. Der Name wurde von der Bass-Brauerei in der Mitte des 19. Jahrhunderts geprägt. Bernsteinfarben bis dunkelrotbraun, malzbetont (Honig, Brot, Karamell) mit wenig Restsüße, leichten Zitrusnoten und um 10% Alkoholgehalt. Aus den USA deutlich bitterer, teils auch mit floralen Noten. Bei längerer Lagerung entwickeln sich Sherry- und Nussaromen, während der Hopfencharakter deutlich in den Hintergrund tritt.

BROWN ALE: Aus den Bieren des Mittelalters hervorgegangener malzbetonter, teils mit mehreren Teilmaischen hergestellter Klassiker in der englischen Bierfamilie. Hell- bis dunkelbraun, mit Toffee- und Nuss-Noten, manchmal begleitet von etwas Raucharoma, ca. 5% Alkohol.

MILD ALE: Vor dem Aufkommen des *Porters* im 18. Jahrhundert der Klassiker der englischen Bierwelt. Damals noch mit wesentlich höherem Alkoholgehalt eingebraut, hatte es ein Comeback als leichtere Variante in der Zeit nach Beginn des Ersten Weltkrieges. Von brauner bis dunkler Farbe, mit Röst-, Karamell- und manchmal auch Schokoladen-Noten und ca. 3,5% Alkohol.

INDIA PALE ALE (IPA): Hell- bis dunkelbraunes Starkbier mit intensiver Hopfennote. Einst Markenname für englisches Exportbier, heute die Ikone der Craft-Bier-Bewegung. Meist kaltgehopft, in der ursprünglichen britischen Variante mit sehr kräftiger Bitternote und ca. 7% Alkohol. In der US-Variante etwas schwächer, dafür mit intensiver, meist fruchtig-harziger Hopfenaromatik. Hier wird gerne zwischen dem sehr hopfenbetonten *West Coast IPA* und dem eher ausbalancierten *East Coast IPA* unterschieden. Als *Double* und *Imperial IPA* mit bis zu 12% Alkohol und dementsprechend noch höherer Hopfenbeimengung. Craft-Brauereien haben mittlerweile auch neue Unterstile geschaffen wie beispielsweise das *Black IPA*, das zusätzlich noch Röstaromen aus dunklem Malz aufweist, oder das *New England IPA*, das komplett trüb und extrem fruchtig im Glas steht.

OLD ALE: Das malzbetonte britische Starkbier, früher aus der ersten Teilmaische eines Sudes hergestellt, war lange in Holzfässern gelagertes *Mild Ale*. Durch die Lagerung, wegen derer es auch *Stock Ale* oder *Stale Ale* genannt wurde, erhielt das Old Ale eine mehr oder weniger starke Säurenote. Neben einer eher mittelstarken Bitterkeit prägten zudem Raucharomen den Geschmack. Heute gibt es verschiedene Interpretationen, die meist zwischen 8 und 12% Alkohol aufweisen.

PALE ALE/BITTER: Seit der Einführung der modernen Mälzerei 1842 wird das helle Alltagsbier in den Pubs als Bitter gezapft, in der Flasche hingegen meist als Pale Ale verkauft. Es erhielt seinen Namen im Zuge der »Erfindung« des *India Pale Ale* als etwas schwächere Variante für den lokalen Markt. Die kräftige Hopfennote, heute meist durch Kalthopfung zusätzlich akzentuiert, charakterisiert das Pale Ale, das von der Farbe her auch ins Braue oder Dunkelbraune gehen kann und einen Alkoholgehalt von ca. 4,5% aufweist. In der US-Variante – es war das erste Bier der ersten US-Craft-Brauerei – heller und kräftiger gehopft, meist mit fruchtigen Aromahopfennoten.

PORTER: Anfang des 18. Jahrhunderts begannen die Brauer in und um London, ihre bisherigen drei Teilmaischen zu einer Maische zu vereinen und daraus das dunkelbraune Porter zu brauen. Gut balanciert, verleihen ihm die Röstmalze angenehme Schokoladen- und Kaffeenoten bei ca. 6% Alkohol. Als *Baltic Porter* bezeichnet man die im baltischen Raum meist untergärig gebraute, stärkere Variante, die für den Export ins Russische Reich gedacht war. Obergärig gebraut heißt das stärkere Porter stattdessen – ebenfalls in Anlehnung an den Export ins zaristische Russland – meist *Imperial Porter* mit bis zu 12% Alkohol. Eine Sonderrolle nehmen die wenigen in Deutschland gebrauten *Porter* ein, die meist mit Zucker- oder Süßstoffzusatz gebraut werden.

PUMPKIN ALE: In Ermangelung von Getreide versuchten die ersten Siedler in den USA, einheimische Stärkelieferanten zu finden. Als nahezu einziger wirklich amerikanischer Bierstil ist dabei das Pumpkin Ale entstanden, bei dem ca. 5-6 kg Kürbis pro Hektoliter eingemaischt werden. Meist werden auch Zucker und Gewürze (Nelke, Zimt, Ingwer, Piment, Orangenschalen etc.) beigemengt, weswegen das Pumpkin Ale meist ein sehr komplexes und fast weihnachtliches Aroma aufweist. Der Alkoholgehalt variiert zwischen 4% und 17%.

RED ALE: Ursprünglicher Bierstil der Grünen Insel, bernsteinfarben bis rubinrot, gut ausbalanciert bei ca. 5% Alkohol. Zwischenzeitlich nicht mehr hergestellt, haben es die schottische Brewdog-Brauerei und einige US-Brauereien wiederbelebt, irische Brauereien folgten.

SCOTCH ALE/SCOTTISH ALE: Aufgrund des schottischen Klimas kälter als in England vergorene, meist dunkle Biere mit Karamellnoten und geringer Hopfenbeimengung. Neben leichteren Varianten mit 3-4% Alkohol, die auf die früheren Teilmaischen zurückzuführen sind, existieren 5%-Biere und Starkbiere mit bis zu 10% und mehr, die als *Wee Heavy* bezeichnet werden.

STOUT: Aus dem *Porter* hervorgegangenes, ursprünglich kräftigeres Bier. Zwischenzeitlich nicht mehr hergestellt, hat das Stout vor allem durch die irische Guinness-Brauerei ein großes Revival erlebt. Deren klassisches Stout hat 4% Alkohol und leichte Kaffeearomen. Stärkere Varianten sind das für den Export in die USA entwickelte *Foreign Extra Stout* mit ca. 7% und das (*Russian*) *Imperial Stout* mit bis zu 12% und mehr. Die Aromen reichen von intensiven Kaffeetönen bis zu Schokoladen- und Lakritznoten. Weitere historische Stout-Unterarten sind das mit Hafer gebraute *Oatmeal Stout* und das *Sweet* (*Milk*) *Stout*, in dessen Maische Milchzucker gegeben wird, den die Hefe nicht verarbeiten kann. Das Ergebnis ist ein süßes, weniger alkoholisches, aber sehr nahrhaftes Bier, das vor allem für Kranke, Schwangere und Stillende gedacht war. Letzteres entsprang der fehlerhaften Annahme, dass durch den Milchzucker die Muttermilchproduktion angeregt werden würde.

Belgische Bierstile

BIÈRE DE GARDE: Gut gelagertes Bauernhofbier aus der nordfranzösischen Grenzregion zum heutigen Belgien. Braune Farbe, im Geschmack ausgeglichen zwischen Karamell- und Röstaromen auf der einen und fruchtig-krautartigen Hopfennoten auf der anderen Seite. Früher je nach Jahreszeit zwischen 3 und 8% Prozent Alkohol, heute bei ca. 7%.

BLOND/SINGLE: Das »Standardbier« in jedem belgischen Lokal. Goldgelbe Farbe, fruchtige Hopfen- und Hefenoten, trockener Abgang, ca. 6,5% Alkohol.

DUBBEL/BRUIN: Kräftiges Abteibier, das die Mönche einst zu ihren Hauptmahlzeiten tranken. Dunkel bis rotschwarz, süßliche Schokoladen- und Röstaromen, begleitet von Tönen roter Beeren aus der Hefe, ca. 8% Alkohol.

GOLDEN ALE: Helles, gut ausbalanciertes, schlankes Starkbier, dem die meisten Konsumenten seinen Alkoholgehalt nicht anmerken. Die belgische Antwort auf das zu Beginn des 20. Jahrhunderts nach Belgien »schwappende« böhmische *Pils*, aber mit ca. 8,5% Alkohol.

LAMBIC: Belgische Reaktion auf die Aromenvielfalt der Übersee-Importe wie Tee, Kaffee, Kakao etc. Mit 30% Rohfrucht früher nur zwischen Oktober und Mai gebrautes Grundbier, das zwischen einem und fünf Jahren im Holzfass reift und durch vielfältige Mikroorganismen eine Säure entwickelt. Das Lambic wird entweder zu teils sehr saurer *Gueuze* oder *Geuze*, einem Verschnitt aus zwei Dritteln altem und einem Drittel jungem Lambic, oder zu eher süßlichem *Faro*, bestehend aus einer Hälfte Lambic und der anderen Hälfte aus einem schwächeren Lambic-Nachguss – auch *Bière de Mars* genannt – und anschließend unter der Zugabe von Zucker ohne nochmalige Gärung weiterverarbeitet. Weitere Unterarten sind das *Frucht-Lambic*, für welches das Lambic mit 10-30% Früchten (meist Kirschen oder Himbeeren) vermischt wird, oder das *Kriek*, das eine zweite Gärung mit ca. 25% Sauerkirschen durchläuft. Der Alkoholgehalt reicht von 2,5% bis über 10%.

OUD BRUIN/FLANDERS RED: Mindestens 18 Monate im Holzfass gelagertes, oft auch aus verschiedenen Alterungsstufen geblendetes belgisches Sauerbier. In Westflandern finden nur obergärige Hefestämme und Milchsäurebakterien Verwendung, im östlichen Landesteil auch wilde Hefen wie Brettanomyces bruxellensis.

SAISON (B)/FARMHOUSE ALE (USA): Wallonisches Bauernhofbier, das früher im Winter für die Saisonarbeiter der kommenden Erntezeit gebraut wurde, heute mit spezieller Hefe, teils auch wilden Stämmen (Brettanomyces) und Gewürzen vergoren. Tiefbraune Farbe, trocken, fruchtig-pfeffrige Noten, ca. 6,5% Alkohol. Als US-Variante etwas bitterer, fruchtiger und alkoholischer.

TRIPEL: Für viele das beste belgische Klosterbier. Hell, trocken, mit Zitrusaromen sowie floralen und pfeffrigen Noten, ca. 9% Alkohol.

QUADRUPEL: Eigentlich kein eigener Bierstil, sondern ein *Dubbel* mit über 10% Alkohol. Die Bezeichnung wurde erstmals von der Abteil La Trappe für ihr Starkbier verwendet. Dunkelbraun, sehr aromaintensiv und perfekt für den besonderen Anlass.

WITBIER: Ältester belgischer Bierstil, ähnlich dem deutschen *Weizen*, allerdings in der Regel mit Orangenschalen und Koriander gebraut. Dementsprechend leichte Zitrusnoten und im Abgang Gewürzaromen, ca. 5% Alkohol.

Welt der Biersensorik

Legende

Hopfenaromatik: Bitterkeit, ätherische Öle (fruchtig, floral, herbal)
Malzaromatik: Karamell, Honig, Getreide, Schokolade, Kaffee, Lakritz, Rauch, Röstaromen
Hefearomatik: Fruchtnoten (Banane, Apfel, Birne), leichte Säure, Pferdedecke (bei wilden Hefen)
Edelsäure: Komplexe Säurenoten, Essignoten

Literaturauswahl

- 1842 – Sternstunde der Menschheit. Hrsg. von der Stadt Vilshofen, Velden am Wörthersee 1992
- Acitelli, Tom, Audacity of Hops – The History of Americas Craft Beer Revolution, Chicago 2013
- Albrecht, Martin, Die KulturBrauerei in Berlin. Geschichte und Gegenwart der ehemaligen Schultheiss-Brauerei, Berlin 2017
- Albrecht, Martin, und Stefan Klinkenberg, Die Brauerei Königstadt. Industriegeschichte in Berlin-Prenzlauer Berg, Berlin 2010
- Amato, Mirella, Beerology, New York 2014
- Arnold, John P., and Frank Penman, History of the Brewing Industry and Brewing Science in America, Chicago 1933
- Benkhardt, Wolfgang, Der Zoigl, Amberg 2013
- Bernstein, Joshua M., Brewed Awakening – Behind the World's Craft Brewing Revolution, New York 2011
- Bjergsø, Mikkel Borg, and Pernille Lang, Mikkeler's Book of Beer, London 2015
- Blanckenburg, Christine von, Die Hanse und ihr Bier, Köln 2001
- Boak, Jessica, and Ray Bailey, Brew Britannia – The Strange Rebirth of British Beer, London 2014
- Breweries of England. Ed. by Richard G. Wilson, Stratford upon Avon 2017 (= Brewery Society Special Issue, 168)
- Buchelt, Jochen [et. al.], Ein Erlanger bitte!, Erlangen 2000
- Burger, Hannes, 350 Jahre Paulaner-Salvator-Thomasbräu AG 1634–1984, München 1984
- Chebli, Maël, La bière: Production, Consommation et Santé Publique, Montpellier 2016
- Cornell, Martyn, Beer – The Story of the Pint, London 2003
- Cornell, Martyn, Strange Tales of Ale, Stroud 2015
- Corran, H.S., A History of Brewing, Vermont 1975
- Daniels, Ray, Designing great beers, Boulder 1996
- Dapper, Olfert, Die Unbekante Neue Welt, Amsterdam 1673
- Dapper, Olfert, Umbständliche und Eigentliche Beschreibung von Africa, Amsterdam 1671

- Barth-Bericht. Hrsg. von der Barth-Haas Group, Nürnberg 2017
- Dienel, Hans-Luidger, Die Linde AG – Geschichte eines Technologiekonzerns 1879–2004, München 2004
- Dornbusch, Horst, Beer Styles from Around the World, St. Paul 2016
- Essen und Trinken in der Europäischen Kulturgeschichte. Hrsg. von Justus Nipperdey und Katharina Reinholdt, Berlin 2016
- Feise, Wilhelm, Das Brauwesen der Stadt Einbeck, Berlin 1928
- Fischer, Gert [et al.], Bierbrauen im Rheinland, Köln 1985
- Gattinger, Karl, Bier und Landesherrschaft, München 2007
- Der Geist der Deutschen Mäßigkeitsbewegung. Hrsg. von Karl Wassenberg und Sabine Schaller, Magdeburg 2010
- Gerstensaft und Hirsebier – 5000 Jahre Biergenuß. Red. bearb. von Frank Both, Oldenburg 1998
- Gidom, Henry, Berlin und seine Brauereien, Berlin 2012
- Glover, Brian, Brewing for Victory, Cambridge 1995
- Hirschfelder, Gunther, Alkoholkonsum am Beginn des Industriezeitalters, 2 Bde, Köln 2003/04
- Hirschfelder, Gunther, und Manuel Trummer, Bier – Eine Geschichte von der Steinzeit bis heute, Stuttgart 2016
- Hornsey, Ian S., A History of beer and brewing, Cambridge 2003
- Hübner, Regina und Manfred, Der deutsche Durst, Leipzig 1994
- Jakob, Gottfried, Der Brauerlehrling, Berlin 1938
- Korneffel, Peter, Biermanufakturen in Berlin, Münster in Westfalen 2016
- Lang, Johannes, Das Bier, das Salz und die Stadt, Bad Reichenhall 2016
- Liebig, Justus von, Das enträtselte Geheimnis der geistigen Gärung. In: Annalen der Pharmacie, Bd 29, 1839
- Martius, Carl Philipp von, Beiträge zur Ethnographie und Sprachenkunde Amerika's, Leipzig 1867
- McGovern, Patrick E., Ancient Brews, New York 2017

Literaturauswahl

- McGovern, Patrick E., Uncorking the Past, Los Angeles 2009
- Mittelman, Amy, Brewing Battles, New York 2008
- Monckton, H.A., A History of English Ale and Beer, London 1966
- Nelson, Max, The barbarian's beverage – A history of beer in ancient Europe, Abingdon 2005
- Ohler, Norman, Der totale Rausch – Drogen im Dritten Reich, Köln 2017
- The Oxford Companion to Beer. Ed. by Garrett Oliver, Oxford 2011
- Patterson, Mark [et al.], The Geography of Beer, Dordrecht 2014
- Protz, Roger, and Adrian Tierney-Jones, Britain's Beer Revolution (CAMRA), St. Albans 2014
- Raupach, Markus, Bierhauptstadt Berlin – Berlin Beer Guide, Bamberg 2014
- Schmidt, Klaus [et al.], Erste Tempel – Frühe Siedlungen. 12 000 Jahre Kunst und Kultur, Oldenburg 2009
- Smith, Gavin D., British Brewing, Sparkford 2004
- Smith, Gregg, Beer in America – The Early Years 1587–1840, Boulder 1998
- Speckle, Birgit, Streit ums Bier in Bayern, München 2001
- Steele, Mitch, IPA – Brewing Techniques, Recipes and the Evolution of India Pale Ale, Boulder 2012
- Teich, Mikuláš, Bier, Wissenschaft und Wirtschaft in Deutschland 1800–1914, Wien 2000
- Unger, Richard W., Beer in the Middle Ages and the Renaissance, Philadelphia 2004
- Verstl, Ina, and Ernst Faltermeier, The Beer Monopoly, Nürnberg 2016
- Der vollkommene Bierbrauer. Hrsg. von Carl Wendlern, Frankfurt und Leipzig 1784
- Wander, Karl Friedrich Wilhelm, Auswanderungs-Katechismus, Glogau 1852
- Watt, James, Business für Punks, München 2016
- Zimmermann, Jereme, Met – Brauen wie ein Wikinger, Immenstadt 2016

Bildnachweis

akg-images: 16, 17 (Album/Oronoz), 22/23 (De Agostini Picture Lib./G. Dagli Orti), 26, 39, 44, 101, 106 (De Agostini Picture Library), 141, 161, 164 (Fotoe/tictoc912), 179
Anchor Brewing Company: 169
Archiv Markus Raupach: 45, 58 (The Universal Magazine, London 1748), 61, 70, 111, 131, 138, 176/177, 181, 185, 187, 190, 191, 192
Bundesarchiv, Koblenz, Berlin: 147 (Bild 183-R28458), 149 (Bild 101I-291-1205-19A/Koll)
Bayerisches Brauerei- und Bäckereimuseum Kulmbach e.V.: 19 (Markus Raupach)
bpk/Stiftung Preussische Schlösser und Gärten Berlin-Brandenburg: 115
Brewers Association: 167 (Jason E. Kaplan), 194
Brewery History Society Photographic Collection: 88 (Ken Smith)
Brewers of Europe, Brüssel: 125
CAMRA – Campaign for Real Ale: 156, 159 (David Glenwright)
Charles Wells Ltd., Bedford: 155
Christian Lietzmann: 7
Cody Pickens Photography: 170
Colourbox: 122 (pbombaert)
Deutscher Brauer-Bund e.V.: Umschlagabbildung, 31, 40, 47, 98, 136
Deutsches Hopfenmuseum Wolnzach: 128/129, 174 (Markus Raupach)
Fotolia: 2 (rcfotostock), 120 (gabrielhector), 177 (Tiler84)
Internationaler Verein Trappist (IVT): 124
istockphoto: 117 (marzolino)
Library of Congress, Washington, D.C.: 9, 103, 107, 144
Lorenzo Dabove: 189
Plzeňský Prazdroj, Plzeň: 137
Private Brauereien Bayern e.V.: 195
Sammlung Martin Albrecht, Berlin: 63
Stadtbibliothek Nürnberg: 34 (Amb. 317.2, f. 20v), 50 (Amb. 317b.2, f. 181v)
Stephen S. Clark Library, University of Michigan: 72
Ulrich Wappler: 180, 183
Universität Osnabrück/Historische Bildpostkartensammlung: 80
Verlagsarchiv: 30, 54, 65 o., 92, 96, 113
Wellcome Library, London: 67, 133, 142
Wikimedia Commons: 12 (Teomancimit), 14 (Louvre/Marie-Lan Nguyen), 28, 36 (Boschfoto), 41 (Hajotthu), 48/49 (Rufus46), 52/53, 56, 65 u. (H.-P.Haack), 75, 77, 78 (U.S. National Archives and Records Administration), 82 (Bob Blaylock), 83, 85 (Dtuk), 99 (Dominik Wesche), 109, 110 (KMJ), 112 (Städtisches Museum Rosenheim/ Mattes), 119, 135 (Karten- und Luftbildstelle der DB Mainz), 145 (U.S. National Park Service), 153 (Tagishsimon), 158 (Mokopuna), 163 (Brian Neudorff)

Der Autor

Markus Raupach, geb. 1974, ist Bier- und Edelbrandsommelier, Träger des Bamberger Bierordens und Gründer der Deutschen BierAkademie. Er ist Mitglied der Jurys zahlreicher internationaler Bierwettbewerbe. Der Fotograf und Verleger hat zahlreiche Bücher rund um das Lieblingsgetränk der Deutschen veröffentlicht. 2017 wählte ihn das Magazin „Bier, Bars und Brauer" zu einer der 50 wichtigsten Bierpersönlichkeiten Deutschlands.

Impressum

Der Palm Verlag ist ein Imprint des Elsengold Verlages, Berlin.

Lektorat: Knud Neuhoff
Gestaltung und Satz: Felgner & Zierke, Berlin

Printed in Slovenia

ISBN 978-3-944594-87-3
www.palmverlag.de